大平和典

皇學館史話

皇學館大学出版部

目次

第一部　朝彦親王と邦憲王

一、明治神道人の足跡　久邇宮朝彦親王……3
二、朝彦親王の広島謫遷……9
三、『久邇親王行実』と『岩倉公実記』―朝彦親王広島謫遷の叙述をめぐって―……30
四、朝彦親王と維新史編纂事業……52
五、朝彦親王と京都……79
六、『久邇親王行実』解題……87
七、『邦憲王殿下御実録』・『邦憲王妃殿下御実録』・『恒憲王殿下御実録』・『由紀子女王殿下御実録』・『佐紀子女王殿下御実録』について……115
八、賀陽宮家編『邦憲王殿下御実録』綱文……138
九、賀陽宮邦憲王と皇學館……167
十、近代の宮家……174

第二部　皇學館史の一断片

一、倉田山への移転……203
二、神宮皇學館の入学試験……207
三、神宮皇學館の海外交流……213
四、東海学生連盟駅伝競走……218
五、皇學館大學の再興とその資料……225
六、皇學館大學の国立移管論……244
七、皇學館史人物寸描……283
1　神宮皇學館第一回卒業生　中西健郎履歴史料……283
2　廣池千九郎―橋本富太郎著『廣池千九郎　道徳科学とは何ぞや』紹介―……316
3　平田貫一……324
4　学徒出陣における山田孝雄学長の講演……326
5　吉田茂……332
6　岸信介……336

7　佐藤通次……339
8　田中卓……342
紹介　続・田中卓著作集　第一巻『伊勢・三輪・賀茂・出雲の神々』
紹介　田中卓名誉教授著『愛子さまが将来の天皇陛下ではいけませんか』
皇學館大学略年表……351
参考文献……354
成稿一覧……367
あとがき……373

第一部　朝彦親王と邦憲王

一、明治神道人の足跡　久邇宮朝彦親王

慶応四年（一八六八）八月十六日、朝彦親王の邸を兵が囲み、徳大寺実則・大原重徳・坊城俊政・大木喬任・田中不二麿・中島直人（錫胤）・土肥実匡等は朝彦親王に謀叛の企てがあるとして詰問した。証拠として示されたのは、先に前田播磨守という者が徳川慶喜からの密書を朝彦親王に手渡し、その際に朝彦親王から受け取ったとされる「可然可然」と明礬《みょうばん》で書かれた白紙と手形である。しかし親王は一向に覚えなく、手形に手を合わせても合わない。後日、詰問した側も証言するごとく、親王家臣浦野兵庫と前田とが仕組んだことで、親王は冤罪だったのである。

大原等は御所に戻って岩倉具視に指示を仰ぐ。その結果、「無理ニモ押シ付ケテ御沙汰アルベシ」（『島津家事蹟訪問録（続）』『史談速記録』一八二）と決したので、「時勢止ヲ得サル場合ナレハ一時国家ノ為メ御出立ヲ願ヒマス」（『久邇親王行実出典』）などと親王に頼みこんだ。天皇の御為なればと親王も罪に服し、広島へ謫遷。また二品の位記、親王・弾正尹、仁孝天皇御養子を停められた。

当時、浦野兵庫が朝彦親王の北海道行きを画策していたとか、親王が京におられると会津あるいは榎本武揚艦隊が京を襲撃し親王と呼応するのではないかといった懸念がなされていた。広島から京に戻られる際にも、十津川・天川の浪士、澤宣嘉・押小路実潔・鷲尾隆聚・四條隆平の四卿、薩摩・佐土原（土佐カ）・長州の三藩など、親王の京都帰還を機に事を企てるのでは、との風説があった。こうした憶測・風聞の類も、幕末における朝彦親王の影響力、存在感ゆえの警戒である。

天皇の信任篤く

朝彦親王は、文政七年（一八二四）に伏見宮邦家親王の子として生まれた。天保二年（一八三一）、八歳の時に本能寺の僧・日慈の門に入り、富宮と称され、小間使いのようなことをしながら、儒学や仏典を学ぶ。天保七年（一八三六）、十三歳の時に、叔父である一乗院尊常法親王が亡くなるとその跡を継いで一乗院主、翌年親王宣下、成憲親王と名を改め、さらに翌年得度し尊応法親王と称される。その後天保十三年、十九歳の時に興福寺別当となった。読経の他、槍を学んだり、あるいは文武の士を召して儒学や兵法の講義もしている。

さらに嘉永五年（一八五二）には興福寺別当を辞して青蓮院門主となり、青蓮院宮尊融法親王と称された。同年、護持僧、さらに天台座主に任じられ、これ以後孝明天皇に召されて参内することが多くなる。時に親王二十九歳、天皇二十二歳。

翌嘉永六年には、浦賀に異国船が来航。以降、護持僧あるいは天台座主として天皇から国家安泰の祈禱を命じられる機会も一層多くなる。安政二年（一八五五）頃には、三日に一日は参内、時には条約勅許の問題について強硬な意見を述べることもあったという。しばしば宸翰を賜わって事を尋ねられると、親王は知りて言わざることなく、言いて尽くさざることなし、天皇は深く信頼して任され、「親王ノ朕ヲ佐クル尋常連枝ノ比ニ非ス」ともおっしゃったという（『久邇親王行実』）。

条約勅許の問題に関して、幕府は条約勅許を朝廷に求めたが、天皇や親王、また公家にも反対論は多く、幕府の要求を認めなかった。そこで、この件に関して幕府側の立場であった関白九条尚忠は、安政五年三月六日、親王の参内停止を命じるに至った。天皇が条約勅許を認めないまま、幕府は日米修好通商条約に調印。九月四日には九条関白も辞職するが、この月から、安政の大獄が始まる。幕府は老中間部詮勝を上京させて、幕府に反対する人たち、公家の家臣たちなども逮捕する。親王の参内も停止させ、朝廷では九条関白が復職、朝廷内の状勢が大きく変わる。安政六年二月、幕府は親王に謹慎を命じ、九月には天台座主も罷免。十二月には、隠居、謹慎永蟄居を命じ、親王は隠居・謹慎生活を余儀なくされる。獅子王院宮と称された。

この安政の大獄では、朝廷内でも、同じく幕府に反対の立場であった左大臣近衛忠熙・右大臣鷹司輔熙が辞職、前関白鷹司政通や前内大臣三条実万が出家、内大臣一条忠香や大納言二条斉敬が謹慎を命じられるなど、幕府によって多くの処分がなされた。

桜田門外の変や和宮御降嫁を経ると、ようやく朝幕関係も大きく変わって、三年後となる文久二年（一八六二）には、関白九条尚忠は辞職、幕府は安政の大獄で処分した人々を許し、親王も処分を解かれた。九月になると、天皇から叡慮御扶助すべきことを仰せられ、十二月にはさらに国事御用掛を命じられた。この頃になると、大名や志士たちが朝廷にいろいろ意見を建言するようになったので、それを国事御用掛が事を決する、という役職である。

その翌年には一橋慶喜等の建言により還俗、中川宮朝彦親王と称された。文久年間の親王は、いわゆる公武合体派として、文久三年八月十八日の政変で長州藩を京から追放するに際してもその中心的役割を担われている。長州藩などの親王への反感は強く、それゆえ親王への讒言もあったが、孝明天皇は「於尹宮も予腹は十分御見ぬき、於予も尹宮の心底はみぬき候つもり、真実之連枝と存候」（『孝明天皇紀』）と問題になされず、天皇は「これまて御心安くけんくわ《（喧嘩）》もいたし候」とも言及され、両者の間柄が窺える。

翌元治元年の池田屋事件では親王も暗殺対象とされ、蛤御門の戦いでは連日宮中に宿直するなど、幕末動乱の渦中に身を置かれ、同年には中川宮を賀陽宮と改められたが、慶応二年（一八六六）、長州派公家が勢力を巻き返して公家二十二人が孝明天皇に改革を求めると、親王はその責をとって辞表を提出、私邸に籠もるようになられた。翌三年孝明天皇崩御、そして大政奉還、朝彦親王や摂政二条斉敬等は謹慎を命じられた。慶応四年（一八六八）八月十六日には、冒頭に述べたごとき、謹慎中であった親王の広島謫遷へと至る。

神宮祭主・皇學館

明治二年に御家族の広島同居、三年閏十月には京都伏見宮邸へのご復帰、そして明治五年に謹慎を解かれ皇族にご復帰となった親王は、明治八年（一八七五）に王から親王への復帰を許されて久邇宮の号を賜わり、また七月には皇族として初めて神宮祭主に任じられた。以後、明治二十四年に薨去されるまで、神宮祭祀の厳修に専心され古儀復旧に努められた。神宮の尊厳を護持するため明治天皇に「神宮神秘の事」を奏上、熱田神宮改造には強硬な反対もされている（岡田米夫氏「熱田神宮改造一件」・野村辰美氏「角田忠行」参照）。そして明治二十二年には神宮式年遷宮を成し遂げられた。

あるいは、伝統文化の保護・継承に心を配られたことも知られる。神典講究会をはじめとして京都を中心に神職・識者を招いての古典研究会の主催、京都の神職・僧侶の交流を目的とする真親会創設、興福寺・延暦寺再興を期する興福会・崇叡会あるいは京などの名勝・古蹟・古社寺とその什器保存を目的とする保勝会の会長就任などで、その果たされた役割は大きい。

明治二十二年には、伏見宮貞愛親王・小松宮彰仁親王・北白川宮能久親王に対して、西洋の学問を学ぶのではなく聞き学問をなすべきである、とも説いている（『明治天皇紀』）。政府の急激な欧化政策に対しても危惧を抱かれていた。明治十五年四月の皇學館の創立も、そうした神宮を敬い我が国の文化・学問を重んじる親王の御心によるものであろう。さらには同年三月に明治天皇に拝謁されていることも深く関係するかもしれない（渡辺寛氏「皇學館の創立」参照）。

参考文献

岡田米夫氏「熱田神宮改造一件」（『神宮・明治百年史』上、神宮司庁、昭和四十三年十月）
拙稿「朝彦親王の広島謫遷に関する新史料とその考察」（『史料』二〇三、平成十八年六月）、本書第一部二
渡辺寛氏「皇學館の創立」（研究叢書一三『災害とアーカイブズ』全国大学史資料協議会、平成二十四年十月）
徳田武氏『朝彦親王伝』（勉誠出版、平成二十三年十二月）
京都大学附属図書館所蔵、学校法人皇學館翻刻『久邇親王行実』（学校法人皇學館、平成二十五年十二月）
友田昌宏氏「近代天皇制国家の形成と朝彦親王」（松尾正人氏編『近代日本成立期の研究　政治・外交編』岩田書院、平成三十年三月）
野村辰美氏「明治神道人の足跡　角田忠行」（『神社新報』平成三十年五月二十一日付）

二、朝彦親王の広島謫遷

はじめに ―事件の概要―

朝彦親王の御生涯については、

一、仏門御修行の時期

二、孝明天皇を補弼されて国事に御尽瘁の時期

三、維新後一転して広島謫遷の時期

四、神宮祭主たるの時期

に四区分するのが適当であろうと思われるが[1]、本章が対象とする第三期、この親王の広島謫遷についいては、『岩倉公実記』[2]『久邇親王行実』[3]『復古記』[4]『明治天皇紀』[5]等に史料が整理され、また『徳川慶喜公伝』[6]『近世日本国民史』[7]等に概説されている。

これらによって事件の概要を示すと、慶応四年（一八六八）、親王異図ありの報を得て大原重徳が中島直人（錫胤）に命じて調査する中、前田播磨（本名・中野光太郎）と親王家臣浦野兵庫が捕縛され、親王が慶喜と通じ幕権を回復せんと企てている旨を自供。よって、八月十六日、徳大寺実則・大原重徳・坊城俊政・大木喬任・田中不二麿・中島直人・土肥実匡の七人が親王邸に詣り

詰問。朝彦親王は親王及び仁孝天皇ご養子、弾正尹を停められ、広島に謫遷せられた。しかし後述するようにこれは冤罪であることが早くより知られており、翌明治二年三月六日には御家族家臣の広島参候、三年閏十月二十日伏見宮邸へのご復帰、五年正月六日宮の称号、をそれぞれ許される、というものである。

事件について、専論としてあるいは比較的詳細に言及したものに、木村春太郎(8)・羽倉敬尚(9)・岡田米夫(10)・丸山二郎(11)・長文連(12)・浅見雅男(13)・友田昌宏(14)の各氏の諸論がある。またこの他に、松下芳男氏(15)により事件後明治六年十二月十日令達と朝彦親王の御立場との関連が指摘されている。

このうち木村氏は、親王家臣山田時章の談を紹介したもので、後に適宜引用する『史談（会）速記録』に準じて扱われるべきものであろう。羽倉氏は、氏の実家並河家が親王に仕えていた関係から「遺老共から聞いた事、家臣、御縁故者の家の書類で見たことなど」を述べたもので、岡田氏は、千代浦の実家である「秋岡家に伝へられてゐる所」をあげたものであるなど、これらの記述は尊重されるべきであるが、他史料による裏付けも必要となる。丸山氏は、内藤湖南の談話筆記等を紹介されている。また戦後の長・浅見両氏の著書は、一般向けながら事件を比較的詳しく扱っているものの『久邇親王行実出典』『史談（会）速記録』など披見すべき史料に言及されていない。

事件の性格上、『岩倉公実記』以下に整理された史料の他には記録に書き留められた一次史料が限られているものと考えられるが、ここに改めて事件について整理することが必要であろう。

また、一次史料が限られている中、皇學館大学において購入した、外題に『中川宮朝彦親王関係重要文書』と題される史料は貴重なものである。そこで第一節においてこの史料を紹介し、第二節で事件をめぐる諸氏の動向を検討することにする。

一、『中川宮朝彦親王関係重要文書』の概要

本史料は、平成十七年十一月、東京古典会「古典籍展観入札会」に出陳されていたものを皇學館大学が購入した。「明治三年八月二十六日　朝彦親王歎書（広島藩知事宛）」（以下、史料一）・「年月日欠　朝彦親王嘆書（西郷［隆盛カ］宛）」（史料二）・「［明治四年］正月二十三日　朝彦親王書簡（岩下方平宛）」（史料三）・「明治三年閏十月　御沙汰書（四通）」の四通を一巻に軸装し、箱に納められている。箱は縦二六・二糎、横六・二糎、高さ六・〇糎で、箱蓋の中央に「中川宮朝彦親王歎書二通等明治三年成原本」と墨書され、また裏面上部に貼紙を剥がし取った痕跡がある。箱の身には、縦二・八糎、横三・〇糎の貼紙があり、「朝彦親王歎書」と墨書される。

四通の史料を巻子本に仕立てたのは、比較的新しいようである。外題に「中川宮朝彦親王関係重要文書　六通」と墨書されているが、「六通」は「七通」の誤りであろう。縦二二・五糎、横は表紙一七・五糎、本紙四三〇・〇糎。軸は長さ二四・〇糎、径一・七糎。各文書は、史料一が

縦一六・九糎、横九五・二糎。史料二が縦一六・六糎、横八九・九糎。史料三が縦一六・〇糎、横八九・八糎。史料四が縦一四・五糎、横一一五・〇糎となる。

本文書は、弘文荘の出品目録である『幕末維新明治名家自筆重要書簡類略目録』に掲載されており、(16) 昭和三十八年に弘文荘から出品されていたことが判明する。同目録には、

一三五　中川宮（久邇宮）朝彦親王自筆重要書簡集　四通　一巻　七五、〇〇〇円

幕末史上の最大密事に関する重要秘簡集。幕末維新時に親王として最も活躍された朝彦親王の、文字通り波瀾万丈の御生涯中、最も悲劇的な芸州流遷中（孝明天皇毒殺の嫌疑で）の草にかかる。第一通は「嘆書」と題し細字長文三十二行、無実の罪に沈淪するを嘆き、潔白なる糺明あらん事を縷々開陳、乞うたもの。末に「庚午八月二十六日　朝彦」として、「知事殿（広島県知事浅野長勲）」宛。第二通は西郷殿宛、三十七行の長文、同じく「嘆書」と題し、第一通に同趣旨の嘆願書だが、文章は全く別。第三通は岩下宛。以上自筆。残る一通は同年御放免についての太政官の文書四通の写し。（この直後久邇宮と御改称）。写真版第三二号参照。

とあって、続けて「中川宮朝彦親王御自筆書状　十二月七日付、大弼宛　長文　一巻」「朝彦親王関係書簡集　晃親王外四通　一巻」も掲載されている。朝彦親王が孝明天皇毒殺の嫌疑で謫遷となったと記していたり、広島藩を広島県とするなど、誤りも散見されるが、本文書を親王自筆

と判断している。本文書が親王自筆か否かについて、筆跡を従来知られる朝彦親王の御遺墨と比するに、[17] 史料二・三は同筆のようであり、史料一は案文かとも思われる。

次に、この史料の翻刻を掲げる。なお、本文書には原稿用紙に書かれた釈文が添えられており、これを適宜参照した。

史料一　明治三年八月二十六日付　朝彦親王歎書（広島藩知事（浅野長勲）宛）

歎書　　　　　　　　　　　　　　　　　　　　朝ｌ義

蒙御不審候已來、三ヶ年安藝国ニ住居被許罷在候義畏入候得共、先般御使大原左衛門督殿初
入來之節、示ニハ慶喜江密書を与江候儀、有之哉御尋問候得共、更ニ無之事故、如何体之御
糺問被成候共、覚無之旨申入候、彼是尋問候得共、不為存儀ニ付、申答方も無之、所詮致如
何候ハヽ、朝廷之御時宜ニ候哉と相尋候處、其儀只今朝彦在京候ハヽ、會人可襲来、暫之
間、藝州ニ可下と返答有之候、其節盟約も有之、下向致候、又家來共ハ御不審之廉、御糺問有
之事相濟候と傳聞候、朝彦爵祿等被
召放、浪人之御所置と相成、歎ヶ敷事ニ候得共、従來諸藩士之憎を受候事故、一時御策略歟
とも存、且

御一新御多端之折柄ニ付、自分申上度事相憚り差扣居候得共、最早無際限事ニ候、近頃専ら傳聞候、方今條理潔白ニ御紀明之趣、実以感佩候、朝彦義、一應弾臺江出頭、直ニ言上致度候事件必有之候、御採用之思召候ハヽ、至急上京之事、宜預御沙汰候也、恐々謹言

庚午八月廿六日　朝彦

知ー殿

史料二　年月日欠　朝彦親王嘆書（西郷［隆盛カ］宛）

嘆書

抑皇國宇内之形勢昔年來慷慨ハヽ、其國大隅守殿を初、三藩侯士之盡力貫徹、終ニ慶喜太政返上、其後我等朝參被上候、其所謂雖未知謹慎中篤と熟考候所、不才ニ而惣而失方向候、罪科推考候已來猶以謹慎罷罪候所、豈斗慶喜江密書を與候様蒙御不審、安藝國江流罪被仰付、前非後悔致候、然ル処方今之形勢風評承り候處、御一新之後政體総而有名無実抔と相唱、四民憤憂生し、最早天下瓦解之時ニ至り可申哉之風説有之、且方今万国交際之折柄、皇國人心不和を生候様立至り候而ハ慙愧之至候也、御一新之後ハ倍諸公之盡力不一方候得者、聊心痛可致之儀も無之、致慷慨候儀ハ却而恐縮之至ニ候得共、

主上御若年而已ならす乍身不肖皇族ニ而斯ル御時勢不堪傍観、一二言上仕度事件有之候得共、未以勅勘之為身不能其意、朝暮寝食をも不安嘆息罷在候、何卒徹心御憐察有之、大隅守を初御同志之方江御示談之上、一段御盡力之程偏ニ御依頼申度、万ゝ御洞察仰冀候也、恐ゝ不備

朝ー

西郷殿

史料三　［明治四年］正月二十三日付　朝彦親王書簡（岩下方平宛）

二白、先般西郷氏迄以封中申入候事、御承知可給候、廉軸一幅御目懸候、笑留候へは本懐候、以上

春寒之節弥御安全珍重存候、然者先般ハ依懇切内分之盡力を以實家江復歸被仰付、実ニ得面目大慶ニ存候、不取敢厚礼申入度、猶委細之義ハ六郎ゟ被聞取候様頼入候、萬ゝ宜頼入候也、

恐々謹言

正月二十三日　朝彦

岩下殿へ

史料四　明治三年閏十月　御沙汰書（四通）

先般於安藝國住居謹慎被仰付置候處、深キ思召ヲ以テ實家江復帰被仰付候事、

庚午閏十月

太政官

朝ー

今般實家江復帰被仰付候ニ付、格別之思召ヲ以テ先般為當分宛行被下置候三百石更ニ為御扶助終身不賜候事、

庚午閏十月

太政官

伏見宮

朝彦儀、先般於安藝國住居謹慎被仰付置候處、深キ思召ヲ以テ復帰被仰付候、此旨相達候事、

但先般為當分宛行被下置候三百石、更ニ為御扶助終身下賜候事、

庚午閏十月　　太政官

廣嶋藩

朝彦儀、先般於其地謹慎被仰付置候處、深キ思召ヲ以テ實家江復帰被仰付候条、京都江護送可致事、

庚午閏十月　　太政官

二、親王の広島謫遷と帰京をめぐる人々の動向

慶応四年八月十六日に徳大寺実則等の詰問があり、親王は同日京都を出立。広島藩兵百五十人前後が護衛し、従者は並河左京と山本兵馬のわずか二名に過ぎず（『久邇親王行実出典』）、「参向諸臣ノ之ヲ送ル者皆戦懼悲愴暗涙ヲ含マザルハナシ」（『久邇親王行実』）という。淀城下に御一泊、十七日に大坂西本願寺掛所に御止宿。十九日、紀州藩の蒸気船に乗船され夕刻出帆。二十一日広島表に到着。浅野家の別荘[18]にて七、八日過ごされた後、広島城下の辻将曹維岳の旧宅に移られた。給仕する広島藩士は八人、昼夜警備にあたる者五十人、郊外にもまた警卒あり。「親王悒

鬱、殆ンド寝食ヲ安ンゼズ」（『久邇親王行実』）という状態であった。途中より警衛は廃せられたといい、明治二年三月六日に御家族御家来の広島下向が許されて、五月から巌宮（のちの賀陽宮邦憲王）・栄宮（栄子女王）の二子とともに住まわれることで、「爰ニ聊カ思ヲ慰ルニ至ル、自レ是時ニ出テ庭ニ歩ス」（『久邇親王行実』）ようになられた。

さて、事件をめぐる人々の動向について先行研究では、親王に嫌疑をかけたのは岩倉具視であり、(19)親王は嘆願書を広島藩知事浅野長勲に宛てるとともにその写を三条実美にももたらし、三条もとよりその冤を知り、親王は許されるに至ったという記述がみられる。(20)本節では、前節に紹介した史料その他によってより詳しくみていきたい。

まず史料四の四通は、御沙汰書の写であり、『太政官日誌』などでも確認することができる。諸書に仮名遣いの異同が若干存するが、本史料は原文書を収める『公文録』と編纂物である『太政類典』『太政官日誌』の中間に位置し、より『公文録』に近い。(21)

次に史料一は、明治三年八月二十六日、朝彦親王が浅野長勲に宛てて事件の真相を陳述されたものである。この史料についてはすでに学界に知られており、『岩倉公実記』『久邇親王行実』等にも全文引用されている。(22)嘆願書は、同月、その写しが老女千代浦の手により押小路実潔・岩下方平のもとにもたらされ、実潔を介して三条実美へと届けられた。(23)その三条に届けられた嘆願書が、（明治三年九月カ）十三日付の押小路実潔書簡（三条実美宛）(24)に別紙、藝州知事江御差出之写之由にて、内〻当家へ御廻しニ相成候間、□[25]〻御心得ニも可相成義と存候間宜しく差出候、篤ト御勘考願上候、其外萬〻村上氏へ申含置候間、御聞御願入候、

として副えられ、現存している。

管見の限りではあるが、新出となるのが史料二・三の二通である。親王が押小路を通じて三条へ嘆願書を届けたのに加え、岩下方平にも親書を致されたことは、押小路が目加田栄に差し出した証明書[26]に載録されていることによっても明らかであるが、岩下は、事件について自身、次のように回想している[27]。

予（寺師宗徳）曰ク久邇宮御左遷ノ顛末モ曖昧ノ事実ナルガゴトシ、察スルニ多少宮ノ英明ヲ憚リタル嫌疑心ヨリ出タルモノナラン乎ト思ヘリ、其顛末ハ如何、

翁（岩下方平）曰ク全ク冤枉ニ存セラルガゴトシ、宮ハ先朝以来国事ニ鞅掌アラセラレタル御方ニシテ内外政治ノ事ニ預ラセラレシヲ以テ多少他人ノ嫉妬ヲ受ケサセラレシナラン、且ツ宮廟堂ニ立タセラル、トキハ多少権力ヲ奪ハルノ嫌ヒアリシヤモ知レス、此等ノ嫌疑心ヨリ終ニ危禍ヲ招カサセラレシモノナラント思ヘリ、乃チ明治元年八月十五日、月観ノ為メ小松（筆者註、帯刀）、予、八田知紀氏等連レ立チ木屋町ニ至リシニ、当夜ハ大雨ニテ月ヲ見ルコト能ハス、又帰途ニ就クコトヲ得ス、小松氏始メ宿泊セリ時ニ御所ヨリ書面来

リ、明朝十六日六時出頭ノ達アリ、何事ナラント翌朝急キ出頭シタリシニ、御所近辺ハ兵隊ノ警備尤モ厳重ナリ、何事ノ起リシヤト疑ヒ御所へ出頭シタリシニ、久邇宮ヲ芸州へ左遷在セラル、トノコトナリ、右御仰渡ノ為メ大原重徳卿正使トナリ、副使ニハ参与ノ中ヨリ一人参ルベシトテ小松氏へ命アリ、然ルニ同氏曰ク、予ハ平素宮へ出入シタルモノニテ今日勅命タリトモ之レヲ伝へ申サンハ情ニ於テ忍ヒス、寧ロ宮ニ面識ナキ人ヲ御撰ヒアルコソ然カルベシト申断ハラレタリシカハ岩下トアリシモ、予モ小松モ同一ナリト申断リタリキ、依テ大木喬任附添ヒ宮邸へ至リ命ヲ伝へタリシニ、凡ソ四ツ時頃ニ至リ稍ク大原卿帰朝アリ、宮命ヲ受ケサセラレス會テ覚へナキ罪跡ハ承服セスト拒マセラルトノコトナリキ、依テ種〻論議アリシモ、岩倉公等ハ無理ニモ押シ付ケテ御沙汰アルベシト決シ、再ヒ大原卿出向ハレタリシニ、今回ハ宮モ心ニ覚へナキモ勅命ナレバ止ムヲ得スト承服アラセラレタリト聞ケリ、（中略）終ニ官ノ疑獄取調ノ掛トナリ種〻取調へシニ、一モ証跡ナシ、故ニ同席土肥鎌蔵（実匡）ト頻リニ岩倉公ニ迫リシニ、始メハ中々受付ザリシモ、稍ク疑モ薄ラキ後ニハ寛待ノ意モ出テ予等ノ意見ヲ酌ミテ米三百俵ノ扶持米ヲ賜ハリ外出ヲ許サセラレタリ、又御簾中方御同居モ許サセラレシモ、未タ御帰京ハ許サレザリキ、此等ノ縁故アルニ由リ終ニ宮トハ御懇交ヲ通スルニハ至レリ、

これによって、岩下の述べるところの事件の真相、また岩下や小松帯刀あるいは詰問にあたっ

た鳥取藩士土肥実臣の立場、行動を知ることができよう。

押小路が嘆願書を三条にもたらし、これが親王のご帰邸が許される大きな背景となったが、一方の岩下の役割を考えるに際して、史料二・三は重要であろう。すなわち、西郷への働きかけにあたっては、岩下が尽力したことが窺え、西郷に宛てた嘆願書は浅野宛のものとは異なる。大久保利通についても事件のことは事前に知らされておらず、謫遷後の八月三十日に北島秀朝より報告を受けている。(28)また史談会の中心人物である市来四郎が中島錫胤への聞き取りの中で、伝聞ではあるが、島津久光が「是れは岩倉夫れか木戸から起った事」と言ったと述べている。(29)久光や、次に掲げる中島の言では最初親王に嫌疑をかけていたという西郷への働きかけにはとりわけ、岩下の尽力が大きかったものと考える。

次に事件の真相について考えると、徳島藩士中島錫胤が語るところでは、八月十五日の段階で、事件の証拠は、前田を捕縛した際に浦野から渡されたとして所持していた明礬で「可然々々」とのみ書かれた白紙と御手形のみであり、西郷（隆盛）や広沢（真臣）がこれを親書とみて、岩倉の裁断によって翌十六日の親王詰問に至ったものであったという。その詰問の際にも、

（前略）御用の筋を大原殿から申すと少しも知らぬ事と云ふ事で、是は如何であると云ふと一向に知らぬ、御手の形を是れは如何でござりますと云ふと知らぬと云ふことで御手をを合

はしなされたが、宮は指は通常より短いさうで、ところが合はぬであつて、夫れで偽物と云ふ事が分つて、如何とも御存じない様な御模様と見えました、

という状態であった。(30) 他の関係者が述べるところの事件についての記述も精粗の差こそあれ概ね一致しているといえ、また親王に嫌疑をかけたのが主として岩倉であったとするのは当事者たる大木、中島、土肥等、また薩摩藩では久光、岩下等、広く認識されていたようである。事件の遠因について、土肥は具体的に、「文久二年冬」に「五奸(岩倉・千種・富小路・梅田・何某)ヲシテ大原重徳ガ引出サントシタル」のが左遷を謀りし最初の遠因であったと述べているのも参考にすべきである。(31)

なお、その岩倉に関連していうと、『岩倉公実記』においては、元版(明治三十九年九月刊)に対して新版本(昭和二年七月刊)では事件を肯定するかのごとき記述が改められ、冤をそそぐべく附注が付されている。この点については次章にて詳述するが、『久邇親王行実』の調査や史談会による聞き取り調査、維新史料編纂会、臨時帝室編修局などをはじめ、大名華族の諸家なども維新史料の蒐集編纂が行われ、こうした研究の進展により、親王の無罪を直書せざるをえなくなったものと考える。

話を戻すと、明治三年閏十月二十日、伏見宮邸へのご復帰が許されるが、その前後、大久保と岩倉とのやりとりがみられる。それによれば、十日に大久保が岩倉に賀陽宮の件がどうなったか

書簡で尋ね、[32]これに対して岩倉は「此外御示之事共　条《（三条実美）》　正《（正親町三条実愛）》　両卿江ハ夫々過日来懇々申置候間、尹宮、春日等ノ事も則今日刻ニも更ニ申入置候」[33]と返答。十七日に岩倉より大久保へ「尹宮芸州御預ヶ当時朝彦御預被免帰京被　仰付寛典御沙汰候ハ、如何と、是も正《（正親町三条実愛）》三卿かね〳〵申立、条《（三条実美）》公、徳《（徳大寺実則）》卿、小生等ハ内決申候事ニ候、乍序御咄シ申入置候」[34]との報告があり、十八日には示談があって大久保は「賀陽宮ノコト」など言上している。[35]

大久保はこの時点で朝彦親王の伏見宮邸ご復帰に賛否いずれの立場であったのか、文面からは明瞭でないが、このやりとりの中で岩倉が「寛典御沙汰候ハ、如何と、是も正三卿かね〳〵申立」と述べている点からは、先に引用した岩下の言に「土肥鎌蔵（実匡）ト頻リニ岩倉公ニ迫リシニ、始メハ中々受付ザリシモ、稍ク疑モ薄ラキ後ニハ寛待ノ意モ出テ」たとあることと符合し、あわせて公家の中にあっては正親町三条実愛が岩倉に対してかねがね働きかけていたことが判明する。

以上述べ至った通り、事件が冤罪であることは関係者の間にも認知されていたようであるが、それでもなお、市井では朝彦親王に託して事を起こす者のあるのではという危惧を抱いている者があったことも事実である。『中御門家文書』には、朝彦親王帰京にあたっての京の風説を、次のように記している。[36]

乍恐風聞書

今般朝彦公芸州表より御帰京可相成との風説有之ニ付、衆庶下情之意味如何可有之哉と内々探索仕候処、先為差風説も無之候へとも、俗ニ云ふ十把ひとからげニしてこれを申さバ、朝彦公御儀是迄種々の手際も有之候へとも、近頃至て御謹慎のよし、乍去此朝彦公ニ托して異事変動発起するものあらバ必ず薩長両州ならん歟、然りといへとも其事急ニハ難被行からんかと申噂而已ニ御座候、然ル処或者之説にハ当節世上鎮静なりといへとも兼て世人之知れる大怪物之朝彦公ニ候得は、当時謹慎世態ニ無関係の体なりといへともこれに属する奸悪陰謀の者あれハ少も手放しなり難し、依之て官員の長たる人ハ昼夜御懸念御著眼無之てハ不相叶と申異説之条々左ニ

一朝彦公是迄厚く御自愛を被加置候十津川てん〔天〕の川両浪士進退之事

一堂上方ニてハ澤殿(澤宣嘉)押小路殿(押小路実潔)鷲野殿(鷲野隆聚)四条殿(四条隆平)此四卿進退之事

一武家ニは鹿児島佐土原(37)山口此三藩進退之事

右三件之内何れも不断御著眼被為在度、尤朝彦公ニよりて異事変動起発之期あらバ前三件之内てんの川十津川之両浪士必すその魁ならんと云々

右之趣相聞へ申候ニ付、此段奉申上候、以上

十一月十八日　宇兵衛

一萬太郎

上

おわりに

慶応四年（明治元年）の朝彦親王広島謫遷の事件は画策されたもので、その中心には岩倉具視があったものと認識されていた。小松帯刀や岩下方平は詰問に立ち会うことを求められたがこれを拒み、実際に詰問に立ち会った者も親王の無実を知るなど、当時の状況が回想されている。

また広島藩知事浅野長勲に宛てられた嘆願書は押小路実潔を通じて三条実美にももたらされ、岩下は西郷宛の嘆願書を取り次ぐなど尽力。また土肥・岩下、正親町三条実愛等が岩倉に対して直接、冤罪であることをかねがね申し立てていたようである。

冤罪ながらも御自らを疎む輩のいることを認識しておられた親王は広島下向をご承知、慎ましく謹慎生活を過ごされたようで、明治三年閏十月、伏見宮邸へのご復帰を許されたのであった。

幕末期と神宮祭主時代の狭間にあたる親王の広島謫遷ではあるが、このような御身の上であっても時勢を傍観するに堪えないという御志を強く持たれていたことが、嘆願書からは窺える。親王の御生涯を通じて、その想いは常に我が国の行く末にあった、といってよいであろう。

註

（1）渡辺寛氏「久邇宮朝彦親王の御事」（皇學館学園報『全学一体』八四、平成三年十二月。『増補　朝彦親王景仰録』学校法人皇學館、平成二十三年十月、に再録）。
（2）多田好問『岩倉公実記』中「朝彦親王皇族籍ヲ除カル事」五一七頁（新版本による。岩倉公旧蹟保存会、昭和二年七月。元版は皇后宮職蔵板、明治三十九年九月）。
（3）『久邇親王行実』（別名『朝彦親王行実』）については、本書第一部五を参照。
（4）東京大学史料編纂所編『復古記』七（内外書籍）一九三頁。
（5）臨時帝室編修局編『明治天皇紀』第一（吉川弘文館）七九二頁。
（6）渋沢栄一『徳川慶喜公伝』四（東洋文庫本、平凡社）二六八頁。
（7）徳富猪一郎『近世日本国民史七八新政扶植篇』第二章「尹宮事件、朝彦親王の貶謫」（平泉澄氏校訂、時事通信社）三二一頁。
（8）木村春太郎氏「久邇宮朝彦親王の御冤遷に就きて」（『勢陽論叢』五、神宮皇學館研究室、昭和十七年六月。『増補朝彦親王景仰録』学校法人皇學館、平成二十三年十月、に再録）。
（9）羽倉敬尚氏「粟田の落穂」（『朝彦親王景仰録』久邇宮朝彦親王五十年祭記念会、昭和十七年十月）。
（10）岡田米夫氏「老女千代浦」（同右）。
（11）丸山二郎氏「故中川宮の流罪問題」（『古典雑攷』私家版、昭和三十四年十二月）。
（12）長文連氏『皇位への野望―維新の〈魔王〉中川宮―』（柏書房、昭和四十二年五月）。

(13) 浅見雅男氏『闘う皇族—ある宮家の三代—』（角川選書、平成十七年十月）。

(14) 友田昌宏氏「近代天皇制国家の形成と朝彦親王」（松尾正人氏編『近代日本成立期の研究 政治・外交編』岩田書院、平成三十年三月）。

(15) 松下芳男氏「賀陽宮追放 日本軍事史雑話（三）」（『軍事史学』七—四、昭和四十七年三月）。

(16) 『幕末維新明治名家自筆重要書簡類略目録』（昭和三十八年十二月、文庫の会主催「古書籍大即売フェアー」、会場日本橋白木屋）。

(17) 『久邇宮朝彦親王御遺墨御遺品写真帖』（久邇宮朝彦親王五十年祭記念会、昭和十六年十二月）掲載の書簡と対比した。

(18) 内田誠一氏「久邇宮朝彦親王が広島御謫居中に揮毫された新出の和歌短冊について」（『安田女子大学大学院紀要』二四、平成三十一年三月）は、浅野家の別荘が翠江園（広島市西区古江上）ではないかと推測しておられる。

(19) 徳富前掲註（7）『近世日本国民史』、浅見氏前掲註（13）『闘う皇族』。

(20) 前掲註（2）『岩倉公実記』中「朝彦親王皇族籍ヲ除カル事」附注。徳富前掲註（7）書もこれを典拠とするものであろう。

(21) 『公文録』『太政類典』は国立公文書館所蔵、『太政官日誌』は石井良助氏編『太政官日誌』四（東京堂出版）による。

(22) 前掲註(20)に同じ。
(23)『久邇親王行実』所載「従三位押小路実潔ヨリ差出シタル賀陽宮御冤遷之証明書」、岡田氏前掲註(10)論文。
(24) 国立国会図書館憲政資料室所蔵『三条家文書』(複製版冊子第一七、資料番号二八五―一)所収。包紙に「條公内〻廻達/藝州御預人之事」とある。なお本書簡の解読にあたっては、上野秀治先生にご教示を賜わりました。
(25)「不」と読めるも文意通じず、判読できなかった。
(26) 前掲註(23)「従三位押小路実潔ヨリ差出シタル賀陽宮御冤遷之証明書」。
(27)「島津家事蹟訪問録(続)」(『史談速記録』一八一、明治四十一年三月)。
(28) 大久保利通が当時東京にあってこの事に直接関係のなかったことは、徳富前掲註(7)『近世日本国民史』に指摘がある。九月四日大久保利通書簡(小松帯刀・岩下方平宛)に「尹宮之始末委曲北島ヨリ承知、早々御処置にて大慶仕候」(日本史籍協会叢書『大久保利通文書』二、三七二頁)とあり、北島から京の情勢を聞いたことが『大久保利通日記』慶応四年八月三十日条(『鹿児島県史料 大久保利通史料』一、鹿児島県、二七四頁)にみえているので、事件に対して肯定的にみてはいるが、事前に情報を得ていなかったことが知られる。なお、これに対して、木戸孝允は事件前の七月十九日にはすでに承知し、八月十一日岩倉よりこの件についての密書があったこと、徳富前掲書などにみえるごとくである。

(29)「史談会速記録　第六十二回　中島錫胤先生談話」（国立公文書館内閣文庫所蔵『明治元年八月／中川宮御遠座一件』、請求番号一四一―〇一五〇。明治二十六年六月二日、於・旧藩事蹟取調所、吉木竹次郎速記。史談会）。

(30)同右。

(31)『久邇親王行実出典』所載「土肥従四位ト目賀田トノ対問答筆記」。

(32)日本史籍協会叢書『大久保利通文書』四、九八頁。

(33)明治三年十月十日付、岩倉具視書簡（大久保利通宛）（立教大学日本史研究室編『大久保利通関係文書』一、吉川弘文館、二六六頁）。

(34)明治三年十月十七日付、岩倉具視書簡（大久保利通宛）（立教大学日本史研究室編『大久保利通関係文書』一、吉川弘文館、二六八頁）。

(35)『大久保利通日記』明治三年十月十八日条（『鹿児島県史料　大久保利通史料』一、鹿児島県、三六三頁）。

(36)早稲田大学社会科学研究所編『中御門家文書』下、同所、三三九頁。

(37)友田昌宏氏前掲註（4）「近代天皇制国家の形成と朝彦親王」は「佐土原」を「土佐」の誤りかとする。

三、『久邇親王行実』と『岩倉公実記』

―朝彦親王広島謫遷の叙述をめぐって―

はじめに

慶応四年（明治元年・一八六八）八月、朝彦親王（当時、賀陽宮）は、徳川慶喜と通じて幕権を回復せんと企てているとして、仁孝天皇ご養子、親王の号、二品弾正尹を停められ、広島に謫遷せられた。この事件については、前章において事件関係者の認識や立場を略述したところである。また、その中で、『岩倉公実記』における当該記述改訂の問題についても言及したが、結論部分を述べたに過ぎない。本章では、この点について、『久邇親王行実』の編纂などを中心に、詳述したい。

一、目加田栄と『久邇親王行実』の編纂着手

『久邇親王行実』の編纂過程については、羽倉敬尚氏が述べておられるものがほとんど唯一であるが、氏の実家並河家の資料や話、また親王家臣や縁故者の家で見た書類などによって述べて

おられ、貴重である。(1)

まず編纂開始の契機であるが、これは、目加田栄の尽力が大きい。目加田は、滋賀県彦根の人で、安政三年（一八五六）生まれ。篤学宗教家で憂国の志士、壮年東京に出て山岡鉄舟等の設立した明道協会と提携するも、会が政治運動を始めるやこれと絶ち、神戸報国義会を起した。宮との関係は、明治二十年頃に自ら発行した週刊新聞のごときものである「大和魂」を献上し、明治二十一年一月、親王より「護法」の号を賜わったことにはじまる。以後、親王の内秘書として仕える。二十四年十月親王薨去の後は、親王の広島謫遷の雪冤のため奔走し、『久邇親王行実』編纂へと結実。明治三十五年五月二十一日に病で没した。(2)

『久邇親王行実』編纂の実現について、羽倉氏は次のように述べている。

親王薨後、親王の明治元年広島冤謫の雪冤で報じようと兼々当時の実相闡明の為め探究博捜しこれを要路に開陳の機を窺った辱知の土佐人田中光顕（後伯爵）が宮相就任後、明治卅二年先づ書類を以てこれを具申した、宮相はかねて当時の実相を知悉してをり且つ栄の至誠に感動し好機これを明治天皇に言上し遂にこの行実編纂の要を切言しその允許を経た、

（「朝彦親王行実編纂経過要旨」）

また、允許の内報は、田中光顕より三十二年三月二十六日付（二十七日消印）で目加田のもとにもたらされたが、(3)羽倉氏もこの書面を掲げた上で、そこに「概旨言上仕り候処、大いに御氷解

あらせられ」たとあることから、この時点で明治天皇に真事が上申せられていなかったことを論証されている。

かのような現状において、目加田は親王の冤罪を明治天皇、また広く世間に周知させるべく、当時の宮内大臣土方久元はじめ諸氏に働きかけた。明治二十九年二月四日、土方宮相の口達にて故久邇宮御事歴取調の命が目加田及び角田敬三郎にくだるも、(4) 三十二年五月十一日には、前宮内大臣土方久元（委員長）・陸軍教授内藤耻叟・久邇宮家令小藤孝行、目加田、久邇宮家扶角田等に改めて故朝彦親王御行実編輯委員を命ぜられ、稿を改めること九回。三十三年六月に編纂を終えて天皇の上覧を仰いだ。

ところで、『行実』編纂を意図した編纂材料の蒐集はすでに、親王薨去後まもなく目加田によって行われていたが、「久邇親王行実出典附記」（『久邇親王行実出典』第三冊所収）には、

主　旨

親王廣嶋ノ謫遷ニ関シ某等親シク嚮日参向問罪ノ諸臣ニ就テ其実況ヲ問答シ且其冤罪ノ証明書ヲ収集シテ之を逐次ニ列挙シテ以テ将来ノ公証ニ備フルモノ也

とあり、あるいは直接に訪ねて問答し、あるいは面会のかなわない場合は書面をして、親王の冤罪であることの証明を求めた記録が残されている。問答の年月のみ示すと次の通りである（『久邇親王行実出典』掲載順）。

・明治二十六年一月　十六日　岩下方平　於、岩下方（東京）
・〃　二月　二日消印　中島錫胤　（岩下宛書面、山田時章に尋ねられたき旨）
・〃　一月二十四日付　押小路実潔　（冤遷の証明書）
・〃　二月　十日　土肥実匡　於、中松専助方（小田原）
・〃　二月　七日　大木喬任　於、大木邸（東京）
・〃　二月　十五日　徳川慶喜　（角田敬三郎より池田茂政を介して質問せる回答）
・〃　四月　三日　進藤為名（元親王家家臣）　於、進藤宅（京都）
・〃　四月　四日　山下直知（賀陽宮侍臣）　於、山下住所（京都）
・〃　四月　四日　浦野家の中老母　於、浦野穂直宅（京都）
・〃　四月　六日　西村世享（浦野兵庫親族）　於、西村住所ヵ（京都）
・〃　四月　四日　佐藤亀六（前田の共謀者）・同妻　於、佐藤方（京都）
・明治三十一年七月二十一日　田中不二麿　於、田中邸（東京）

時期は、田中不二麿の他はすべて明治二十六年に行われたものである。そして問答の範囲は、親王の詰問に関わった者から、当時の親王家臣、さらには親王の罪を自供した浦野兵庫の周辺の人物にまで及んでいる。かのごとく親王薨去後まもなく目加田によって行実編纂を意図しての史料蒐集、冤罪の証明が行われていたに拘わらず、編纂允許が明治三十二年と遅れたのはいかなる理由によるのであろうか。

目加田が田中不二麿に問い合わせた書簡には、次のようにある。

・明治三十一年六月一日付　目加田栄書簡（田中不二麿宛）

（前略）扨、拙生義、積年来故久迩宮殿下御事歴編纂ニ付懸念不啻候処、就中殿下広島御冤罪ノ件ハ重要ノ御義ニ御座候故、今猶該事耳取調専務ニ有之候、（中略。親王が広島御下向を承知された様子）独リ拙生ノ面タリ拝承致居候ノミナラズ　殿下御存生中　殿下ノ近臣及御眷顧ヲ蒙リシ有志ノ名々ハ皆能ク拝承仕居候処ニ御座候歟、事実果シテ相違無之候ヤ、御事歴編纂上至急ヲ要スル義御座候間、前条御記臆ノ処無御服蔵御垂命奉待上候、頓首謹言

追テ（中略）

明治卅一年六月一日

故久迩宮御事歴取調専務委員

目加田　栄

子爵田中不二麿大閣下

（『久邇親王行実出典』第三冊、所収）

すなわち、明治二十九年二月四日に御事歴取調専務委員の命が下るも、親王の広島謫遷の事についてのみ取り調べていた、ということになる。一方の、取調専務委員を命じた土方宮相の見解は、次の書簡に窺うことができる。

・（明治二十九年）二月二十七日付　土方久元書簡（伊藤博文宛）

貴墨拝誦。愈御安康奉賀候。陳は故朝彦親王殿下云々之儀敬承候。事実は誠に分明なる事に候得共、已に有罪にも非す青天白日之御身柄にて特赦を可受御事も無之、又当時之責任者を罰することも不相成、此処分には殆と困窮罷在候而取調中に御坐候。明早朝より京都へ罷越し来月四、五日比帰京仕候間、其砌万々可得御意候。右迄。匆々頓首

二月廿七日夜

久元

伊藤侯閣下

（『伊藤博文関係文書』六、塙書房、四七〇頁）

・明治三十年三月二十五日付　目加田栄書簡[5]（伊藤博文宛）

拝啓　時下漸く春暖相覚申候処大閣下益御安寧奉遙賀候。扨本日付を以て、別記之通故久邇宮殿下御冤遷一条又復土方伯へ具申仕候に付、何卒大閣下よりも同伯へ至急愚願成就仕候様御鳳声之程、特に懇願之至に不堪候。頓首謹言

卅年三月廿五日　　　護法

伊藤博文侯大閤下

別記

（前略《（ママ）》）扨去月謁見、帰神後更に本月九日付を以て御催申に及置候故久邇宮殿下御冤遷一条へ不日一大嘉報に可相接と日夜東望罷在候得共、来る四月二十日英照皇太后御百日祭御挙行の砌は、天皇、皇后両陛下にも京都へ行幸啓被為遊候やの趣拝聞仕候に付、何卒其迄に故久邇宮殿下御冤遷の儀天下に御表白相成候様、今回は絶対的の御尽力被成下度、伏て奉希上候。実は拙生満腔の愚衷此事の外一点の余念無之為め、御下命の到来を奉待上に不忍折柄敢て粗忽の大罪をも不顧、又復再三の愚見上申仕候次第に御座候得は深く憫察を被為加、特に出格の思召を以て至急何分の尊応御洩し被下度、頓首百拝謹て上願仕候。敬具

卅年三月二十五日即

殿下薨去の御例祭日

護法

土方久元伯大閣下

（『伊藤博文関係文書』八、塙書房、四四三頁）

明治二十九年二月、土方宮相は、「事実は誠に分明なる事に候得共、已に有罪にも非す青天白日之御身柄にて特赦を可受御事も無之、又当時之責任者を罰することも不相成、此処分には殆と困窮罷在候而取調中」である、として伊藤に伝えている。目加田は再三にわたって伊藤・土方両名に「故久邇宮殿下御冤遷の儀天下に御表白相成候様」上申したようであるが、これに対する土方の判断、またそれへの目加田の返書は次のとおりであった。

・明治三十年三月三十日付　目加田栄書簡（伊藤博文宛）

謹啓　去廿五日付ヲ以テ故久邇宮殿下一条土方伯へ再伸状差出候写相添、大閣下へモ此ノ上一層御配慮被成下度相願候義ニ付、同伯ヨリ今廿七日認メ左之通回答有之候。

両度乃朶雲拝読。愈御多祥御起居之由欣然不可言候。陳ハ御申越之一条、名分上甚六ヶ敷色

〻協議苦心中ニ有之候。論ズレバ論スル程六ヶ敷相成候。是ニハ甚閉口ニ御座候。右御答迄。頓首

三月廿七日　　久元

目賀田殿

右来命之趣ニテハ希望成就ノ時機モ予知シ難キ漠然タル答弁ノ様愚案仕候得ハ愈〻以テ残懐ニ不堪所ニ御座候。如何トナレバ、先般大閣下ノ御意見拝承仕候通リ平気ノ取成ニ被及候ハヾ前記来諭ノ如キ名分上甚六ヶ敷トカ、論スレハ論スル程六ヶ敷相成トカ、是ニハ甚閉口トカ被申聞候程苦心被至候事ニモ無之候。左レハ能ハザルニアラズ、為ザルヤト云フノ嫌ハ無之歟ト被存候間、何卒大閣下非常ノ御尽力ヲ以テ土方伯ノ岐路ヲ指南シ、驀直ニ雲霧ヲ遮断シテ迅ニ奏功ノ実ヲ被遂候様御心添被成下度、伏テ奉懇願候。頓首拝白

卅年三月卅日　　護法

伊藤侯大閣下

（国立国会図書館憲政資料室所蔵『牧野伸顕関係文書』所収。圏点は原文）

以上によって、目加田の想いと役割とは明白であろうが、『行実』編纂が允許せられたのはその二年後である三十二年三月二十六日まで待たねばならなかった。しかし、右の伊藤や土方の判断からすれば、それを一転させるのは容易でなかったはずである。もとより、「事実は誠に分明なる事に候得共、已に有罪にも非す青天白日之御身柄にて特赦を可受御事も無之、又当時之責任者を罰することも不相成、此処分には殆と困窮」し、「名分上甚六ヶ敷」、「論ズレバ論スル程六ヶ敷相成」、「是ニハ甚閉口」していたのである。

そこで、この間、三十一年二月九日に宮内大臣が土方久元から田中光顕へと替わっていることが重要な意味をもつであろう。「宮相はかねて当時の実相を知悉してをり且つ栄の至誠に感動し好機これを明治天皇に言上し遂にこの行実編纂の要を切言しその允許を経た」(前掲「朝彦親王行実編纂経過要旨」)とされる羽倉氏の言は首肯されるべきと考えられる。

目加田の『行実』編纂の目的は、親王の広島冤遷の雪冤にあったこと明らかであるが、その要を痛感した背景として、次のような事情も考えられる。すなわち、明治二十二年一月、熱田社改造にあたって、角田忠行宮司が伊勢神宮と同様の処遇を求むとの建白をなすや、神宮祭主朝彦親王は親しく明治天皇に拝謁してこれに反対、二十四年正月より土方宮相や西郷内相等を相手に質問書を送った目加田の尽力もあって、五月の改造一部変更に至らしめたものの、それも必ずしも朝彦親王の御遺志に添うものでなく、目加田は親王薨去される後も運動を続けている(6)。また、明治二十六年十二月には、これも親王の御遺志を継いで、第五帝国議会に弾正台および神祇官再興の請願書を提出、やがて出版法に触れて罪に問われた。(7) これらのごとき、親王の御遺志が政府になかなか受け入れられないという現状も、親王雪冤の必要性を痛感させたかもしれない。

二、『久邇親王行実』稿本の改訂経緯

本節では、『久邇親王行実』における朝彦親王広島謫遷の叙述について検討する。『行実』は、内藤耻叟の起稿せる初稿を改めること九回に及ぶが、この初稿より第九稿までが宮内公文書館に所蔵され（十冊、明―二八）、撰上された『行実』は宮内省図書寮に入ったが焼失し（一冊、四五五―一〇）、久邇宮家蔵本も現存していない（羽倉敬尚氏『久邇宮朝彦親王行実解題』）。管見では他に、羽倉敬尚書写本が神宮文庫（一冊、六門二二五五。昭和十五年一月、久邇宮家本写）および京都大学附属図書館（一冊、〇五―六二／ク／〇一。受入印は昭和二十九年三月二十五日）に伝わる。

初稿より第九稿について、宮内公文書館所蔵本により、各冊扉にみえる校合年月を掲げると次のとおりである。

・初　稿　　内藤委員起稿
・第一稿　　内藤委員起稿ノ清書

・第二稿　明治三十二年十月十二日　目賀田委員 内藤委員　対読校正
明治三十二年十月十三日　内藤恥（耻）叟　再閲
・第三稿　明治三十二年十月二十四日　委員長校閲了
明治三十二年十月廿六日　邦彦王殿下閲覧允裁
・第四稿　明治三十二年十一月三日　内藤委員句読
・第五稿　角田委員開読
・第六稿
・第七稿
・第八稿
・第九稿　明治三十三年五月十四日　土方委員長目加田委員立会最終校閲済
明治三十三年六月土方委員長ノ手ヲ経テ聖上陛下へ捧呈ノ原書

これらの明治元年より三年に至る記事を比較すると、初稿と、第一稿と、第二稿以下とで、大きく文章が異なっていることが判明する。その原因を羽倉氏の記述に求めれば、目加田は親王の生前受けた恩義を懐ひ挺身これが顕実に当つたので、初稿には頗る真相を傳うるものあつたが、当時親王王子邦彦王は軍職にありて未だ廿八才の年壮、且つ有栖川以下の長老親王並びに伊藤、山縣、松方、徳大寺、西園寺等等維新時実歴者が元勲若しくは君側重臣として残存し、往々記事が親王を過褒するものとなして甲論乙駁、稿を改むること十九回、完成は主任目加田の頭初の期待に及ばなかつた様であつたが兎に角終功撰上を見るに至つたものである。

（『久邇宮朝彦親王行実解題』）

ということであろう。

確かに、初稿において、

此親書（明治三年八月二十六日、浅野長勲知事に賜う手書）ニ云フ所ノ如ク、親王ノ罪ハ専ラ慶喜ニ密書ヲ通スト云フニ在テ、其事固ヨリ讒誣ニ出ツ、当時慶喜ハ謹慎中ニ在リ、殊ニ上野ヨリ水戸ニ遷リ水戸ヨリ駿府ニ入ルノ間、決シテ親王ノ書ヲ受ルノ理ナキハ児童ト雖モ知リ易キ所、親王ノ明豈之ヲ知ラサランヤ、忽ニ密書ヲ通ストハ元是讒言ニ出ルヤ明ラカ也、然ルニ満廷ノ公卿以下之ヲ以テ親王ノ罪トシテ明ラカニ宣告文ニ著ハス者ハ、唯親王ノ在京ヲ懼ル、ノ深キ虚構羅織シテ其罪ヲ成スニスギザル也

とあったものを第二稿以降削除せるは、そのことを示すのであろう。逆に、初稿に明治元・二年の記事がなかったのに対して第一稿以下においては、明治元年八月十六日の親王詰問の状況を克明に記したものが追加されるものの、そこには「参向ノ諸臣頗ル其冤ヲ察スルモ時勢ノ致ス所之

ヲ弁スルニ難ル也」と述べるにとどまる。

先に掲げたごとき、初稿内藤委員起稿、第一稿内藤委員起稿の清書、第二稿目加田委員内藤委員対読校正とすれば、第二稿において目加田の意見が採り入れられたことになり、羽倉氏の言と矛盾する。とはいえ、初稿は内藤起稿とあるも、もっぱら目加田が原文作成にあたったともいい、(8)実際に史料蒐集は目加田と角田が中心となって従事したようであるので初稿は内藤一人の意向とも思われず、改訂はおそらく目加田以外の委員、とりわけ土方あたりの意見を容れた結果と見なすべきであろうか。

ともあれ、叙情的な記述を改めるのとともに、親王を詰問した者への責任追及が削除された経緯は認められる。親王の冤罪を公言すれば、必ず親王を詰問した側の責任が問われるので、それを憚る意識がもたれていたことはここにも確認できると考えられるのである。

三、『岩倉公実記』の編纂態度

前節までは、『久邇親王行実』の編纂について、羽倉敬尚氏の解題を多く参照しつつ、蛇足を述べてきた。親王薨去後間もない段階においても、親王の広島謫遷は非常に取り扱いの難しい問題であったことが判明するが、土方久元や伊藤博文のやりとりからすれば、その冤罪であることは疑うべくもないものと認識されていた。焦点は、嫌疑をかけた人物への非難に及ばないよう配慮することにあったといってよいであろう。

そうとすれば、『岩倉公実記』[9]の態度はいよいよ明白である。『岩倉公実記』(元版)においては、「始メ人アリ、密ニ刑法官知事大原重徳ニ告ケテ曰ク、朝彦親王陰謀アリト、重徳乃チ」に始まり、「問答再三ニ及ンテ親王遂ニ書ヲ光太郎ニ授クルノ罪ニ伏ス」としてその容疑のみ記し、朝彦親王のご主張や詰問時の親王の様子は一切記していない。それが新版では、事件を肯定するかのごとき記述が改められ、冤をそそぐべく附注が付される。

この改訂につき、大久保利謙氏[10]は「元版の記述を改めるべき史料が発見された結果にほかならない」とされ、また浅見雅男氏[11]は「明治のある時期までは、親王謀反の事実は公に認定されたこと」で「親王の孫良子女王の夫である裕仁親王が天皇となった時代になると風向きが変わ」って親王謀反についての記事が削除された可能性を示唆された上で、「これを時の皇后の祖父を謀反人にするわけにはいかないが故の政治的配慮、と解釈することも可能だが、しかし、やはり朝彦親王謀反の一件は、岩倉具視をはじめとする新政府首脳たちの捏造と見るのが合理的」であると述べておられる。

結論に異論はないが、浅見氏が良子女王とのご関係を示唆されるのは穿った見方であるし、『岩倉公実記』附注に引用されるのは嘆願書や伏見宮家ご帰邸についての沙汰書であり、新たな史料という訳ではない。実際、『久邇親王行実』には初稿の段階ですでに嘆願書が引用されており、『岩倉公実記』元版の編纂段階で存在が知られていなかったとは想定し難い。

『岩倉公実記』の編纂は、明治十六年八月七日、香川敬三に岩倉の行状取調べが命ぜられ、同十八年八月多田好問にも同様の命が下り、二十年代に年譜稿を作成、三十年代に『岩倉公実記』編修がなされ、三十六年十二月『岩倉公実記稿本』完成、明治天皇に捧呈。三十九年九月に印刷・刊行されたのであったが、[12]注目すべきは、この『岩倉公実記』の市販計画が明治四十年にあったが、香川敬三の意向により出版中止となった事実である。

上野秀治氏[13]によれば、明治三十九年九月刊行の『岩倉公実記』上・下二冊は、上製本・並製本あわせても、多くて一〇〇部、少なくとも五〇部の印刷に過ぎず、多田は市販を試みたが、香川の出版中止勧告を受けて許されなかった。その理由として、
一、皇后宮職蔵板の非売品の刊本に、ほぼ同内容で市販することには憚りがあること
二、出版費用の問題
三、香川はみだりに他見を許さないよう条件を付しており、それは皇室や政治にかかわる記述内容もあることによるもので、大久保氏の指摘された昭和二年の市販本に一部修正を加えている箇所など議論がおこる可能性があることへの配慮
の三点を指摘しておられる。

『久邇親王行実』の調査にあたって、目加田は明治二十六年に岩下方平、大木喬任、土肥実

臣、また当時賀陽宮家侍臣たる進藤為名、山下直知、浦野家中老母や浦野の親族、前田と懇意であった佐藤亀六、同三十一年には田中不二麿と問答し、また明治二十二年に創立された史談会では、明治二十六年に中島錫胤、三十二年に平松時厚、三十三年に織田完之、四十年に後藤象二郎（聞き取りは二十一年）、四十一年に岩下方平への聞き取りが行われ、悉く朝彦親王の冤罪を主張している。明治四十四年には維新史料編纂会、大正三年に臨時帝室編集局が設置された他、大名華族の諸家なども維新史料の蒐集編纂を行った時期である。[14] まして目加田は政府高官に相当の働きかけをしたであろうことが推測されるし、土方久元の認識、「事実は誠に分明なる事に候得共、已に有罪にも非す青天白日之御身柄にて特赦を可受御事も無之、又当時之責任者を罰することも不相成」というのはある程度の政府関係者の認識でもあったと想定される。浅野広島藩知事に宛てた親王の嘆願書にしても、『岩倉公実記』編纂において存在が知られていなかったとも思われない。

皇后宮大夫で幕末期には岩倉に従っていた香川であるから、このことはおそらく承知していたのではなかろうか。「元版の記述を改めるべき史料が発見された」（前掲）のではなく、「議論がおこる可能性があることへの配慮」（前掲）と考えるほうが自然である。勤王家・農学者である織田完之が朝彦親王の家臣山田時章のことを述べる行、[15]

此事（朝彦親王の冤罪）ハ後岩倉公の事跡を取調べた時にも、井上毅などに話したことでござります、誠に山田の述ぶることハ能く判つたが、何分其通りに書けば大に差支を生ずると云ふやうなことがあつて、秘々密々のやいになつて過去つたことでござります、然るに近時に至つて久邇宮の御伝記を取調ふることも始つて、御冤罪も解けることであらうと存じます

とあることには十分注意すべきであろう。『岩倉公実記』の特色について羽倉氏(16)は、

此書は明治卅六年、昭憲皇后の台命の下に同宮太夫香川敬三が内閣大書記官京都人儒者多田好問を主任として執筆せしめた。此書は浩瀚な活版本黒背皮洋装二冊なるがその出版僅かに五十部、謂はゆる往年の岩倉党像故各家にのみ頒贈し有栖川宮にも進献しなかつた。久迩宮は無論である。而して記事凡て岩公中心、甚だしきは宸翰中の文言を歪曲したかと思はれるのがあつた。この事は後年維新史研究家に於ても指摘してをる。依て昭和二年財団法人岩倉公旧跡保存会にて「岩倉公実記」飜刻出版の議あるや、実情を知る識者は後世を誤るとなし、前書を処々訂正し又追記を加へて三冊本赤背皮、洋装、前下巻を中、下の二冊に別つとなし刊行するに至つた。この校訂は本多辰次郎担当した。その中特に朝彦親王広島冤汪の條、項名、朝彦親王皇族籍を除かるゝ事の記述は大いに書き改めらるゝに至つた。

とされ、大久保利謙氏(17)も「そこには岩倉中心に偏向するというそしりもある」と述べておられる。『岩倉公実記』と『久邇親王行実』の叙述対象による記述の相違が主なる原因とみてよく、『岩倉公実記』編纂の側の認識も『行実』編纂着手前の土方等の苦慮するところと何ら変わりな

く、『岩倉公実記』元版はあくまで岩倉の立場で叙述されたが、維新史編纂事業、研究の進展によりその事実ももはや直書せざるをえなくなり、新版での改訂に至ったのではないか、と考えられる。

おわりに

本章では、まず、『久邇親王行実』編纂の経緯について羽倉敬尚氏の解題に若干の補足を試みた。その結果、目加田栄の伊藤博文や土方久元への働きかけと、それに対する土方の判断、また編纂開始後の稿本の改訂の様相よりして、当時朝彦親王の冤罪なることはすでに認識されており、親王を詰問した側、すなわち岩倉具視などの責任が問われるに及ぶことを憚っていたことが問題の焦点であったものと考えられた。

次に、一方の『岩倉公実記』について、上野秀治氏の研究より本稿と関わる部分を紹介した上で、『岩倉公実記』編纂の側からしても、冤罪なる事実は承知されていたものと推測した。「何分其通りに書けば大に差支を生ずると云ふやうなことがあつて、秘々密々のやいになつて過去つた」のであったが、昭和の改版では事実を直書せざるをえなくなったのであり、「記述を改めるべき史料が発見された結果」ではなく、まして「明治のある時期までは、親王謀反の事実は公に認定されたこと」で「裕仁親王が天皇となった時代になると風向きが変わ」ったのでもない、といってよいだろう。

註

（1）羽倉敬尚氏「勅撰「朝彦親王行実」編纂ノ経過」（神宮文庫所蔵『故神宮祭主大勲位久邇宮行実』所収、六門二二五五、昭和十五年一月）、「粟田の落穂」（『朝彦親王景仰録』所収、久邇宮朝彦親王五十年祭記念会、昭和十七年十月）、「朝彦親王行実編纂経過要旨」（京都大学附属図書館所蔵『久邇親王行実』所収、〇五―六二／ク／〇一、昭和三十九年一月）、『久邇宮朝彦親王行実解題』（前掲京都大学附属図書館所蔵『久邇親王行実』附）。また、『邦彦王行実』（久邇宮蔵版、昭和十四年八月）の当該記述も羽倉氏の資料提供によるという。以下、羽倉氏の言はこれらによる。

（2）以上、目加田の経歴は、羽倉敬尚氏前掲註（1）「粟田の落穂」、同氏「神宮護持の隠れた功労者　目加田護法の人と生涯」（『神社新報』昭和三十八年十月五日付）による。

（3）京都大学附属図書館所蔵『久邇親王行実出典』所収。

（4）前掲註（1）『邦彦王行実』、六六頁。

（5）後掲の『牧野伸顕関係文書』所収書簡の「護法」の字の崩し方により、差出の「□臣」を「護法」に改めた。

（6）事の経緯については、岡田米夫氏「熱田神宮改造一件」（『神宮・明治百年史』下、神宮司庁、昭和四十五年三月）に詳しい。

（7）羽倉敬尚氏前掲註（1）参照。

（8）同右。

（9）『岩倉公実記』の元版は皇后宮蔵板、明治三十九年九月刊。新版は、岩倉公旧蹟保存会、昭和二年七月刊。

（10）大久保利謙氏「岩倉公実記解題」（明治百年史叢書『岩倉公実記』下、原書房、昭和四十三年五月）。

（11）浅見雅男氏『闘う皇族―ある宮家の三代―』（角川選書、平成十七年十月）。

（12）『岩倉公実記』編纂については、大久保利謙氏前掲註（10）解題、上野秀治氏「『岩倉公実記』編纂過程における歴史観の形成」（平成十三年度～平成十五年度科学研究費補助金《基盤研究（C）（2）》研究成果報告書、平成十六年十二月）、同氏「『岩倉公実記』編纂過程の研究（上）」（『皇學館史學』二〇、平成十七年十一月）による。

（13）上野秀治氏「『岩倉公実記』編纂に関する新史料―香川敬三宛多田好問書簡を中心に―」（『岩倉具視関係文書（岩倉公旧蹟保存会対岳文庫所蔵［Ⅲ］）』解説、北泉社、平成六年四月）、同氏「明治四十年の『岩倉公実記』市販計画について」（『皇學館大学史料編纂所報　史料』一三六、平成七年四月）。

（14）これら維新史編纂事業については、伊東多三郎氏「明治維新史料編纂事業の展望」（『近世史の研究』三、吉川弘文館、昭和五十八年六月。初出は昭和三十二年七月）、大久保利謙氏ほか「座談会　維新史研究の歩み

第一回　維新史料編纂会の果した役割」（『日本歴史』二四六、昭和四十三年十一月）をはじめ、史談会については、史談会編『近世史料編纂事業録　附史談会設立顛末』（史談会、明治二十六年六月）、維新史料編纂会・同事務局については、文部省維新史料編纂事務局編『維新史料編纂会の過去と現在』（同局、昭和十年四月）、大久保利謙・小西四郎両氏『『維新史』と維新史料編纂会』（吉川弘文館、昭和五十八年七月）、保谷徹氏「『維新史』―『維新史』編纂と維新史料編纂会―」（『歴史と地理』四九九、平成九年三月）、箱石大氏「維新史料編纂会の設立過程」（『栃木史学』一五、平成十三年三月）、堀口修氏「『臨時帝室編修局』と『維新史料編纂会』」（『古文書研究』五四、平成十三年十一月）、同氏「維新史料編纂会と臨時編修局の合併問題と協定書の成立過程について―特に井上馨と金子堅太郎の動向を中心として―」（『日本大学精神文化研究所紀要』三六、平成十七年三月）などがあり、さらに旧藩それぞれについての論考など枚挙に暇がない。

（15）「賀陽宮親王勤王御美蹟附四節」（『史談速記録』九〇、明治三十三年四月）。

（16）羽倉敬尚氏前掲註（1）『久邇宮朝彦親王行実解題』。

（17）大久保利謙氏前掲註（10）解題

四、朝彦親王と維新史編纂事業

一

明治維新後の神宮祭主時代、朝彦親王が維新史編纂の要を説かれ尽力されたことはあまり言及されることが少ないように思われる。

このことに言及するものとして、山田孝雄氏[1]が、

明治二十四年一月、親王書を伊藤博文に寄せて近代の歴史を編纂せむことを勧めたまふ。この事、当時実現せざりしかど、後年維新史料編纂の官制を布かるゝに至りしを見れば、親王先見の明之を導かれしことを知るべし。

と記され、また、渡辺寛氏[2]は、神宮祭主時代の親王のご事蹟を掲げる中で、

(前略)薨去のとし明治二十四年には、ヲ、伊藤博文に書状を送ること二度、維新史編纂の必要性を説かれるなど、最後まで情熱を燃やし続けられる親王であった。

と述べておられるのが管見に及ぶのみである。

まず、これらによっても紹介されている、明治二十四年に伊藤博文へ寄せられた書を、『久邇

親王行実出典』(3)より掲げる。

【史料一】『久邇親王行実出典』明治二十四年一月五日条

親王、伊藤博文ニ与フルノ書

新年之慶賀目出度申入候、然ハ東京滞在中ハ久々ニ而得面晤、幸甚此事ニ候、足下日々議場御臨席相成候趣、御多忙遠察致候、不順之候為国家御自愛所祈ニ候、却説先達而御内話申入候近世歴史編輯所云々之儀、其後嶌津家始掛リ之者参邸、事情陳述致候事トハ存候、右ハ於朝彦兼而賛成致居候義ニ而、此明治維新之業たる先朝積年被為悩叡慮、又薩長土始勤王諸藩之尽力セル結果なれは、旧功臣之猶生存セル今日ニアラザレバ当時実蹟ヲ後世ニ伝ル事ハ無覚束ト於朝彦相考候、過日も御話申候通リ、此事ヤ今上御孝道之一端ニシテ、先般教育上之勅語ニ対セラレても是非御実行可有之候事ト存候間、足下御多用中ナカラ御賛成之上ハ稍々御尽力相運候様、於朝彦も希望致候、尚賢慮之所も内々御示御答給リ候ハヽ幸甚之至ニ候、先ハ年甫祝詞申入旁、前件申述度如此ニ候也、

明治廿四年一月五日　朝彦

伊藤博文殿

【史料二】『久邇親王行実出典』明治二十四年三月廿六日条

一親王近世歴史編輯ノ義ニ付、再書ヲ伊藤博文ニ与フ

本年一月中申入置候近世歴史編輯所云々ノ儀ハ其後精々御尽力相成候事ト存候共、于今官報等にも不相見如何之御取計ニ相成候哉承リ度、此段御示頼入候也、

三月廿六日　朝彦

伊藤博文殿

この史料には、朝彦親王が近世歴史編輯所を設置すべきであると申されるのは「此明治維新之業たる先朝積年被為悩叡慮、又薩長土始勤王諸藩之尽力セル結果なれは、旧功臣之猶生存セル今日ニアラザレバ当時実蹟ヲ後世ニ伝ル事ハ無覚束」とお考えになったからであることが明記されている。

今ひとつ、文中に「嶌津家始掛リ之者参邸、事情陳述致候事トハ存候」とあることから、島津家はじめ諸家の、いわゆる「旧藩史観」に属する史談会との関わりが想起される。右の文面のみからすれば、「於朝彦兼而賛成致居候」、また「於朝彦も希望致候」とあるなど、史談会の活動を後押しするいわば後援者のようなお立場にも受け取り得る。

ここで史談会についてごく簡単にふれておくことにする。明治二十一年（一八八八）七月、宮

内省から島津・毛利・山内・水戸徳川四家に対して、「嘉永癸丑（一八五三）以来明治辛未（一八七一）ニ至ルマテ其旧藩ニ於テ国事ニ鞅掌セシ始末詳細取調三ヶ年ヲ期シ編製可致旨御沙汰」[4]があり、島津家では『忠義公史料』『斉彬公史料』などを含む「島津家国事鞅掌史料」及び『薩藩史料』、毛利家では『防長回天史』、山内家では『土佐藩政録』、水戸徳川家では『水戸藩史料別記』『水戸藩史料』として結実することになる。

また右の達を契機として、明治二十二年四月、六雄藩家と三条・岩倉伝記編輯員十数名が集まって史談会が結成され、二十三年十二月には両池田・鍋島・細川・黒田・伊達の六家、二十四年六月に八十六家、同年六月二十八日に十一家、二十五年三月に一三九家にも国事鞅掌史料編纂の義が下命されたこともあって、加入者も増加。成果として『史談（会）速記録』を刊行した。そして会の中心的役割を果たしたのが島津家であり、とくにそのことに従事したのが島津家編輯員の市来四郎とその甥寺師宗徳であった[5]。

さて、親王と島津家の関係は幕末以来のものであるが、維新史編纂に直接関わるところでは、次の記述が掲げられる。

【史料三】「市来四郎君自叙伝」[6]

仝（明治二十三）年十一月十九日、久邇宮（朝彦親王）殿下旧元老院跡諸家会合所ニ臨車あら

せられ、伊丹重賢氏参会あり、予は過日三條公始めに、呈覧したる宸翰勅答書類を被覧に供し奉る、殿下にも深く当時を忍はせらる、との御物語あらせらる、会衆も厚く編史の必務を語り合ひぬ、（中略）

予（市来）上京（明治二十三年）以来、専ら編史の事に留意し、（寺師）宗徳の宅に仮編集所を設け、数名の筆生を集め、各諸家の書類を借写したり、又伊達（宗城）・池田茂政両公に頼り、又品川（弥二郎）・清岡（公張）諸氏其他と謀り、宮内省に編纂局設立の必務を申述し、普く史談の推拡に焦慮したり、又島津公時事鞅掌に関しては、岩下（方平）・黒田（清綱）・高崎（正風）諸氏に詢ひ、邸員諸氏の諮問に応へ、宗徳と倶に九條・浅野・松浦諸公を回訪して、島津公との音問往復を為し、或は会合を図りたり、又此際久邇宮殿下御上京あらせらる、深く時務に留意在せられ、同族中重なる有志の方々へ御内示あり、交々往復時事の談論在せらる、予・宗徳常に諸公及ひ県地出身者の間に奔走し、彼我の意見を調和し、内外の弁宜を策し、旧君家の体面を保持せんことを務むる等、其間の苦心筆紙に悉くし難し、終に議会開け、時局纔に収まれり、当時日夜内外斡旋の労を尽して、年を了へたり、

（一〇三七頁）

これ以前にも、「市来四郎君自叙伝」中に市来が朝彦親王に謁見した記述が見出せるが、維新史編纂のことを明記するのはこの箇所に限られる。史料一に「東京滞在中ハ久々ニ而得面唔」、

また「先達而御内話申入候近世歴史編輯所云々之儀」とあって、親王が在京されたのは二十三年十一月五日から二十八日。(7) この上京中の十九日、旧元老院跡の一室に設けられた編集員会合所に立ち寄られ、「殿下にも深く当時を忍はせらる、との御物語あらせらる、会衆も厚く編史の必務を語り合」ったことは注目される。

さらにさかのぼれば、島津忠義・忠済が久光国葬に際して上京した際、二十一年六月十四日に、孝明天皇より久光に賜わりたる御宸翰数通を明治天皇の天覧に供しているが、(8) この宸翰について、朝彦親王がその内容を証明する書が残されている。(9) これよりして、二十一年にはすでに、朝彦親王との間でも維新史編纂に関する意見が交わされたことが想像される。

島津家においては、明治二十年までは久光や忠義の話をまとめたり、市来の日記や若干の史料を用いて市来が中心になって編纂を行うというものであったが、二十一年以降、島津家の親族や華族を訪問し、久光に関わる聞き取り調査および所蔵史料の調査を行うようになる。右の二十一年は、島津家が維新史編纂に際して本格的に他家の調査を始めた年にあたるのである。

これと同時期、明治二十一年五月以降、市来・寺師・品川弥次郎などたびたび宮内省に編纂局を設けるよう運動し、また華族に対しても共同してこの議を宮内省に建議するよう要望しているのであって、史料一の書中、「近世歴史編輯所云々之儀、其後嶌津家始掛リ之者参邸、事情陳述致候事トハ存候」とあることは、島津家などと志を同じくされて伊藤に書を送られたものであることを示すものの、その関わりは俄なものではなかったといえよう。
また、親王の史談会へのご関与が極めて積極的であったことの可能性を示すものとして、先の伊藤博文への書の他に、次の書簡が掲げられる。

【史料四】久邇宮朝彦親王書簡（明治二十三〜四年カ）九月二日付、池田茂政宛(10)

残炎難堪節、御清適祝慶不過之候、
然者島津兄弟ゟ此度市来帰国
可致様被示之旨致承知候、同人義
帰国者今暫ク滞留候様之書面
ニテモ被遣候様貴卿伊達宗城殿
御両人御相談ニテ何卒御取計御
尽力候様御依頼申入候、先者用
事而已、艸々頓首
　九月二日　　　　　朝彦
　従二位池田茂政殿
追テ清岡公張も角別

尽力事故、同人義も此頃
御地滞留之義ニ付、御申談
有之度、此段も申陳候添候テ
此書面御覧後、火中ニ
相願候也、

これは、島津兄弟（忠義と忠済）より市来四郎が帰国するという知らせを池田茂政が受けて朝彦親王にお伝えしたが、朝彦親王は市来に今しばらく在京するよう、池田・伊達宗城両人に取り計らってほしい旨、返答されたものである。書風よりして案文や写しである可能性もあるが、内容的には疑う必要はない。

発給年は明記されていないが、池田茂政が従二位であったのは二十年十二月二十六日から二十五年七月五日まで（これより先、二十四年十月二十四日に朝彦親王は薨去）であるので、この期間における市来の所在を、二十三年まで記

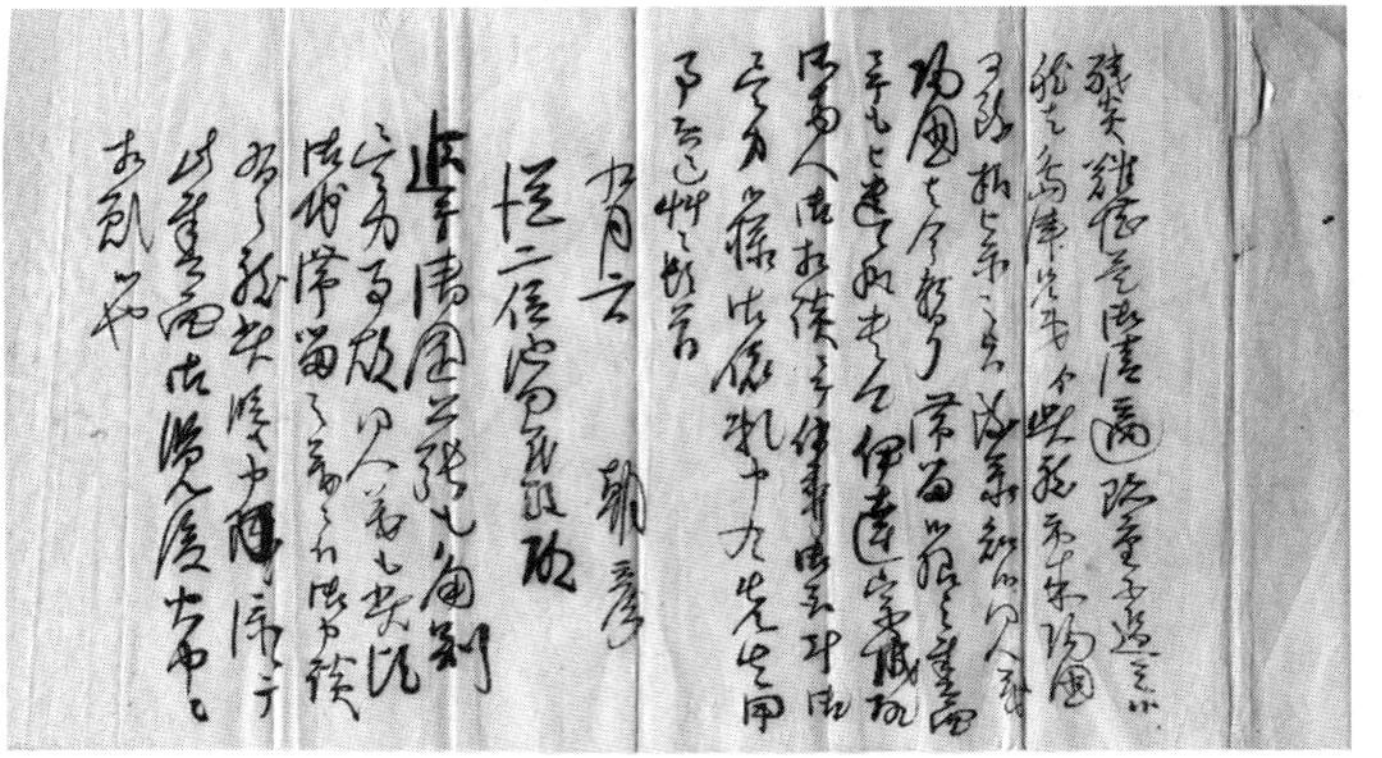

述のある「市来四郎君自叙伝」により追えば、二十一年から二十二年は九月二日前後に市来は在京していないようなので該当しない。二十三年は、八月二十一日に上京、年内は在京していたようである。

明治二十三年「上京以来専ら編史の事に留意し、（寺師）宗徳の宅に仮編集所を設け」云々（史料三）とあるのは、島津家編輯方の東京移転に伴うものである。そもそも、島津家編輯方は、明治十八年、下町海岸養穀社に旧藩事蹟の編纂を行う市来等の編輯方が置かれ、それより後に御家譜掛の系譜を引き家譜編纂や調査・書写を行う磯邸編輯方が置かれ（いずれも鹿児島）、両者「編輯（集）方」とよばれていたが、[11]二十一年の宮内省の達を受けて、東京に編輯方出張所を設け寺師に担当させる。二十三年に至って東京に順次一本化させる方針が定まると、市来は上京を命じられる。しかし、その財務状況や、二十五年十一月に出された「当地編輯方残務延期之上申」によれば、「島津家文書」の東京移転を含め全面的に一本化するには及ばなかったという。[12]

この寺尾美保氏が紹介された「当地編輯方残務延期之上申」と史料三よりすれば、東京に移って「各諸家の書類を借写し」、「宮内省に編纂局設立の必務を申述し」、「又島津公時事鞅掌に関して」もつとめたが、鹿児島での作業が終わらず、二十五年四月に至って再度東京一本化を上申するも、やはり「抜萃謄写」といった残務に時間を要するので十一月、双方での作業継続を申し出た、ということになる。市来にとって、明治二十三～四年は、編史のことに追われた日々だったことであろう。

右をふまえて再度史料四を見れば、市来に今暫く在京するようにとのご意図は、池田や伊達に取り計らいを依頼し、且つ「清岡公張も角別尽力事」ということでもあるので、これらの人々がいずれも史談会に深く関係した人物であることを考えれば、書簡の示す内容はほぼ疑いなく維新史編纂事業に関することであろうから、市来の帰国の報に対して滞留するよう求めるというのは、かなり具体的に関与されたことを示すものと思われる。

二

前節においては、朝彦親王の史談会への関わりの一端を述べた。ところで、維新史編纂は、様々な立場によってなされた。それらは大久保利謙氏の分類(13)に従いそのおおよそを示すと、

・「王政復古史観」……太政官系(『復古記』『明治史要』)
　　　　　　　　　　　宮内省系(『大政紀要』)

・「旧藩史観」…………旧藩史観(史談会)
　　　　　　　　　　　藩閥史観(維新史料編纂会)

・「旧幕府系」

・「民間派系」

ということになるであろう。

それぞれの政治的立場についてはいろいろの考証がなされているが、史談会に代表される「旧藩史観」とは、第一に明治維新を「明治中興ノ大業」と位置づけ、第二にこの「旧藩」は「藩閥」と対立するものであり、第三に旧大名家を過小評価することへの不満から「公平」を主張、第四に明治国家の功労者顕彰の積極的手段に利用されるなど、天皇制維新観を支える役割を果たすようになる、と定義されている。(14)

各々が己の立場・史観でもって歴史を叙述することは常である。筆者も『久邇親王行実』と『岩倉公実記』とを採り上げ、後者が岩倉具視の立場から叙述されている一例を示したことがある。(15)しかし、では特に史談会との関わりにおいて維新史編纂を提言された朝彦親王のお立場や維新史観とは、「藩閥」との対立、自らの過小評価への不満から、自らの復権を求めるといったものであったのだろうか。

とりわけ、浅見雅男氏によって、「久邇宮家には自家が冷遇されて家族が苦しい生活を強いられていたという思い込みがずっとあった」、つまり「差別」意識があった、との指摘がなされていることは看過できない。(16)浅見氏の指摘が正しいとすれば、維新後における朝彦親王のご思想を考える場合に極めて問題を生ずるのみならず、維新史編纂事業に関する先の指摘と併せ考えれば、朝彦親王の維新史編纂事業とりわけ史談会へのご関与も、あるいは自家が冷遇されているという差別意識から、自らの過小評価を改めるべく史談会の活動に関与されたに違いないと受け取りかねない。しかし果たしてそのように理解してよいものであろうか。そこで、親王の史談会へのご関与の意図を考える上でも、ここではこの浅見氏の指摘について検討しておくことにする。

浅見氏は、東久邇宮稔彦王の『私の記録』中にみえる次のような証言を引用される。

【史料五】東久邇宮稔彦王『私の記録』(17)

なお、私の父の朝彦親王は、孝明天皇の御相談にあずかつて攘夷論をしりぞけて、開国論に賛成したゝめに、維新後、明治政府から謀反の嫌疑を受けて、数年間、広島に流され、蟄居を命ぜられた。

その後、許されて京都に帰り、皇族としての地位は与えられていたけれども、他の皇族との間に差別ある待遇を受け、そのため私の家は非常に貧乏になり、私ら子供達は、自分の家に居ることが出来ず、皆別れ別れに人の家にあずけられて育てられた。

私は、子供心に、このことが身にしみ、将来、決して政治に関与すまいという考えを持つてきた。

確かに、浅見氏の指摘されるごとく、実際のところ久邇宮家は金銭的に差別待遇を受けておらずそこには稔彦王の思い込みがある。しかし、浅見氏は、それは久邇宮家に「伝承」として語り継がれてきたことを意味し、そしてそれが朝彦親王の明治新政府への反感から発している、と述べておられるのである。

久邇宮家が金銭的に豊かでなかったことは確かであり、その原因の一つは、朝彦親王の王子女が十八人おられたことがあげられる。それでは、稔彦王がそれを「差別ある待遇」の故と思い込んだのは、何故であろうか。浅見氏も別のところで本書を引用しているが、同じ稔彦王の証言を掲げる。

【史料六】東久邇稔彦『やんちゃ孤独』(18)

山県公とはこの時、はじめて知合いになりました。その後もたびたび会いましたが、よく明治維新の時の話をしてくれました。

私の父の久邇宮朝彦親王は、青蓮院宮といい、孝明天皇の親任を受けて、攘夷論に反対していましたので、山県たちの立場とちがっていたそうです。

そんな事情で、孝明天皇が崩御されて明治維新になってから、父は広島の浅野家へ、まあ一種の流罪にされていたわけです。明治維新の連中と意見が合わなかったので、晩年は不遇だったのです。そんな話をしながら山県公は、

「あなたのお父さんはお気の毒でした」とか、
「あれは、政治上の問題で仕方がありませんでしたが、あなたも皇族として、将来政治に関係しない方がよろしい」
とか、いろいろ注意してくれました。この山県公の忠告は、今でもよくおぼえています。

これによれば、右のような「晩年は不遇だった」という認識は、むしろ山県有朋が「よく明治維新の時の話をしてくれ」て「いろいろ注意してくれた」ものであることが窺い知れよう。山県にとって、久邇宮家が政治に関わることへの警戒感があったことは認めてよいであろう。後、いわゆる「宮中某重大事件」において、良子女王の皇太子妃冊立に強く反対したのこそ、山県であった。稔彦王の回想は後世のものであるとはいえ、その「思い込み」が山県に擦り込まれたものであったと考える場合、山県には充分にその動機があったものと推察される。

朝彦親王に対する警戒感ということを考えれば、浅見氏の著書に述べられるごとき、親王の京都居住を認めたことなどは新政府の首脳にとって「厄介払いしたいとの気持ちがあった」とする指摘は一面においてうなずけるところがある。しかし、朝彦親王をめぐる人間関係は一様ではないことも注意しておく必要がある。

例えば、親王に仕えた目加田栄（護法）の言によれば、明治二十二《ママ》年三月、邦彦王の御東上に関して事前に目加田と吉井友実宮内次官との間で次のような約束がなされていたという。

【史料七】 目加田栄著『陳情書』(19)

一、若宮殿下御東上ノ上学習院へ御入院ハ御断リ御通学自由ノ事
一、東京ニ於テ御別戸ノ（今迄ハ伏見宮御殿内御同居ナルヲ以テ）御屋敷御設置ノ事
但シ御築新迄ハ可然御假舘ヲ備ヘラレ特別ノ御学資下賜ノ事
一、御休暇（暑寒）ノ際ハ御随意御帰殿ノ事
一、家令鳥居川憲昭ヲ非免スル事
但シ以後ハ殿下御希望ノ家令ヲ任スル事
一、別当股野琢ヲ解任スル事
但シ以後ハ殿下御希望ノ別当ヲ任スル事
以上ノ五ヶ条中、股野琢ハ勅任ナルヲ以テ吉井次官ニハ直ニ確答ハ出来ヌ云々トアリシガ遂々右五ヶ条ノ約成ルニ至レリ、是ニ於テカ護法ノ云ク右五ヶ条御採用成リタレバトテ老殿下ニハ如何被思召候ヤハ存ゼネトモ恐クハ右五ヶ条確然ト御受ケ相成ル上ハ老殿下モ御満足被為遊候ナラントハ存ズルナリ、（中略）翌朝老殿下ノ御褥床ニ於テ邦彦王殿下及吉井次官降テ護法等ヲモ其ノ末席ニ侍リ護法改メテ昨日吉井次官即御勅使トノ間ニ於テ略相約シタル

前五ヶ条ノ質問ニ及ビタル処、勅使吉井次官ニハ一々確諾致シ候旨御答相成候故、老殿下モ非常ナル御満足ニ思召、直ニ御申聞アリテノ玉ハク、今勅使ノ御約束通リ邦彦ヲ御扱ヒ相成ルコトノ確諾アル以上ハ朝彦病床ノ如何ハ措置キ迅ニ東上セシムベシ、（後略）

右の内容は明治二十二年のこととすると合わず、邦彦王は播州明石にご静養、吉井と内約が成って御東上の運びとなったというので二十三年のことと思われるが、朝彦親王が邦彦王御東上についてその待遇等に気を遣っておられたことを窺わせる記述である。問題は、ここで家令鳥居川憲昭の非免と別当股野琢の解任を求めていることであって、同じ『陳情書』には、

今迄ノ別当家令ニシテ斯ル事ノ尽力所カ、宮内省へ対シテハ宮殿下ヲ誹謗シ奉リ、宮殿下へ対シテハ宮内省ノ不実ヲ鳴スト云フ様ニ、別当家令其ノモノ等ガ個人的ノ事ノミニ趨リテ、彼是佞ヲ呈スルノ外ナカリキ、

とも記されている。ただし、これに対しては、朝彦親王御自身は次のような対応をされたという史料も存する。

【史料八】杉孫七郎書簡（明治二十四年カ）三月二十八日付、伊藤博文宛[20]

（前略）久邇宮御家来と自唱候目加田某一条は、小藤孝行（元久邇宮家令、現今北白川宮家令）

態々京都へ差遣、久邇宮へ股野云々之事承候処、宮も御驚愕にて、実際股野之不都合は無之、同人より宮へ差送候書牘数通写取帰候へ共、何事も無之候。就而は目加田より申上候儀は御氷解相成度奉存候。右は京都へ御発途之時目加田より陳述氷解に候。京都より宮内大臣へ御書翰御差送相成候約諾之趣に候処、相違無之候哉御序に御申越頼上候。（後略）

目加田の言い分によれば、これも宮内省役人の弁明にすぎないのであろうが、股野に対する評価が朝彦親王と目加田とで異なっていた可能性があり、目加田には忠誠故の思いこみがあったかも知れず、『陳情書』の記述はあくまで目加田の視点であることは留意すべきである。ともあれ、そのような目加田の『陳情書』の中においても、宮内大臣であった土方久元や、久邇宮家の家令別当を激しく責めている一方、久邇宮家に別当として仕えた清岡公張との面会では次のように述べたと記している。

【史料九】目加田栄『陳情書』

護法（目加田）云ク、閣下（清岡）ガケ様ニ打明テノ御譚トアラハ護法モ打明ケ申サン、実ハ閣下ガ昨年（二十四年）春御赴任以来、故宮様ニモ最初ハ清岡モ矢張土方大臣味方ノモノカモ知レヌユヘ油断ハ出来ヌ、然シ兎モ角試ミント仰セラレシ事サヘアリ、而シテ閣下ガ日月ヲ重テ御仕ニナルヤ、故宮様モ意外閣下ノ御忠節ナルヲ感ジ玉ヒ、一日護法ヲ召サレ、清岡ハ斯ク〳〵ナレバ此度コソ朝彦ノ心底ニ叶フ別当ナリ、（中略）トノ玉ヒケル、

朝彦親王の御意に添わない（と目加田が考える）家令別当に対して極めて厳しい目加田ではあるが、その目加田が清岡については久邇宮家別当をつとめたことによって親王と良好な関係であった、と認識していることが確認される。またあるいは、伊藤博文などについても『陳情書』で比較的良心的に記されているように感じられるし、親王の行実には、三条実美との交流のことなどみえている。

朝彦親王ご自身が、「明治維新の連中と意見が合わなかったので、晩年は不遇だった」と思われていたか否かについて、朝彦親王に対する藩閥・維新功労者の態度はまちまちであったということができ、単純に「冷遇」、「差別ある待遇」を受けていたというようなことは、その人間関係からは一概に判断できないことは以上によって知られよう。

三

次に、親王の政治的立場から、維新史編纂の必要を唱えておられたのか否かについても検討しておきたい。

維新後の親王は、もちろんその身分が回復されるまで、不遇であられた。しかし、維新史編纂への関わりの時期を考えると、神宮祭主ご就任以後を検討対象にすべきと思われる。神宮祭主ご就任を朝彦親王が「不遇」と思われていたか自体については、これは否定されるべきである。このことは、親王御自らが、その後任に邦憲王の御就任を望んでおられた、という一点で説明できるものと考える。このことは例えば、明治二十八年一月十九日付で伊藤博文に宛てた野村靖書簡に、次のようにみえることなどによって確認できる。

【史料十】野村靖書簡（明治二十八年）一月十九日付、伊藤博文宛[21]

久邇宮家令小藤孝行来訪、別紙の通り同宮邦憲王を以て伊勢神宮祭主に任せられ度内願致し候。右は故朝彦親王の御遺志にて御当人も深く御望みに有之

ところで目加田は、親王薨去後においても、親王の広島謫遷の冤罪なることを広く周知させるべく、奔走している[22]。しかし、朝彦親王ご自身の御立場と、忠誠を尽くしたその臣との立場とは、区別して考えられなければならない。明治二十二年十二月十四日、朝彦親王は参内し、神宮神秘のことを奏上されたが、その冒頭、次のように述べておられる。

【史料十二】『久邇親王行実出典』明治二十二年十二月十四日条[23]

儲て当時の形勢及内閣中何れも兎角一定仕兼候由にて、人心紛々、一年中に大臣両人も難に逢ひ、条約改正の難事等には深叡慮を被為悩ノ趣伝承仕り、実以恐入候儀に付、今般は敢て龍顔を涜し奏上仕候、然しなから始より分けて御断申上置ますが、朝彦には当時官員の可否を申上候事にハ毛頭無之、そハ本より存じも不仕次第なれハ、其段ハ宜しく御聞分置被下度、奉願ます、

そうして、神宮神秘のことをご主張されるのであるが、その冒頭の言は当時の形勢を嘆き明治天皇のご心痛を心配しておられるが、広島に謫遷せられていた時期、「方今万国交際之折柄、皇国人心不和を生候様立至り候而ハ慙懐之至候也」[24]として御自らの不遇を顧みずに心悩ませられたのと相通ずるものがある。

またこの時に限らず、朝彦親王は自らの冤罪を明治天皇に上申する機会はいくらでもあった。しかし、『久邇親王行実』編纂着手の時点でさえ、明治天皇に事は達していなかったのである。[25]政治的関与にしても、右の文言より、御自らの御立場をわきまえた言動を心がけておられたことが推察される。

以上、神宮祭主時代の朝彦親王が自らを果して「不遇」と思われていたか否かを拝察してきた

結果、決してそのようなことはなかったものと確信する。そもそも、まず考えるべきは、親王の皇族としての御立場である。東久世通禧の談話を載せた『竹亭回顧録　維新前後』には、筆録者高瀬真卿の附記に次のような本田親雄の回想が残されている。

【史料十二】『竹亭回顧録　維新前後』(26)

宮は条公（三条実美）に向て己は何の罪で広島へ流されたもので有ふか其許は御承知だらうと聞れて条公も此の御返事には大に窮したと云事だ、是は宮よりお直に伺たのである、一体渓達なお方であるから此の配流を別る遺恨にも思召さず、己が居ては邪魔になると言ふ事を聞た、己が居ぬ方がお上のお為になるなら己の配流は御忠節になつたやうなものだらうと笑てお話になつた。

この一文のみ掲げれば、親王が維新後においてご自身のご境遇、また維新時のことをどのように認識しておられたかが判然とする。親王の明治維新史編纂の御提言ということを考えるに際して、朝彦親王のご心境というものは、自らの復権といった私利とは明らかに一線を画するものだったことは明らかであろう。

四

本章においては、朝彦親王の維新史編纂事業とりわけ史談会へのご関与について述べ、またその意図されるところは過小評価への不満や不遇意識とは異なるところにあったであろうことを考察した。

明治二十年代は、ナショナリズムの風潮と、その結果による「歴史回顧熱」が生まれ、佐幕派史観などが生まれた、とされているが、[27]これを維新の勝者と敗者の対立として捉えるのではなく、旧幕臣は歴史回顧を通して真の文明開化を目指す活動に取り組んだとする見解も現れている。[28]後者の永井麻衣氏の見解を筆者は充分に検討していないのでこれを無批判に受け入れることは躊躇されるが、いずれにしても、我が国の伝統文化を重んじた朝彦親王が、明治維新の意義とその後の世情について深く想いをめぐらされるところがあったことは想像に難くない。

神宮祭主としての朝彦親王のご事蹟は、神宮遷宮の神秘相伝や熱田神宮改造に関するご上奏などによってうかがえる神宮を貴び敬われる御心、また神宮皇學館創立のこと、西洋の学問に対してわが国や中国の古典を重んじられることなど、伝統文化を護持することに意を尽されたことが知られている。「宮は西洋嫌ひであるからと言ふので今上も直衣を召し条公も衣冠、宮も衣冠で参内になつた御馳走があつ」たという本田親雄の言、[29]さらには散髪脱刀令に拘らず「御亡くなり遊ばすまで遂に御茶筌を御剪り遊ばさなかつた程の洋風嫌い、一倍厳格な国粋論者であ」ったとする並河徳子氏の回想[30]もあるほどであるが、このことも、先に引用した広島に謫遷せられた時期の歎願書などにも確認されるごとき、西洋の習慣・習俗を無批判に取り入れる世情への強い憤り、これにより皇国の人心不和を招くことを心配されるお心から生じた思いであられよう。

また、親王は皇族としてのご自覚も強くお持ちであった。そのような御精神や、維新時あるいは維新後における御自らのお立場を不遇と認識されず、遺恨としておられなかったことからすれば、維新史編纂へのご関心は、それが単なる懐旧感情によるものや、自らの復権を求めるものではなかったといってよいであろう。

註

（1）山田孝雄氏「謹んで故祭主宮朝彦親王を鑽仰し奉る」（久邇宮朝彦親王五十年祭記念会、昭和十七年十月）。

（2）渡辺寛氏「久邇宮朝彦親王の御事」（皇學館学園報『全学一体』八四、平成三年十二月。のち『増補　朝彦親王景仰録』学校法人皇學館、平成二十三年十月、に再録）。

（3）以下、京都大学附属図書館所蔵本『久邇親王行実』『久邇親王行実出典』（四冊、〇五―六二／ク／〇一貴別）の翻刻である拙編『久邇親王行実』（学校法人皇學館、平成二十五年十二月）による。

（4）『近世史料編纂事業録　附史談会設立顛末』（史談会、明治二十六年六月）。

（5）島津家の国事鞅掌史料編纂事業については、前掲註（4）『近世史料編纂事業録』の他、主として以下の諸論考に依拠している。原口虎雄氏「島津家国事鞅掌史料」（『国史大辞典』七、吉川弘文館、昭和六十一年十一月）、岩切（寺尾）美保氏「島津家文書と島津家の編輯事業」（『国語国文薩摩路』三八、平成六年三月）、寺尾美保氏「島津家の編集方について―島津家の家政との関わりを中心に―」（『鹿児島歴史研究』四、平成十一年七月）、同氏『島津家文書の伝来と島津家の編輯事業』（尚古集成館講座・講演集）』（尚古集成館、平成十二年三月）、同氏「公爵島津家の編纂事業と家政事情―国事鞅掌史料編纂をめぐって―」（明治維新史学会編『明治維新の新視角―薩摩からの発信―』高城書房、平成十三年十二月）、同氏「公爵島津家の編纂事情―国事鞅掌史料編纂の再検討―」（中山右尚氏研究代表者『近世薩摩における大名文化の総合的研究』、平成十二～十四年度日本学術振興会科学研究費補助金（基盤研究（A）（2））研究成果報告書、鹿児島大学教育学部国語研究室、平成十五年三月）、山本博文氏「島津家本解題」（『東京大学史料編纂所所蔵島津家文書解題』丸善、平成十三年）。

また初出論文発表後に管見に及んだものとして、家近良樹氏「慶応二・三年の政治状況と薩摩藩」（『西郷隆盛と幕末維新の政局　体調不良を視野に入れて』ミネルヴァ書房、平成二十三年五月）、寺尾美保氏「明治期島津家における家史編纂事業―大名華族による「国事鞅掌」始末取調―」（松沢裕作氏編『近代日本のヒストリオグラフィー』山川出版社、平成二十七年十一月）、同氏「島津家の歴史編纂と幕末薩摩藩の対外意識」（井上泰至氏編『近世日本の歴史叙述と対外意識』勉誠出版、平成二十八年七月）等がある。

（6）『史談会速記録』一二四～一四一所収。のち、『鹿児島県史料　忠義公史料』七（鹿児島県、昭和五十五年

一月）にも収められている。本書での引用および頁数の明記は後者による。

（7）『久邇親王行実出典』参照。

（8）「島津忠義忠済両公ヨリノ上書」（『鹿児島県史料　玉里島津家史料』二八四三号文書）。

（9）「尹宮御証明書」（河内和夫氏編『玉里島津家文書』南方新社、二六〇号文書）。親王より証明書を賜わりたることは、前掲註（4）『近世史料編纂事業録』にもみえる。

（10）平成十八年四月三日、学校法人皇學館　法人本部館史編纂室が古書肆より購入、同室廃止後は大学附属図書館の所蔵。なお翻刻にあたっては、上野秀治先生よりご教示を賜わった。

（11）川島慶子氏「明治～昭和初期における島津家の編纂事業」（『東京大学史料編纂所研究紀要』一五、平成十七年三月）。

（12）寺尾美保氏前掲註（5）「公爵島津家の編纂事業と家政事情」、同氏「島津家文書東京移転の時期について」（『国語国文薩摩路』四八、平成十六年三月）。

（13）大久保利謙氏「王政復古史観と旧藩史観・藩閥史観」（大久保利謙著作集7『日本近代史学の成立』吉川弘文館、昭和六十三年十月。初出は昭和三十四年十月）。

（14）田中彰氏『明治維新観の研究』（北海道大学図書刊行会、昭和六十二年三月）。

（15）本書第一部三「『久邇親王行実』と『岩倉公実記』―朝彦親王広島謫遷の叙述をめぐって―」。他に、高橋秀直氏「「公儀政体派」と薩摩倒幕派」（『幕末維新の政治と天皇』吉川弘文館、平成十九年一月。初出は平成十四年三月）などにも、『岩倉公実記』の記述の偏りが具体例をもって示されている。

(16) 浅見雅男氏『闘う皇族　ある宮家の三代』（角川書店、平成十七年十月）。なお、伊藤之雄氏も、浅見氏の著書を典拠として、「東久邇宮の父である久邇宮朝彦、兄の久邇宮邦彦王やその嗣子朝融らも被害者意識が強い反面、かなり身勝手な行動をしていた」と述べている（「東久邇宮稔彦王の復活と宮中・陸軍（四）」『法学論叢』一五九―五、平成十八年八月）。

(17) 東久邇宮稔彦著『私の記録』（東方書房、昭和二十二年四月）一〇九頁。『東久邇日記　日本激動期の秘録』（徳間書店、昭和四十三年三月）二〇二頁にも同趣旨の文章あり。

(18) 東久邇稔彦著『やんちゃ孤独　菊のカーテンの中の一人の人間記録』（読売新聞社、昭和三十年六月）四三頁。

(19) 目加田栄著『陳情書』（明治二十六年十一月）。閲覧は国立国会図書館デジタルコレクションによる。

(20) 伊藤博文関係文書研究会編『伊藤博文関係文書』六、塙書房、五五頁。

(21) 前掲『伊藤博文関係文書』六、三六一頁。

(22) 前掲註（15）拙稿参照。

(23) 浅見氏の引用される『明治天皇紀』と文章は異なるが、文意は同じ。

(24) 年月日欠、朝彦親王嘆書（西郷［隆盛カ］宛）。皇學館大学所蔵『中川宮朝彦親王関係重要文書』所収、本書第一部二「朝彦親王の広島謫遷」参照。

(25)羽倉敬尚氏「朝彦親王行実編纂経過要旨」（京都大学附属図書館所蔵『久邇親王行実』附）。

(26)続日本史籍協会叢書『竹亭回顧録　維新前後』六四頁。

(27)大久保利謙氏「佐幕派論議」（『佐幕派論議』吉川弘文館、昭和六十一年五月。初出は昭和四十三年十一月）。

(28)永井麻衣氏「明治期における旧幕臣と佐幕派史観」（『日本史の方法』六、平成十九年九月）。

(29)前掲註（26）。

(30)並河徳子氏『父を語る』（田中正弘氏「朝彦親王家臣並河靖之の生涯」『栃木史学』一五、平成十三年三月）。

五、朝彦親王と京都

○

朝彦親王は、文政七年（一八二四）正月二十八日、伏見宮邦家親王の王子として、京都室町通り錦小路上る並河尚美の家に生まれる。並河尚美は、伏見宮家に仕えていた人である。母親は、鳥居小路経親の娘、信子。鳥居小路経親も、伏見宮家に仕えていた人である。邦家親王の正室は鷹司家から嫁いだ景子妃であるので、朝彦親王は側室のお子、ということになる。幼名を熊千代という。

天保二年（一八三一）八歳の時、京都・本能寺の僧・日慈の門に入り、天保七年、十三歳の時に、叔父である一乗院尊常法親王の跡を継ぐことになって奈良に移り、さらに、天保十三年、十九歳の時、興福寺の別当となる。

そうして、十三歳で一乗院を継いでから、二十九歳になるまでは、奈良で過ごすが、嘉永五年（一八五二）、興福寺別当を辞して、青蓮院の門主となり、京都に戻られる。青蓮院宮尊融法親王と称され、護持僧・天台座主に任じられてよりは、しばしば孝明天皇に召されて参内することが多くなる。翌嘉永六年のペリー来航を経て、大老井伊直弼による安政の大獄が行われると、親王は隠居・謹慎永蟄居を命じられ、青蓮院を出て京都・相国寺の桂芳軒で隠居・謹慎生活を送ることを余儀なくされる。青蓮院宮ではなくなり、以後獅子王院宮と称された。

安政の大獄で謹慎処分となったのが三十六歳の時であるが、その後文久二年（一八六二）幕府は安政の大獄で処分した人々を許し、親王の処分も解かれ、青蓮院に戻られた。

文久年間、親王は孝明天皇より叡慮御扶助すべきことを仰せられ、さらに国事御用掛に命じられ、そして還俗、中川宮朝彦親王と称されるようになり、文久三年八月十八日の政変など幕末の動乱の渦中に身を置かれたが、その年の十月には、前恭礼門院の旧地を賜わり、青蓮院からその邸宅に移られている。

蛤御門の戦い（禁門の変）、長州征伐を経て、大政奉還へ。親王は謹慎を命じられ、さらに慶応四年八月、広島謫遷となったが、これはもとより冤罪であって、翌明治二年には家族が広島で同居することが許され、閏十月、京都の伏見宮邸に戻ることが許された。この頃は、伏見朝彦と名乗っている。なおこの間に、明治三年三月、旧朝彦親王邸は、静寛院宮（和宮）に下賜されている。

そして明治五年、謹慎を解かれ、皇族に復帰が許され、朝彦王、というように王を名乗るようになる。この頃すでに、政府機能が東京に移り、皇族や公家も大抵が東京に移住したが、朝彦親

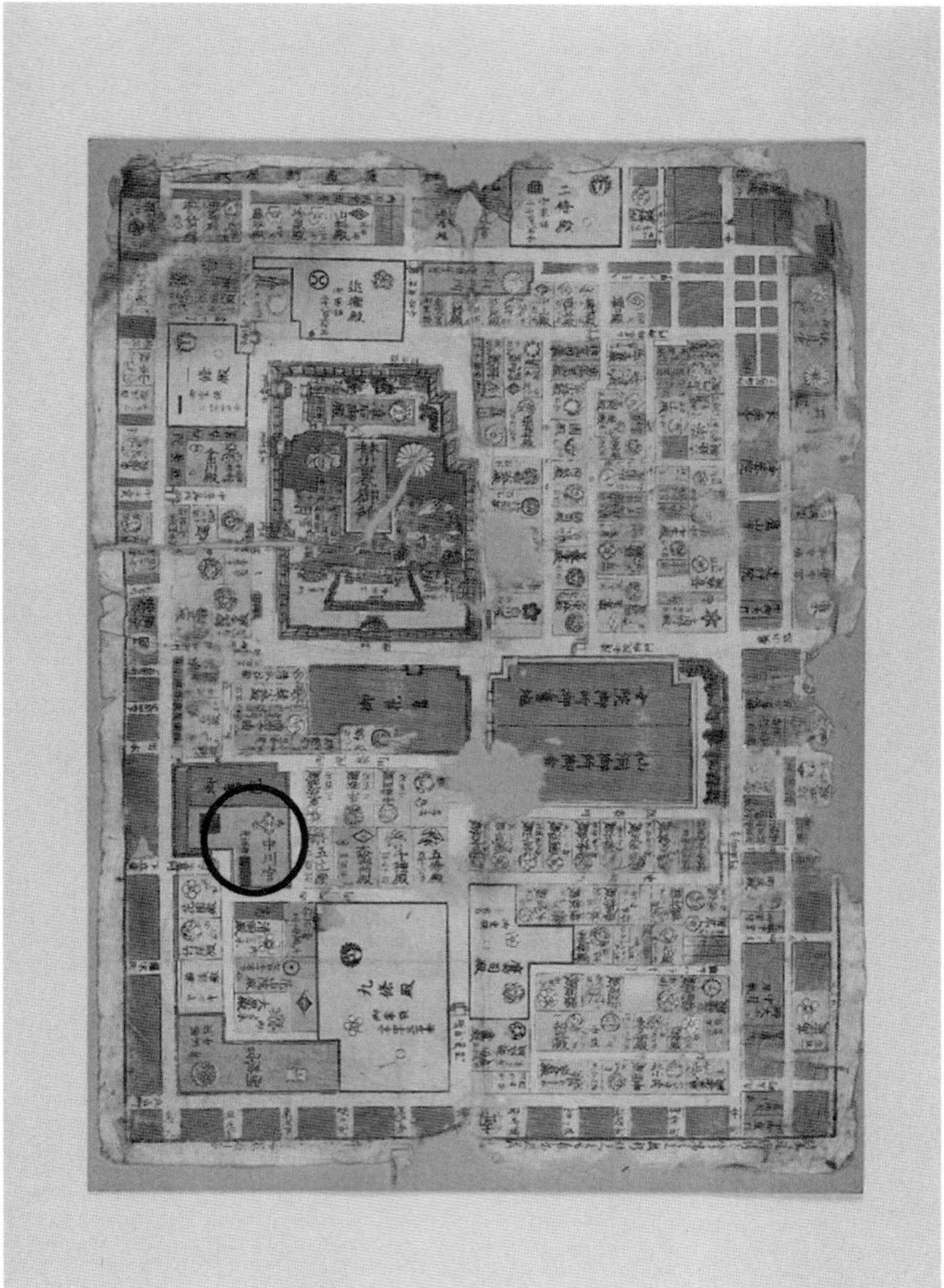

「禁裏御所図」（皇學館大学 佐川記念神道博物館所蔵、小原家文庫のうち）

王は病気療養のために京都に残ることが許された。明治七年には、静寛院宮が東京に移られたため、その旧静寛院宮邸、元の親王邸を拝領し、伏見宮の邸宅から移られた。以後、明治八年には、親王にご復帰、王から親王に戻り、久邇宮という宮家を創立し、七月には、神宮祭主に任じられたが、以後も京の住まいを変えられなかった。明治二十四年十月、神嘗祭に奉仕のため伊勢に来られているところ、薨去される。六十八歳。

○

以上、親王のお住まいを中心にみてきたが、これをまとめると、次のようになる。

出生　京都・並河尚美邸
八歳～　京都・本能寺
一三歳～　奈良・興福寺　一乗院
二九歳～　京都・青蓮院
三六歳～　京都・相国寺　桂芳軒
三九歳～　京都・青蓮院
四〇歳～　京都・下立売御門内の邸（図1参照）
四五歳～　広島・辻将曹旧宅

四七歳～　京都・伏見宮邸

五一歳～　京都・下立売御門内の邸

さて、朝彦親王は、一乗院主・興福寺別当として十三歳から二十九歳まで奈良に、四十五歳から四十七歳まで広島で過ごされた他は、京都にお住まいであった。とりわけ、広島謫遷から許されて後、政府機能が東京に移って皇族や公家もほとんどが東京に移住していた中、朝彦親王は京都に残った皇族である。

その事情を窺うと、皇族復帰が許された明治五年、二月二十九日「貞愛親王と共に参内、天皇に謁して正月六日の恩命を拝謝」、七月二日付で「一応西帰之上家族引纏申度、就右日数五十日之間御暇相願」、七月七日「五十日の暇を賜はり、是の日、東京を発し京都帰還の途に就」かれる。ところがその「船中已来眩暈之症状相発シ、到着後兎角平癒難レ致、殆致二難渋一候」ゆえ、八月三十日「予ねて京都に滞在せしが、更に是の月二十八日より五十日間の暇を情願」。さらに十月十二日、「御暇願之通被二聞召一候処、兎角病症全快不レ被レ致候」として「是れより先養痾の為めに京都滞在の延期を請ひしが、是の日改めて京都に寄寓せんことを情願」、許されている。

そうして京都にそのまま住まわれることとなったが、どうやら病気以外にも理由がありそうである。明治八年六月二十八日には「元鹿児島藩士新納立夫東京より至り機嫌伺として参邸し、内々、左大臣島津久光の意を伝ふ、乃ち久光、時勢を論じ親王に勧むるに東京に上らんことを以てす、親王直ちに此の儀を謝絶し、立夫をして久光に存意の程を伝へしむ、尋いで八月亦久光より使者を以て東上の勧説を受くるところあり、之れに応ぜず」という。久光は九月に岩倉具視と会談するも「服制・兵制・暦制」の三つに至ってはどうしても意見が合わなかったといい、十月には左大臣を辞職することになる。このことに関連して親王の日記には、「予左府ニ同意イタシ候哉之ウタカイ、於二江戸一中立之者有レ之、如レ例少々岩倉辺モウタカイ居由、内々承知故、過日左府之使江断候由申聞」（九月九日付）などと記されている。

あるいは神宮祭主に任じられた後、明治十年五月二十四日「神宮祭主として任地伊勢に在住すべきところ、年来所労により療養のため京都に居住し、大祭等緊要の事件ある時に伊勢へ参向の義治定」された。明治十二年四月二十三日「去歳七月六日、神道教導職の部管を廃して管長を更選せしむるや、神道教導職相議し、神宮祭主朝彦親王を管長に推戴せんことを決し、（中略）是の日、之れを勅許あらせらる、然れども、親王の遥任を欲せるに反し、神道教導職等は親王の京都より東京に移住あらんことを望めるを以て、親王遂に其の請を拒む」など、親王は京都から離れることを強く拒んでおられた。（以上、主として『明治天皇紀』・宮内庁公文書館蔵『明治以後皇族実録　久邇宮実録　朝彦親王』による）

また、浅見雅男氏が詳述しているように（『闘う皇族』・『学習院』等）、親王は王子女の東上、あるいは学習院入学にも強くご反対。浅見氏は、親王は明治政府への反感があり、自分たちは差別待遇を受けていると考え、それが子どもたちにも語り継がれた、明治政府としても親王を厄介払いできるので京都居住を認めた、と理解する。確かに、久光からの東上要請をお断りになった件からも、岩倉などが警戒し親王もそれを承知しておられたことが知られるが、ただし、親王が自らを不遇と感じていたとする理解は当たらないであろう（本書前章「久邇宮朝彦親王と維新史編纂事業」参照）。

刑部芳則氏によると、京都に残った公家たちは、天皇皇后両陛下が東京にお移りになることに反対した者が多く、京都に戻られることを考えていた、京都に残ったからといって近代化、欧化政策に否定的ではなかった、という（『京都に残った公家たち』）。朝彦親王の場合は、多くの事例より、政府の欧化政策に強く反対しておられたことが知られ、そうした者に含まれる。ただし、神宮祭主就任にあたって任地伊勢へ在住すべきところ京都に居住された例などからすれば、建言が容れられず左大臣を辞職し薩摩に帰った久光ともまた違って、京都に対する強い思い入れがあった故に京都に住み続けることを強く望まれたのではないかと思われる。

参考文献

浅見雅男氏『闘う皇族　ある宮家の三代』（角川書店、平成十七年十月）

拙稿「朝彦親王の広島謫遷に関する新史料とその考察」（『史料』二〇三、平成十八年六月）本書第一部二
拙稿「久邇宮朝彦親王と維新史編纂事業」（『皇學館大学文学部紀要』四六、平成二十年三月）本書第一部四
学校法人皇學館　館史編纂室編『増補　朝彦親王景仰録』（学校法人皇學館、平成二十三年十月。原版は昭和十七年十月刊）
浅見雅男氏『不思議な宮さま　東久邇宮稔彦王の昭和史』（文藝春秋、平成二十三年十月）
刑部芳則氏『京都に残った公家たち　華族の近代』（吉川弘文館、平成二十六年九月）
浅見雅男氏『学習院』（文藝春秋、平成二十七年二月）

六、『久邇親王行実』解題

『久邇親王行実』（以下、『行実』と略する）は、久邇宮朝彦親王（文政七年〈一八二四〉―明治二十四年〈一八九一〉）についての御伝であり、『久邇親王行実出典』（以下、『行実出典』と略する）は、その『行実』の材料となった史料を収載する。以下、本書の諸本・編纂経緯・内容について、略述する。

諸本

1宮内庁書陵部所蔵甲本（十冊、明―二八）

初稿・第一稿から第九稿の十冊。第九稿はタイプ印刷。外題「朝彦親王行實」、内題「久邇親王行實」。「臨時帝室編修局蔵」の蔵書印を捺し、用紙も臨時帝室編修局の罫紙が用いられている。表紙見返には「臺本出処　久邇宮家」と記される。ただし、その久邇宮家所蔵本は焼失して現存しない（後掲羽倉氏解題③参照）。各冊の扉には、後掲のごとき校合の年月等が記されている。なお、「昭和三年四月二十日　表題ニ改定」とあるので、原書名は「久邇親王行実」であったものを昭和三年に「朝彦親王行実」と改めたことがわかる。

2宮内庁書陵部所蔵乙本（一冊、明―二三〇）

「第九稿」の一冊。書名「久邇親王行實」。扉右下に「公刊明治天皇御紀編修委員會」とみえる。

なお、宮内庁書陵部『和漢図書分類目録』には右の二本の他にもう一本掲載されているものの（四五五―一〇）、焼失し現存しない由である。

3東京大学史料編纂所所蔵本（二冊、維新史料引継本―特Ⅱ―五―一・二）

一冊は外題に「久邇親王行実　第一稿」、もう一冊は「久邇親王行実　第九稿」とある二冊。ともに、袋綴、縦二七、〇糎、横一九、二糎。「第一稿」「第九稿」ともに、原表紙の上から新しく表紙を装丁。いずれも、その請求記号、あるいは「維新史料編纂会図書之印」、最終丁に「維新史料編纂会」の蔵書印を捺し、「維新史料編纂会」の罫紙（片面十行）を使用するように、維新史料編纂会の旧蔵本である。両冊ともに、大正一三年三月八日、購入の受入印がある。なお、『文部省維新史料編纂事務局所蔵図書目録』（昭和十一年九月刊）には記載がみられない。

「第一稿」の一冊には、内題に①「久邇親王行実　第一稿」（朱にて「御誕生ヨリ薨去ニ至ル」）、また「内藤委員起稿ノ清書」と書込）、②「御行実初稿　第一」（朱にて「御降誕ヨリ文久三年癸亥十二月ニ至ル」）、③「御行実初稿　第二」（朱にて「従元治元年至慶應二年」）とそれぞれ墨書された三篇を合綴する。内容は、それぞれ1宮内庁書陵部所蔵甲本の第一稿および初稿に同じ。①九八丁、②四二丁、③二二丁、あわせて墨付一六二丁。

「第九稿」の一冊は、内題に「久邇親王行実　第九稿」、朱にて「明治三十三年五月十四日土方委員長目加田委員立会最終校閲済」「明治三十三年六月土方委員長ノ手ヲ経テ聖上陛下へ捧呈ノ原書」とある、宮内庁書陵部所蔵本の第九稿と同じ内容のもの。墨付五〇丁。

4神宮文庫所蔵本（一冊、六門二二五五）

謄写刷。外題はなく、内題は「故神宮祭主大勲位久邇宮行実」。ただし、巻頭に「朝彦親王行実ヲ上ツルノ表」を収めているため、『神宮文庫所蔵和書総目録』（神宮司庁編、戎光祥出版、平成十七年三月）など書名を「朝彦親王行実ヲ上ツルノ表」として掲載している。袋綴、縦二四・七糎、横一六・六糎。墨付三五丁。

その来歴については、羽倉敬尚（信一郎）氏の識語に「（前略）本書ハ先年久邇宮蔵本ヲ以テ謄写セルモノ、今茲ニ編纂経過ヲ附記シテ後昆ニ伝フ。　昭和十五年一月　京都並河家ノ出　羽倉信一郎謹識」（後掲羽倉氏解題①）とあることによって明らかである。もとは神宮司庁庶務課で保管され、昭和五十九年二月七日神宮文庫で受け入れた旨のラベルが貼られている。

5京都大学附属図書館所蔵本（一冊、〇五―六二／ク／〇一貴別）

同館所蔵『久邇親王行実出典』（四冊、〇五―六二／ク／〇一貴別）

縦三〇、四糎、横二三、三糎、高一三、五糎の函には、「故朝彦親王殿下／御行実及出典」の墨書がある。これに、『久邇親王行実』一冊、『久邇親王行実出典』四冊がそれぞれ帙に入れられ、附として『久邇宮朝彦親王行実解題』・『朝彦親王行実編纂経過要旨』の二点、以上が収められている。

『久邇親王行実』一冊は、袋綴、縦二七、三糎、横一九、〇糎。外題は題簽にて「久邇親王行實」、内題「故神宮祭主大勲位久邇宮行實」。墨付四八丁。

『久邇親王行実出典』四冊は、装丁や法量は『行実』本文に同じ。朱で罫線が印刷された久邇宮家の用紙が用いられている点が『行実』と異なる。第一冊目は墨付九五丁、第二冊目は墨付六三丁、第三冊目は墨付一四一丁、第四冊目は墨付一二六丁。第四冊目に「神宮護持の隠れた功労者　目加田護法の人と生涯」掲載『神社新報』昭和三十八年十月五日号が挟み込まれている。

いずれにも、昭和三十九年三月二十五日、京都大学附属図書館の受入印。「昭和卅九年一月親王降誕の京儒医並河家の出　羽倉敬尚しるす」（後掲羽倉氏解題②）とあり、本書も4神宮文庫本と同じく羽倉敬尚氏の筆写によるものである。

6天理大学附属天理図書館所蔵本（一冊、二八八・一／三九九）

筆者未見であるが、天理大学附属天理図書館ホームページの蔵書検索によれば、天理図書館員・前川梅造が昭和二十四年一月に写した写本一冊を蔵する。縦二三、八糎、横一六、五糎。外題は題簽にて左肩に「勅撰／朝彦親王行實」（本文同筆）、扉題「故朝彦親王行實」。

本文末に「故久迩宮朝彦親王行實編纂委員／長 前宮内大臣伯爵 土方久元／委員 故親王内秘書目加田栄／同 陸軍教授 内藤恥叟／同 久迩宮家扶 角田敬三郎」とあり、奥書「昭和二十四年一月二日寫了／天理図書館員 前川梅造」、末に「朝彦親王行實編纂主任／元、親王内秘書 目加田栄」の略歴を付す、という。

『久邇親王行実』あるいは『朝彦親王行実』の諸本は、管見の限り、以上の六本が数えられる。とりわけ『行実出典』四冊については、少なくとも宮内庁書陵部の蔵書目録や「書陵部所蔵資料目録・画像公開システム」（https://shoryobu.kunaicho.go.jp/）等からは所蔵が確認されず、仮に所蔵をしていても公開されていないものと思われる。従って、『行実』と『行実出典』四冊とをあわせて所蔵し公開しているのは京都大学附属図書館が唯一であるといえる。翻刻にあたって底本として用いた所以である。

編纂経緯

本書の編纂経緯を示した史料としては、『行実』巻頭に収められる「朝彦親王行実ヲ上ツルノ表」の他に、『明治天皇紀』・『邦彦王行実』（久邇宮蔵版、昭和十四年八月）、そして羽倉氏の解題三篇（①「勅撰「朝彦親王行実」編纂ノ経過」、②「朝彦親王行実編纂経過要旨」、③「久邇宮朝彦親王行実解題」）がある。

・『明治天皇紀』明治三十三年六月是の月条

伯爵土方久元の曩に勅旨を奉じて編纂を督せる朝彦親王行実の稿成る、乃ち久元、表して成本一部を奏覧す、表に曰く、（上表文略）〇朝彦親王行実

・『邦彦王行実』

（明治三十三年）六月十二日先考朝彦親王の行実編纂功成り、編輯委員長宮内大臣土方久元始め委員一同「朝彦親王行実」及び「同行実出典」を御霊前に捧呈して奉告祭を執り行はせられた。顧ふに朝彦親王は夙に皇室の式微を慨し、経国済民の志を懐き、国事掛扶助に任ぜられ、孝明天皇を輔佐し奉りて、一意忠誠を抽で、運籌画策克く宏謨を賛襄し、特に中川宮の称号を与へられ、後、名を朝彦と賜ひ寵眷愈々厚かりしに拘らず、維新の際図らずも国事

の嫌疑を被り、身分秩禄を褫奪して広島に謫せらるるに至つた。其の後冤枉明白、思召を以て親王復帰、礼遇総て旧に復するの恩命に浴しながら、政治上種々の情実に累せられて尚未だ親王行実の真相を詳述して其の大節を表彰するの機会に接せられざりしのみならず、動もすれば維新前大義を明かにし明分を正しくせられた至誠純忠の事蹟までも堙滅に帰せんとするを嘆かせられ、王は曩に目賀田栄、角田敬三郎に命じて親王の閲歴編纂を企てさせられた、既にして明治二十九年二月四日土方宮内大臣の口達にて故朝彦親王の御履歴御調の命があり。更に畏くも其の行実を闡明し給ふ思召より三十二年五月十一日改めて宮内大臣土方久元、内藤耻叟、小藤孝行、目賀田栄、角田敬三郎等に故朝彦親王御行実編輯委員を命ぜられ、越えて十五日御霊前に御事歴調奉告祭を挙行し、各委員参拝の後第一回の編輯打合会を開き、爾後伏見宮邸を事務所に充て編輯に従事すること一年有余、蒐集研鑽、稿を改むること十回の多きに及び、三十三年六月全く編輯の業を終へ、「朝彦親王行実」一部、「同行実出典」一部四巻を捧呈するに至つた。

・羽倉敬尚氏「勅撰「朝彦親王行実」編纂ノ経過」（神宮文庫本に掲載。「羽倉氏解題①」と略す）
本行実ハ、畏クモ明治天皇ノ勅命ニ依リ明治三十三年六月伯爵土方久元以下委員ノ編纂セルモノナリ。

是ヨリ先、明治二十四年朝彦親王薨去スルヤ、其寵遇ヲ蒙リシ滋賀縣人宗教家目加田榮八、明治元年親王冤遷ノ厄ニ対スル真相闡明ニ関シ王子邦彦王ニ献策シ、存命セル遭厄当時ノ当時者タル伯爵大木喬任・子爵岩下方平・同土肥実匡・中島錫胤・正三位押小路実潔等高位顕官並ニ旧臣縁故者ヲ自ラ進ンテ歴訪シ、実情ノ聴取書ヲ作成シ、且ツ関係旧記文書ヲ蒐集シテ、親王一代ノ行実資料ヲ収録セシカ、遂ニ事畏クモ天聴ニ達シ、明治二十九年二月二十四日、土方宮内大臣ノ口達ヲ以テ親王履歴取調ノ大命ヲ拝仄スルニ至リ、益々資料蒐集ノ完壁ヲ見ルニ至レリ。

次テ明治三十一年二月、田中宮内大臣就任スルヤ、屡次ノ斡旋執奏ニ依リ、同三十二年五月十一日、勅命ヲ以テ伯爵土方久元前軍教授内藤恥(耻)叟・家令小藤孝行・家扶角田敬三郎及目加田榮ヲ親王行実編纂委員ニ撰定セラレ、爾後麹町区紀尾井町伏見宮邸ヲ編纂事務所ニ充テ編輯ニ従フコト一年有餘、推敲ヲ改ムコト十回、同三十三年六月完修ノ功成リ、十二日親王霊前ニ「朝彦親王行実」一冊及「同行実出典」四冊一部ヲ奉献、其奉告祭ヲ行ヒ、別ニ浄写ノ行実一冊ハ之ヲ宮中御手許ニ奉献セリ。

本書ハ先年久邇宮蔵本ヲ以テ謄写セルモノ、今茲ニ編纂経過ヲ附記シテ後昆ニ伝フ。

昭和十五年一月

京都並河家ノ出　羽倉信一郎謹識

・羽倉敬尚氏「朝彦親王行実編纂経過要旨」（京大本の附。「羽倉氏解題②」と略す）

この行実及び出典が撰上せられたのは親王（明治廿四薨六十八才）の晩年に親王の内秘書としてその公私の枢機に参与し特に伊勢神宮祭主の親王を助けその尊厳護持に粉骨尽した滋賀県彦根生れの篤学宗教家目加田栄の発議結実に因る。栄（安政三〔一八五六〕―明治卅五〔一九〇二〕）、明治廿一年、栄は親王から号護法を親書にて賜つた。か丶る殊遇を栄は親王薨後、親王の明治元年広島冤謫の雪冤で報じようと兼々当時の実相闡明の為め探究博捜しこれを要路に開陳の機を窺つたが、辱知の土佐人田中光顕（後伯爵）が宮相就任後、明治卅二年先づ書類を以てこれを具申した。宮相はかねて当時の実相を知悉してをり、且つ栄の至誠に感動し、好機これを明治天皇に言上し遂にこの行実編纂の要を切言し、その允許を経た。そして宮相は先づその経過を次の通、目加田に内報した。

明治卅二年三月廿六日　　　宮内省　田中光顕

兵庫県武庫郡西灘村岩屋村壱

目加田　栄殿　　親展

春暖の候御万祥欣抃の至りに候、陳れば故久迩宮殿下御雪冤の事幸に好機を得候につき昨日概旨言上仕り候処、大いに御氷解あらせられ候て御事蹟取調委員更に置かせられ候事にて御内意伺ひ定め候間これより諸般の準備に取りかゝり候心算にこれあり候、ついては人選等も夫々出来の上は一応御出京相成候様致したく候間、前以て此段内々貴意を得置き候、匆忙の際一書かくの如く候　　拝具

右の書を見、栄の執誠もさること乍ら田中宮相の下意上達頗る君側の良輔たることも知らる、。又大に御氷解云々の語は、親王の冤罪は当時に於て未だ聖上にその真事が上申せられてをらなかったことが知られる。

かくて取調且つ編纂委員長には田中同郷土佐人の前任宮相土方久元が勅命せられ、委員には目加田の外、陸軍教授水戸人内藤恥(耻)叟及び宮家職員が宮内省にて発令せられ伏見宮邸を事務所とせられたが、原文作案等は凡て目加田これに任じ、時にその熱誠筆端に表はれ他を憚られた様で校を改むること実に大小廿一回、遂に明治卅三年六月完成一本を闕下に奉呈した。茲に本行実成立の実相経過を記して後世に伝ふ。

尚ほ目加田については昭和十四年久迩宮にて「邦彦王行実」出版の際資料を提供しそれが収められ記されてあり、又同十六年十月伊勢神宮司庁にて親王五十年祭勤行の際、同庁にて出版の「親王景仰録」中の拙文中にも寄稿し更に同卅九年その遺孤、照子の許に伝つた遺書類を照子よりの依嘱に依り余が介をなし同司庁に寄納を了した。

昭和卅九年一月　　親王降誕の京儒医並河家の出

羽倉敬尚しるす

・羽倉敬尚氏「久邇宮朝彦親王行実解題」（京大本の附。「羽倉氏解題③」と略す）

この書は明治廿四年親王薨去の後、同卅三年明治天皇の欽命を奉じ、時の宮相田中光顕終始斡旋、故親王内秘書・宗教家目加田栄彦根人神戸住が編纂主任となり東西奔走専ら立案起稿し、陸軍教授内藤恥（耻）叟を委員に加へ、前宮相土方久元を編纂委員長として完成撰上するに至つた。明治以後唯一勅撰の親王伝であり勿論未刊書である。

親王一代の行跡は波瀾に富み時に毀誉を受け誤らる、ものあり。目加田は親王の生前受けた恩義を懐ひ挺身これが顕実に当つたので、初稿には頗る真相を傳うるものあつたが、当時親王王子邦彦王は軍職にありて未だ廿八才の年壮、且つ有栖川以下の長老親王並びに伊藤、山縣、松方、徳大寺、西園寺等等維新時実歴者が元勲若しくは君側重臣として残存し、往々記事が親王を過褒するものとなして甲論乙駁、稿を改むること十九回、完成は主任目加田の頭初の期待に及ばなかつた様であつたが兎に角終功撰上を見るに至つたものである。

奇縁と云ふべきか期せずして此書の向ふを張つた様な姿となつて出来たのは曽て親王と見を異にし一時黒白の位地に立つを予儀なくした人物の伝「岩倉公実記」である。此書は明治卅六年、昭憲皇后の台命の下に同宮太夫香川敬三が内閣大書記官京都人儒者多田好問を主任として執筆せしめた。此書は浩瀚な活版本黒背皮洋装二冊なるがその出版僅かに五十部、謂はゆる往年の岩倉党像故各家にのみ頒贈し有栖川宮にも進献しなかつた。久迩宮は無論である。而して記事凡て岩公中心、甚だしきは宸翰中の文言を歪曲したかと思はれるのがあつた。この事は後年維新史研究家に於ても指摘してをる。依て昭和二年財団法人岩倉公旧跡保存会にて「岩倉公実記」飜刻出版の議あるや、実情を知る識者は後世を誤るとなし、前書を処々訂正し又追記を加へて三冊本赤背皮、洋装、前下巻を中、下の二冊に別つとなし刊行するに至つた。この校訂は本多辰次郎担当した。その中特に朝彦親王広島冤迂の條、項名、朝彦親王皇族籍を除かる、事の記述は大いに書き改めらる、に至つた。余は親王の出自に縁あり、親王王子邦彦王が昭和四年一月薨後、久迩宮に於て「邦彦王行実」編纂の際、資料を調査蒐集提示し、その際「親王行実及同出典」五十數冊を借用精読し、又その編纂時の経緯真相を父執《ち、のとも》であつた角田敬三郎智恩院宮家臣の裔、編纂時久迩宮家扶、後家令に昇るその他の有縁故老に問ひ略々その実情を知るを以て茲にこの解題を草して後昆に胎す。

因みに目加田栄に就いては昭和十六年、親王薨後五十年に際し、親王が晩年祭主であつた旧誼に因り、伊せ神宮司庁にて「紀要」を刊行し寄稿を需められたから「粟田の落穂」の一文を草しその中に目加田伝の一項を加へておいた。又「邦彦王行実」中にも「親王行実」及び目加田に就て数語を記した。

尚ほ維新時を知る個人伝としては「徳川慶喜伝」—渋沢栄一編が略々真相を伝へてをるものだらうと云ふ事を追記する。これは此書の編纂に当りのち維新史局に職を奉じた藤井甚太郎が揣謙して語つた。

「親王行実」は撰上したもの即ち「行実」一帙入一冊のみが宮内省図書寮に入り「行実出典」は更にその原資料を併せ、叙上の通五十数冊製本せられ共に久迩宮に伝存したが先年、渋谷の宮邸一部祝融の際、惜しくも親王自筆日記（「皇室御撰の研究」に写真採択）等と共に焼失した。しかし是より先幸ひに「明治天皇御紀編纂会」に於て資料として謄写せられ（藤井担当）から同会閉鎖後の今日は恐らく宮内省書陵部に引継がれ残存する筈。尚ほ久迩宮伝存本には邦彦王中年以後、亡父親王の物語等親王薨する時十九才を想起し朱筆自ら種々の書入れがあつたが今日焼失したのは残懐である。

京都并河家の出羽倉敬尚しるす

以上によって詳述されているごとくである。これらを参考に編年順に示せば、次のようになろう。

明治二十六年一月・二月　目加田栄、朝彦親王広島謫遷冤罪の証明のため、岩下方平・押小路実潔・大木喬任・土肥実臣等の諸氏と問答をなす。

同年　四月　目加田栄、京都に出張、同じく進藤為名・山下直知（以上宮家侍臣）・浦野家中老母・佐藤亀六・西村世享（以上、事件容疑者の親族等）等の諸氏と問答をなす。

（以上、『行実出典』第三冊所収「久邇親王行実出典附記」）

明治二十九年二月四日　これより先、久邇宮邦彦王、目加田栄・角田敬三郎に命じて親王の閲歴編纂を企てる。この日、土方久元宮内大臣の口達にて故朝彦親王の御履歴御調の命あり。（邦彦王行実）

明治三十一年七月二十一日　目加田、東京・田中邸において田中不二麿と問答をなす。（「久邇親王行実出典附記」）

明治三十二年三月二十六日　これより先、田中光顕が行実編纂の要を明治天皇に言上。この日、田中宮相より目加田のもとに、行実編纂允許の内報。（羽倉氏解題②）

同年　五月十一日　改めて宮内大臣土方久元、内藤耻叟、小藤孝行、目賀田栄、角田敬三郎等に故朝彦親王御行実編輯委員を命ぜらる。（邦彦王行実）

同年　五月十五日　御霊前に御事歴調奉告祭を挙行。第一回の編輯打合会を開き、爾後伏見宮邸を事務所に充て編輯に従事。以後、稿を改めること十回に及ぶ。（邦彦王行実）

初稿　内藤委員起稿
第一稿　内藤委員起稿の清書
第二稿　三十二年十月十二日　目加田委員・内藤委員対読校正　十三日　内藤耻叟再閲
第三稿　三十二年十月二十四日　委員長（土方）校閲　二十六日　邦彦王閲覧允裁
第四稿　三十二年十一月三日　内藤委員句読
第五稿　角田委員開読
第六稿　第七稿　第八稿
第九稿　三十三年五月十四日　土方委員長目加田委員立会最終校閲済
三十三年六月　土方委員長の手を経て聖上陛下へ捧呈の原書
（以上、宮内庁書陵部甲本）

明治三十三年六月十二日　編纂の功成り、「行実」および「行実出典」を御霊前に捧呈して奉告祭を斎行す。また別に浄写の「行実」一本を天皇に奏覧す。（羽倉氏解題①）

右にも示されるように、本書の実現については目加田栄（護法）の尽力によるところが極めて大きい。このことについて、次に本書の特色について述べた上で改めて言及したい。

『行実出典』所収史料について

・第一冊　文政七年（一八二四）正月〜元治元年（一八六四）十二月

・第二冊　慶応元年（一八六五）〜同三年（一八六七）

幕末期のうち、元治元年七月から十月、慶応元年正月から慶応三年九月に至るおよそ三年分は、日本史籍協会叢書『朝彦親王日記』（昭和四年二月刊）が刊行されている。この期間について、『行実出典』も『日記』を利用するところが多い。ただし、比較してかなり限定して採録していることがわかるが、これは朝彦親王の御伝として『行実』本文に記述した条文の出典を主に採録しているためであり、『行実出典』にしても朝彦親王に関する記事を細大漏らさず取り入れた訳ではないことがわかる。

朝彦親王の御日記はこの他、宮内庁書陵部所蔵『尊融親王御記』（四五五―四七）に文久二年（一八六二）九月四日から十月八日に至る条文が残され、その一部は『孝明天皇紀』にも収められている。この『尊融親王御記』および、これと合綴された『久邇宮文書』（文久三年より元治元年に至る宸翰写等を収む）とは、いずれも明治三十三年に久邇宮御蔵本を先帝御事蹟取調掛において書写したものである。その『尊融親王御記』の奥書に「（前略）以二久迩宮御蔵本一御行実資料第七十壱冊写レ之了」とみえるごとく、その原本が『行実』編纂の資料であったことがわかる。『大日本維新史料稿本』にもこの『行実出典』がしばしば利用されていることなどよりしても、その史料的価値の高いことが窺える。

・**第三冊　明治元年（一八六八）～同八年（一八七五）**

・**第四冊　明治九年（一八七六）～同二十四年（一八九一）**

『行実出典』全四冊中、第三冊はもっとも分量が多いが、それは「明治元年八月十六日ヨリ同三年十二月ニ至ル親王謫遷中ノ御日波及緊要ノ御手記」および「久邇親王行実出典附記」を併載している故である。前者は日本史籍協会叢書『朝彦親王日記』に収録されている「芸州御下行御日波類」に同じ。後者は、目加田栄が朝彦親王広島謫遷の冤罪であることを証明すべく、諸氏をたずねて問答を行った記録である。

さて、『行実出典』の明治年間の記事を見るに、敬語表現や一人称の表記などよりすれば親王御自身の日記を利用したとは思われず、多くは宮家の日記が典拠であろうかと推察される。『明治天皇紀』を見ると、朝彦親王関係記事について、その典拠史料に「伏見宮家日記」が四ヵ所（明治四年×1、五年×3）、「朝彦親王御手日記」が八ヵ所（明治五年×2、同七年×1、同八年×3、同十二年×2）掲げられている。またたとえば岡田米夫氏が昭和十一年の段階において、

小島鉦作氏よりの来信によれば「久迩宮朝彦親王日記」の史籍協会より刊行されてゐるのは一部分であって、その他の祭主宮時代の分ハ発行されずにある由。右写本を小島氏ハ一見せし由。尚ほ宮家について問ゐ合はすべし。

と記しておられ（皇學館大学研究開発推進センター神道研究所所蔵『久迩宮朝彦親王資料蒐集日記』）、『国書総目録』にも「久邇宮家日記　七二冊」が掲載されているが、近年鎌田純一氏が

> 朝彦親王の日誌、『国書総目録』に愛知県下の穂久邇文庫に架蔵の旨、記されていることで、筆者は昭和四十二年八月十日行き閲覧を願ったが、他の久邇宮家より移された諸書とともに未整理で閲覧を許されなかった。

と書かれている（「聖喩記より拝す大御心」〔『明治聖徳記念学会紀要』復刊四七、平成二十二年十一月〕）。なお、渡辺寛先生［当時皇學館大学教授、現在同名誉教授］と筆者も平成十八年三月二十八日に穂久邇文庫に伺ったが、御日記は拝見できていない）ように、今日その原本を閲覧することはできていない。[註] そのような意味で、『行実出典』第四冊は、朝彦親王の御動向を記したまとまった史料として貴重である。『明治天皇紀』にも、典拠史料として「朝彦親王行実」「朝彦親王行実資料」がしばしば掲げられている。

ただし、幕末期同様、朝彦親王関係史料を網羅的に採録することを意図したものではなく、また大きな偏りがあることも事実で、あるいは史料的制約もあったかもしれないが、そのことが顕著に現れているのが、たとえば神宮関係の記事である。親王の伊勢御参向にしても、『行実出典』には明治十年四月、十一年十月、十六年十月、二十年六月、二十二年九月〜十月、二十三年十月、二十四年十月の七回のみしか掲載していない。親王は京都御在住とはいえ、大祭その他の時

に神宮御参向のあったこと申すまでもない。明治二十二年の神宮式年遷宮についても、九月二十二日「神宮正遷式御執行ニ付神宮へ御参向ノ為メ御発途」、十月二日「還御御用無レ滞被レ為レ済」、同月十日「勢州ヨリ御還」、という簡単な記述で済まされている。むしろ、『行実』本文の方がやや詳しい。

一方で、極めて詳細に史料が掲げられているのは、熱田神宮改造の件に関してである（熱田神宮改造の件については、岡田米夫氏「熱田神宮改造一件」〔『神宮・明治百年史』上、神宮司庁、昭和四十三年十月〕に詳しい）。二十二年十二月十四日、親王参内され神宮神秘の事を奏上。以下、目加田と宮内次官吉井友実の問答も含め、詳細に関係史料を掲載している。

このように『行実出典』は、明治期、あるいは『行実出典』全体においても、親王の広島謫遷が冤罪であることの証明、および熱田神宮改造一件に大きく紙幅を割いているのが大きな特色といえる。そして、前者の証明は親王が明治二十四年に薨去されてよりまもなく、目加田栄がその雪冤に奔走しているのであり、『行実』編纂の主目的といってよい。後者神宮神秘の事、熱田神宮の件に関しても、親王生前に奏上され、改造一部変更に至らしめたものの、親王のお考え通りとはいかず、『陳情書』（目加田栄著、明治二十六年十一月。国立国会図書館デジタルコレクションにおいて閲覧可）にみられるごとく、親王の御遺志を実現すべく目加田が各方面に尽力したところであった。本『行実』編纂の意図と、これら記事に割く分量の比率とは、比例しているといってもよい。そもそも、「神戸港目加田栄参殿、自著ノ書籍ヲ献上、御對面ノ上御葩被レ下、且護法居士ト號ヲ賜フ」（明治二十一年一月十三日条）、「親王目加田護法へ御親筆ノ御遺囑書ヲ賜フ」（同年十一月十七日条）といった記事が掲載されているのは、本書にややそぐわない感を受ける。『行実』編纂の目的、あるいは完成に向け目加田が中心的役割を果たした、ということは、これら本書の特色に明白に示されているともいえよう。（なお、『行実』の編纂については、本書第一部三「『久邇親王行実』と『岩倉公実記』—朝彦親王広島謫遷の叙述をめぐって—」も併せて参照いただけると幸いである）

以上のごとく、本『行実』は公的な編纂物であることに最大の意義を有し、『行実出典』は親王に関するまとまった史料集として活用できるものである。とはいえ、その編纂目的や編纂経緯（あるいはこれに加えて原史料？）に由来する制約もある。そうした理由ゆえであろうか、あるいは活字化されることがなかったからであろうか、本書はこれまで十分な利用がなされてこなかったように感じる。

（註）その後、宮内公文書館に移管・公開された『朝彦親王行実資料』百冊（大正十年写）には、明治五年から十五年頃までの朝彦親王の日記が含まれているらしいことがわかったが、その大半は非公開とされている。

朝彦親王研究について

最後に、朝彦親王の研究史について概観する。

朝彦親王の伝記的研究として、早くは

・徳富蘇峰『維新回天史の一面―久邇宮朝彦親王を中心としての考察―』（民友社、昭和四年五月）

が存するものの、安政年間で筆を止めている。この点は、戦後の

・稲雄次氏「中川宮朝彦親王（上）（中の一）（中の二）」（『秋田法学』一九～二一、平成四年五月～五年六月）

も同様。専論としては、

・藤井甚太郎氏「幕末の皇族及び久邇宮朝彦親王―維新時代皇族御方々の御活躍（其一）―」（『歴史地理』六一―二、昭和八年二月）

・渋川謙一氏「維新・権力闘争期における朝彦親王」（『小論集　一神道人の足跡』神社新報社、平成二十年三月。初出は昭和三十八年十一月）

なども存するが、御生涯全体を通観した

・『朝彦親王景仰録』（久邇宮朝彦親王五十年祭記念会、昭和十七年十月）

が有益である。山田孝雄氏「謹んで故祭主宮朝彦親王を鑽仰し奉る」・大西源一氏「維新回天の

宏謨と久邇宮朝彦親王」・松本勝三氏「神宮祭主宮時代の御事蹟を拝して」・羽倉敬尚氏「粟田の落穂」・池山聡助氏「朝彦親王の旧御領地近江五個荘」・岡田米夫氏「老女千代浦」・佐藤虎雄氏「朝彦親王の御遺蹟」の諸論文を収め、今日的にみてもその価値を失っていない。これは神宮司庁・神宮皇學館大學の共同の成果であり、同会では

・『朝彦親王御歌集』（久邇宮朝彦親王五十年祭記念会、昭和十六年十月）

も編纂されている。これより少し前には、

・神宮文庫編『久邇宮朝彦親王史料』（二冊、六門一〇五九。昭和十年写）

も編まれており、『復古記』・『神都名家詩纂』・『河崎維吉君詩稿抄』・藤井甚太郎氏「幕末の皇族及び久邇宮朝彦親王」（前掲）、『桃垣葉』・『唱義見聞録』・『川路聖謨文書』より関連箇所をそれぞれ抜粋している。

戦後においては、幕末期と神宮祭主時代の研究が隔絶して進められてきた感がある。幕末期を中心に扱った成果としては、『朝彦親王日記』復刊に際して

・吉田常吉氏「解題」（日本史籍協会『朝彦親王日記』下、東京大学出版会、昭和四十四年六月）

が付され、大いに参考になる。また近年は、幕末史研究が隆盛を極めており、親王について言及する著書・論考も少なくない。それら個別的研究をここに掲げる紙数の余裕はないが、例えば

・原口清氏「文久三年八月一八日政変に関する一考察」（原口清著作集1『幕末中央政局の動向』岩田書院、平成十九年五月。初出は平成四年四月）
・森下環氏「中川宮の八月十八日政変参画の素因について」（『皇學館史學』九、平成六年三月）
・家近良樹氏『幕末政治と倒幕運動』（吉川弘文館、平成七年十一月）
・飛鳥井雅道氏「皇族の政治的登場―青蓮院宮活躍の背景―」（佐々木克氏編『それぞれの明治維新―変革期の生き方―』吉川弘文館、平成十二年八月）
・佐々木克氏「文久三年八月政変と薩摩藩」（『幕末政治と薩摩藩』吉川弘文館、平成十六年十月。初出は平成十四年）
・仙波ひとみ氏「「国事御用掛」考」（『日本史研究』五二〇、平成十七年十二月）
・町田明広氏「八月十八日の政変―中川宮と久光の連携―」（『幕末文久期の国家政略と薩摩藩―島津久光と皇政回復―』岩田書院、平成二十二年十月）
・家近良樹氏『幕末の朝廷』（中央公論新社、平成十九年十月）

などで、文久三年八月十八日の政変に関する研究をはじめとして参照すべきものが少なくない。幕末史の諸研究をみると、安政期における親王と孝明天皇とのご関係については統一的見解をみているといってよいようであるものの、文久期における両者のご関係は見解が一定していないのみならず、その後の政局の動向、国事御用掛設置、八月十八日政変の理解、など考えるに際して

重要な位置を占めており、今後さらなる検討を要するといえるであろう。一方、

・長文連氏『皇位への野望―維新の〈魔王〉中川宮―』（柏書房、昭和四十二年五月）

・山内昌之氏「中川宮　黒幕政治家の悲哀」（『幕末維新に学ぶ現在』中央公論新社、平成二十二年四月。初出は平成二十一年七月）

・小田部雄次氏「久邇宮朝彦親王の野心」（『天皇と宮家』新人物往来社、平成二十二年十二月）

といったタイトルに象徴されるイメージで親王が語られることも依然として多い。

さらに幕末史研究の観点では、とりわけ、幕末史研究の基本史料たる『大日本維新史料稿本』（東京大学史料編纂所）について、平成九年にマイクロフィルムが丸善より発売され、加えて東京大学史料編纂所のホームページ「維新史料綱要」データベースからの閲覧が可能となったことの意義は極めて大きい。これにより、今後、青蓮院宮・中川宮・賀陽宮時代の朝彦親王を含む幕末史研究のさらなる深化が期待されるところである。

幕末期と維新後の狭間に位置する広島謫遷の位置づけについては、これまで詳細に検討されることがなかった。このことについて、飛鳥井雅道氏（前掲「皇族の政治的登場」）は、

戦前には、新政府に反乱計画を企てた宮というのは、論じにくかったのである。明治初頭の事件はいまだに謎に包まれたままであり、八月十八日政変の時の宮についても、評価は曖昧

なままに放置されている。薩摩の傀儡として描かれる場合もあったが、決してそのような軽い存在ではなかった。戦後はむしろ宮の存在を軽く見ることで、当時の実体を捉えそこなってきたのである。

と述べ、朝彦親王についてその重要性に反して研究が十分に行われていなかったことを指摘し、あわせて「明治初頭の事件はいまだに謎に包まれたまま」と評する。そこで筆者は若干の考察を行い（本書第一部二・三）、また近年では

・友田昌宏氏「近代天皇制国家の形成と朝彦親王」（松尾正人氏編『近代日本成立期の研究　政治・外交編』岩田書院、平成三十年三月）

が発表されている。

一方、神宮祭主時代については、皇學館大学において朝彦親王の八十年祭（昭和四十六年）・九十年祭（昭和五十六年）・百年祭（平成三年）が斎行され、八十年祭では鎌田純一教授、九十年祭では谷省吾教授、百年祭では渡辺寛教授が講演されており、特に皇學館創立との関わりで新たに明らかにされたところが多い。活字になっているところでは、

・鎌田純一氏「神宮祭主としての久邇宮朝彦親王」（『神宮・明治百年史』上、神宮司庁、昭和四十三年十月）

・谷省吾氏「皇學館の出発点―朝彦親王を偲び奉る―」(『神を祭る』皇學館大学出版部、平成元年三月。初出は昭和五十七年四月)

・渡辺寛氏「久邇宮朝彦親王の御事」(皇學館学園報『全学一体』八四、平成三年十二月。『増補　朝彦親王景仰録』学校法人皇學館、平成二十三年十月、に再録)。

等がそれにあたる。

平成二十三年は朝彦親王の百二十年祭にあたり、皇學館大学では、祭典および、記念講演(上野秀治教授「激動期を生きた皇族　朝彦親王」)、『朝彦親王景仰録』の復刻増補、といった事業が行われた。このうち

・『増補　朝彦親王景仰録』(学校法人皇學館、平成二十三年十月)

は、先述のごとく今日においても最も優れた朝彦親王研究の成果の一つといえるものであるのに加えて、現在入手が困難でもあり、待望の復刊といってよい。さらに、今回新たに大岩栄吾氏「朝彦親王敬神の御事蹟」(『八坂神社纂録』第六冊、昭和十七年二月)、木村春太郎氏「久邇宮朝彦親王の御冤遷に就きて」(『勢陽論叢』五、昭和十七年六月)、渡辺寛氏「久邇宮朝彦親王の御事」(前掲)の三篇が増補せられている。今後の朝彦親王研究において、改めて味読されるべき成果であろう。

・上野秀治氏「晩年の久邇宮朝彦親王」(『日本歴史』八〇一、平成二十七年二月)

も興味深い内容である。

その他、近年における注目すべき業績として、久邇宮家三代を描いた

・浅見雅男氏『闘う皇族―ある宮家の三代―』（角川選書、平成十七年十月）

は文庫化もされ、刊行されて以来多く活用されているようである。

・徳田武氏『朝彦親王伝』（勉誠出版、平成二十三年十二月）

も、叙述は主に幕末期を対象としているので、維新後の叙述がほとんどないのは残念であるが、混迷を極めた幕末期について、確かな史料に基づき、その複雑な情勢が平易に説かれている。

同じく平成二十三年には、「公文書等管理に関する法律」施行により、宮内庁書陵部で編纂された『明治以後皇族実録　久邇宮実録　朝彦親王』全十冊（昭和四十年代～五十年代に編纂）、あるいは久邇宮家旧蔵資料を写した『朝彦親王行実資料』全百冊（大正十年写）などが宮内公文書館にて公開された（ただし、『行実資料』は非公開の簿冊も多い）。『久邇親王行実』を補うところ多であり、今後研究の基本史料として活用が期待される。

［附記］

印刷所に入稿後、白石烈氏「「久邇親王行実」の編纂と宮内庁」（国立公文書館平成三十年度アーカイブズ研修Ⅲ

修了研究論文）を拝受した。宮内庁書陵部宮内公文書館や東京大学史料編纂所に所蔵される久邇宮家の編纂資料の写本を活用しておられ、有益である。加筆の上で学会誌に発表されるご予定と伺うので、あわせて参照されたい。

七、『邦憲王殿下御実録』・『邦憲王妃殿下御実録』・『恒憲王殿下御実録』・『由紀子女王殿下御実録』・『佐紀子女王殿下御実録』について

本章では、皇學館大学が所蔵する『邦憲王殿下御実録』・『邦憲王殿下御詠』（以上、全十一冊）、『邦憲王妃殿下御実録』・『恒憲王殿下御実録』・『由紀子女王殿下御実録』・『佐紀子女王殿下御実録』（以上、全十四冊）について、その概略を紹介する。

賀陽宮邦憲王について

賀陽宮邦憲王は、慶応三年（一八六七）六月一日、賀陽宮朝彦親王（のちの久邇宮朝彦親王）の第二王子としてお生まれになった。母は下鴨神社禰宜泉亭俊益の長女で家女房泉亭静枝。初め巖麿王と称される。第一王子萱麿王は早世されていたので、実質的にはご長子であった。翌慶応四年（明治元年）八月、朝彦親王は皇族の身分を奪われ芸州に蟄居せら

れるが、明治二年五月にご家族の参向が許されると巖麿王も芸州に赴かれる。その後、朝彦親王は同三年十月伏見宮へご復帰、五年正月に宮号を許され、八年五月に久邇宮を称されて、同年八月には神宮祭主にご就任になる。

邦憲王は明治十五年（一八八二）一月より勉学のため伊勢にお住まいになる。同年四月に父朝彦親王の令達によって皇學館が創立されるが、明治二十二年以降はこの皇學館に学ばれた。また十五年十一月には神宮教院総裁に推戴されている（十七年四月に至りお断り）。明治十九年七月、御名を邦憲王と改められるが、ご病弱の故に軍人の道を進まれず、二十年三月には弟邦彦王をもって久邇宮継嗣と定められた。

二十四年十月に父朝彦親王が薨去されると、年が明けて二十五年一月末日をもって神宮皇學館をご退学、二月、京都にお戻りになり、同年十一月に侯爵醍醐忠順の長女好子とご結婚、十二月には賀陽宮を称される。二十六年十一月、勲一等旭日桐花大綬章を受けられる。二十八年二月になると、朝彦親王薨去後に神宮祭主をつとめられた有栖川宮熾仁親王の後を継いで神宮祭主にご就任。また二十九年三月には神宮皇學館総裁に推戴される（三十六年八月の神宮皇學館官制公布まで）。三十三年五月に至ると、一家創立を許された。三十六年十一月、大勲位に叙され、菊花大綬章を受けておられる。祭主として神宮のために尽くされ、四十二年には神宮式年遷宮が行われるが、これを目前にして、九月、ご病気により弟久邇宮多嘉王がかわって臨時祭主に任ぜられる。十二月八日、四十三歳で薨去された。なお平成二十一年は薨去より百年にあたって百年祭が斎行されている。

お人柄については、「御性質は頗る厳格にまし〳〵、神宮に尽し給ふ事、実に献身的に勤めさせられ」、「御嗜好は謡曲と囲碁、取分け謡に御堪能」であられたという（坂本辰之助氏『皇室及皇族』昭文堂、明治四十二年十二月）。

王子女に、恒憲王・由紀子女王（のち町尻量基夫人）・佐紀子女王（のち山階宮武彦王妃）の一王子二王女がある。

久邇宮朝彦《あさひこ》親王の王子女

家女房
泉亭静枝（泉亭俊益女）

- 智《ち》當《た》宮
  元治元〈一八六四〉・3・5〜慶応2〈一八六六〉・8・6　第一王女
- 睦麿《むちまろ》王
  元治2〈一八六五〉・2・28〜同・12・24　第一王子
- 邦憲《くにのり》王（巌麿《いわまろ》王）
  慶応3〈一八六七〉・6・1〜明治42・12・8　第二王子
  明治33・5、賀陽宮創立　神宮祭主
- 安《あ》喜《き》子女王
  明治3・6・8〜大正9・1・1　第三王女
  明治23・12、池田詮政（侯爵）夫人
- 絢《あや》子女王
  明治5・4・25〜昭和21・7・26　第五王女
  明治25・12、竹内惟忠（子爵）夫人
- 多《た》嘉《か》王
  明治8・8・17〜昭和12・10・1　第五王子
  神宮祭主
- 暢《のぶ》王
  明治9・12・28〜明治10・8・7　第六王子
- 篶《すず》子女王
  明治11・10・16〜昭和22・1・3　第八王女
  明治39・10、壬生基義（伯爵）夫人

家女房
原田光枝子

- 守正《もりまさ》王（多田《ただ》王）
  明治7・3・9〜昭和26・1・1　第四王子
  明治18・12、梨本宮相続　元帥、陸軍大将、臨時神宮祭主

家女房
角田須賀子

- 鳩彦《やすひこ》王
  明治20・10・2〜昭和56・4・12　第八王子
  明治39・3、朝香宮創立　陸軍大将

① 朝彦親王

家女房 寺尾宇多子

- 純《あつ》子女王　明治17・3・9〜明治44・6・13　第九王女
  明治34・11、織田秀実（子爵）夫人
- 稔彦《なるひこ》王　明治20・12・3〜平成2・1・20　第九王子
  明治39・11、東久邇宮創立　陸軍大将、内閣総理大臣

家女房 泉亭萬喜子（泉亭俊益女）

- 栄《さか》子女王　慶応4〈一八六八〉・1・25〜昭和24・1・9　第二王女
  明治32・9、東園基愛（子爵）夫人
- 飛《ひ》呂《ろ》子女王　明治4・5・2〜明治22・11・22　第四王女
- ② 邦彦《くによし》王（世志麿《よしまろ》王）　明治6・7・23〜昭和4・1・27　第三王子
  明治24・10、久邇宮相続　元帥、陸軍大将
- 素《もと》子女王　明治9・3・27〜大正7・1・28　第六王女
  明治26・11、仙石政敬（子爵）夫人
- 懐《やす》子女王　明治11・6・21〜明治12・7・16　第七王女
- 一言足彦命　明治14・9・24〜同日薨　第七王子

〈参考文献〉

『皇室系譜』（『系図綜覧』第一、所収、国書刊行会、大正四年）
『平成新修旧華族家系大成』上・下（霞会館、平成八年）

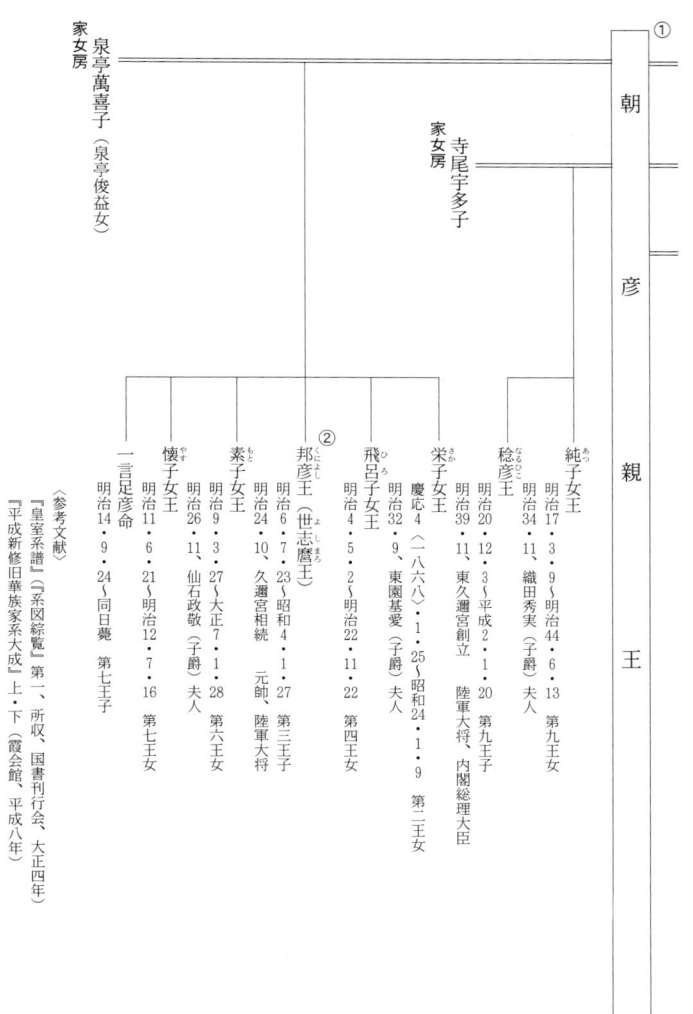

賀陽宮家系図

- ① 邦憲王
  - 妃 好《よし》子（醍醐忠順《ただおさ》長女）
    慶応元・10・20～昭和16・11・26
    明治25・11・26入輿
  - 由紀《ゆき》子女王
    明治28・11・23～昭和21・11・12　第一王女
    大正4・4、町尻量基《かずもと》（子爵）夫人
  - ② 恒《つね》憲《のり》王
    明治33・1・27～昭和53・1・3　第一王子
    賀陽宮第二代、昭和22・10、臣籍降下
    ＝ 妃 敏《とし》子（九条道実五女）
    - 邦寿《くになが》王
      大正11・4・21～昭和61・4・16　第一王子
      昭和22・10、臣籍降下　陸軍大尉
      ＝ 恒《つね》子（高木貞治二女）
    - 美智《みち》子女王
      大正12・7・29～平成21・4・21　第一王女
      昭和18・12、徳大寺斉定《むねさだ》（公爵）夫人（20・9離別）
    - 治憲《はるのり》王
      大正15・7・3～平成23・6・5　第二王子
      昭和22・10、臣籍降下　元外交官
      ＝ 朝《とも》子（松田正之長女）
    - 章憲《あきのり》王
      昭和4・8・17～平成6・11・4　第三王子
      昭和22・10、臣籍降下
      ＝ 良《よし》子（山本栄蔵長女）
      - 章《あき》子《こ》　昭和31～
      - 正《まさ》憲《のり》　昭和34～
    - 文憲《ふみのり》王
      昭和6・7・12～　第四王子
      昭和22・10、臣籍降下　元高島屋勤務
    - 宗憲《むねのり》王
      昭和10・11・24～平成29・12・23　第五王子
      昭和22・10、臣籍降下　元味の素勤務
      ＝ 和《かず》子（藤居勝正二女）
    - 健憲《たけのり》王
      昭和17・8・5～平成29・7・20　第六王子
      昭和22・10、臣籍降下　元日本交通公社勤務
  - 佐紀《さき》子女王
    明治36・3・30～大正12・9・1　第二王女
    大正11・7、山階宮武彦王妃

〈参考文献〉
賀陽宮家「御実録」
『平成新修旧華族家系大成』上・下（霞会館、平成八年）
『旧皇族・華族秘蔵アルバム　日本の肖像』第十一巻（毎日新聞社、平成二年）
保坂正康「新宮家創設　八人の「皇子候補」」（『文藝春秋』平成十七年三月号）

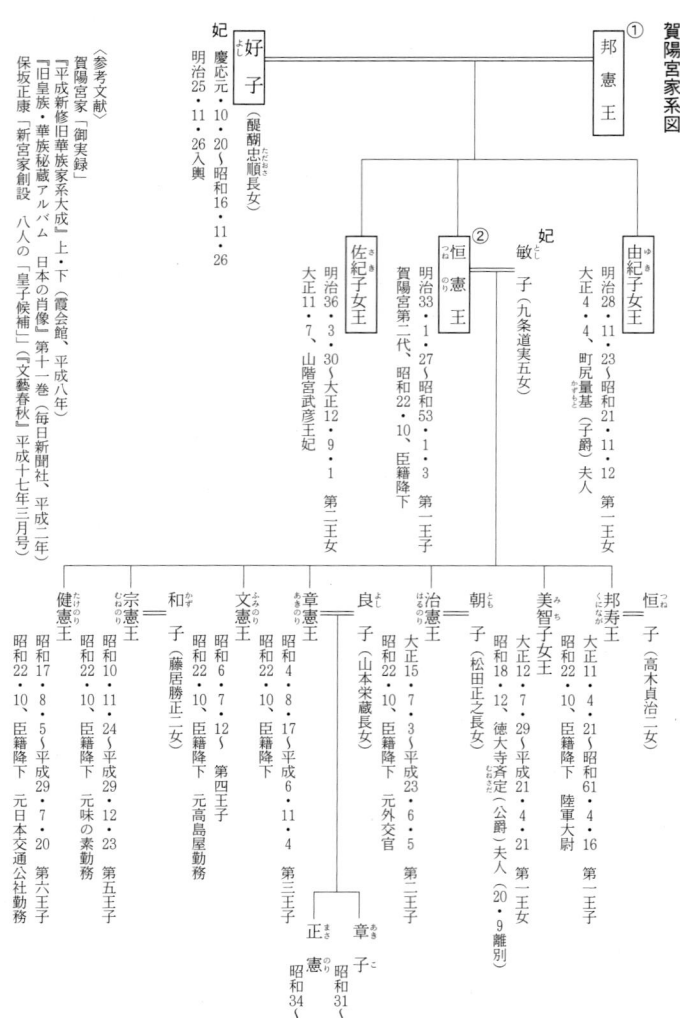

『邦憲王殿下御実録』『邦憲王殿下御詠』について

皇學館大学附属図書館所蔵、現在は皇學館大学記念館に展示されている。賀陽美智子様より皇學館大学にご寄贈いただいたもので、各冊に昭和五十九年十二月二十日の受入印が捺されている。これより先、十月二十六日に賀陽美智子様他二名が来学されており（学校法人皇學館大學『学報』第二十一号掲載「学園日誌」）、この時にご寄贈のことに関しても言及があったことであろう。

全体の構成をみてみると、実録「巻之壱」～「巻之八」八冊および「凡例　目録」一冊、御詠「上ノ巻」「下ノ巻」二冊の全十一冊よりなる。別に収納箱（倹飩蓋箱、縦二九・六糎、横二三・〇糎、高さ三六・〇糎）がある。

実録は、袋綴、縦二七・五糎、横一九・五糎。外題は縦一七・四糎、横四・〇糎の題箋に「邦憲王殿下御実録　巻之壱」などと墨書する。全冊とも柱に「賀陽宮」と印刷された罫紙を用い、匡郭の上欄は三・〇糎、欄脚は一・五糎ある。半葉十三行、字配りは文字の大きさによりまちまちであるが、おおよそ一行二十一字から二十二字程度。

内容は、邦憲王のご生涯について、編年順にまず綱文を掲げ、つづけて史料を収載する。編纂方針については、本書の「凡例」には次のように記されている。

凡例

一　此書ハ邦憲王殿下ノ御行状實蹟ヲ纂述スルモノニシテ慶應三年御誕生ニ起リ明治四十二年薨去ニ終ル

一　此書ノ體事ヲ以テ日ニ繫ク毎條其首ニ大要ヲ掲ケテ綱ト為シ下記録文書ヲ収メテ目ト為ス

一　此書日月ノ序ニ従ヘドモ一事ノ顛末各所ニ散見ノ弊ヲ避ケ務メテ一所ニ湊合以テ本末ヲ炤ニス

一　書中神宮皇室ニ係ル所ハ一字ヲ闕キ擡頭ヲナサズ

一　目ハ一ニ原文ニ従フト雖トモ叙事頻繁ニ渉ルモノハ節略シテ其要ヲ撮ル

一　目中當年ノ記録ヲ當年ニ収ムルモノハ単ニ月日ヲ書シ當年ニ非ザルモノハ其年ヲ書シテ之ヲ區別ス

一　目中編者ノ自註ニ係ルモノハ上略中略下略等ノ外首ニ圏ヲ置テ原註ト混ゼザラシム尚各係下ニ編者ノ考證ヲ録スルモノハ首ニ［按］ノ字ヲ置キテ本文ト別ツ

一　此書年中行事式神宮諸祭典ニ御参向須磨御別邸ニ御旅行等ノ記事ハ初見ノ條ニ一例ヲ書シテ別ニ事故ナキモノハ次年ヨリ之ヲ省ク事トセリ

一　妃並ニ王子王女ノ行實ニシテ本書ニ関連セルモノハ細録ス

一　皇族御親族御親戚ノ慶吊贈答等ニシテ重要ナルモノハ盡ク記ス

一　引用書ハ重ニ宮内省公文書賀陽宮家ノ記録及皇族親族親戚各官衙縁故アル各家ノ記録日記書翰等ニ依ル

一　國歌等多キモ一二其切要ナルモノヲ収録シ他ハ之ヲ別集ニ譲ル

一　此書諸記録ヲ採集シテ以テ編ス固ヨリ誤謬遺漏ナキヲ保タス其責編者ニアリ當ニ他日ヲ以テ之ヲ補正スベシ

大正元年十月

巻之八の奥付には、

大正元年十月

賀陽宮印　　賀陽宮編纂

とある。

各冊ごとの収載年月および丁数を示すと、

・凡例（二丁）・目録（三十六丁）

・巻之壱　賀陽宮御系図（三丁）・慶応三年六月～明治二十五年十二月（百四十六丁）

・巻之弐　明治二十六年一月～同二十九年十二月（百十二丁）

・巻之参　明治三十年一月～同三十二年十二月（八十六丁）
・巻之四　明治三十三年一月～十二月（百十二丁）
・巻之五　明治三十四年一月～同三十五年十二月（百二十丁）
・巻之六　明治三十六年一月～同三十八年十月（百五丁）
・巻之七　明治三十八年十一月～同四十一年四月二十七日（百十七丁）
・巻之八　明治四十一年四月二十九日～同四十二年十二月（百六丁）

となる。

御詠二冊については、装丁・寸法は実録に同じ。外題に題簽で「邦憲王殿下御詠　上（下）ノ巻」とある。用紙が実録と異なって匡郭がなく、天地は上欄がおよそ五糎、欄脚がおよそ一・八糎。半葉八行、一首を一行で書す。両冊の構成および丁数は次のとおり。

・上ノ巻　春之部・夏之部・秋之部・冬之部（七十八丁）
・下ノ巻　恋之部・雑之部（二十四丁）

奥書には次のように記される。

一此の書ハ
邦憲王殿下明治十九年より同四十二年薨去までの御詠七百七拾首を編纂し四季恋雑の四部に分ち巻を上下とす

一歌題ハ類題集により次第を立つ
一新題と雖も類題集の順にならふ
一一題中二首以上あるものハ御詠出の年月を以て次第を定む
一此の書の外御詠夥多被レ為レ在も散逸してこゝに纂集するを得さるハ実に遺憾とする所なり
他日発顕を俟て漸次編纂せむとす

大正元年十月

賀　陽　宮

なお御実録・御詠の編纂者については、『恒憲王殿下御実録』の大正二年八月十七日条に記述されているので、以下引用する。

（大正二年）
八月十七日　大勲位邦憲王殿下御實録編纂結了ス
○邦憲王殿下御實録編纂ノ義ハ明治四十三年十二月ニ初マリ大正二年八月十七日ヲ以テ
全部結了セルナリ
[御實録編纂調査録]
邦憲王殿下御實録凡例
（筆者註、別掲のためここでは省略）

邦憲王殿下御詠凡例

（筆者註、別掲のためここでは省略）

邦憲王殿下御實録冊数

一　邦憲王殿下御實録　凡例　目次　一冊

一　邦憲王殿下御實録　自巻之壱　至巻之八　八冊

一　邦憲王殿下御詠　上　下　二冊

編輯職員

編輯委員長　家令　磯谷熊之助

編輯委員　家扶　藤井為次郎

仝　家従　並河総次郎

仝　家従　高市　二

編輯委員補助　家従　上田　乾二

仝　家従　妹尾　格

仝　雇　西村留三郎

仝　仝　斎藤初太郎

写字生　寺田康太郎

以上ノ内上田委員補助ハ明治四十四年八月三十一日藤井委員ハ大正二年一月一日付ヲ以テ何レモ本官異動ニ依リ免セラレタリ

材料蒐集事務嘱託　編修官　神谷初之助

仝　宮内属　林　宏　行

右受託者補助員　雇　武川留三郎

仝　寫字生　橋村　水哉

御詠編纂嘱託　宮　司　野村　敷明

写字生　小野村寅次郎

（『恒憲王殿下御実録』第二冊　第七十二丁裏）

本書については、『旧皇族・華族秘蔵アルバム　日本の肖像』第十一巻（毎日新聞社、平成二年九月）七二頁に、

賀陽宮家に残る『邦憲王殿下御実録』こと細かく邦憲王の日常　業績　子息誕生の様子などが家令らの手によって記録されたもの　上（筆者註、掲載写真上段の意）は日露戦争の後旅順に忠魂碑建設に際し金二千円を下賜した邦憲王に　陸軍大将乃木希典　海軍大将東郷平八郎より礼状が届いたことを　下（筆者註、掲載写真下段の意）は「邦憲王妃好子殿下今朝七

時十分御分娩王子誕生……」と恒憲王誕生の報告が記されている

という賀陽家所蔵本の簡単な紹介があり、岡田芳幸氏「神道博物館への誘い　第四回」（『館友』二〇〇、平成六年三月）に、

◎賀陽宮邦憲王御実録

明治三十三年（1905）皇學館建学の精神と使命を簡潔・明瞭に示された令旨を神宮皇學館総裁・神宮祭主たる賀陽宮邦憲王より賜った。本書はその邦憲王殿下の御実録である。全十一冊で第八冊までが日記、残り二冊は御詠歌、一冊は凡例・目録で構成されている。大正元年（1912）十月に編纂された。

と紹介されている。また、『林崎のふみぐらの詞』（皇學館大学出版部、平成五年四月）の解説（谷省吾氏執筆）には、明治十六年四月二十八日に神宮皇學館開館式にご臨席、敷田年治が皇典を講じ、有馬百鞭が漢籍を講じたという記述に本書が引用されている。『皇學館大學百三十年史』資料篇一（学校法人皇學館、平成二十五年三月）では、館町校舎開館式について記述されている明治三十年六月十三日条を掲載させていただいた。

収納箱

記念館に展示される『邦憲王殿下御実録』

『邦憲王殿下御実録』巻之壱　表紙

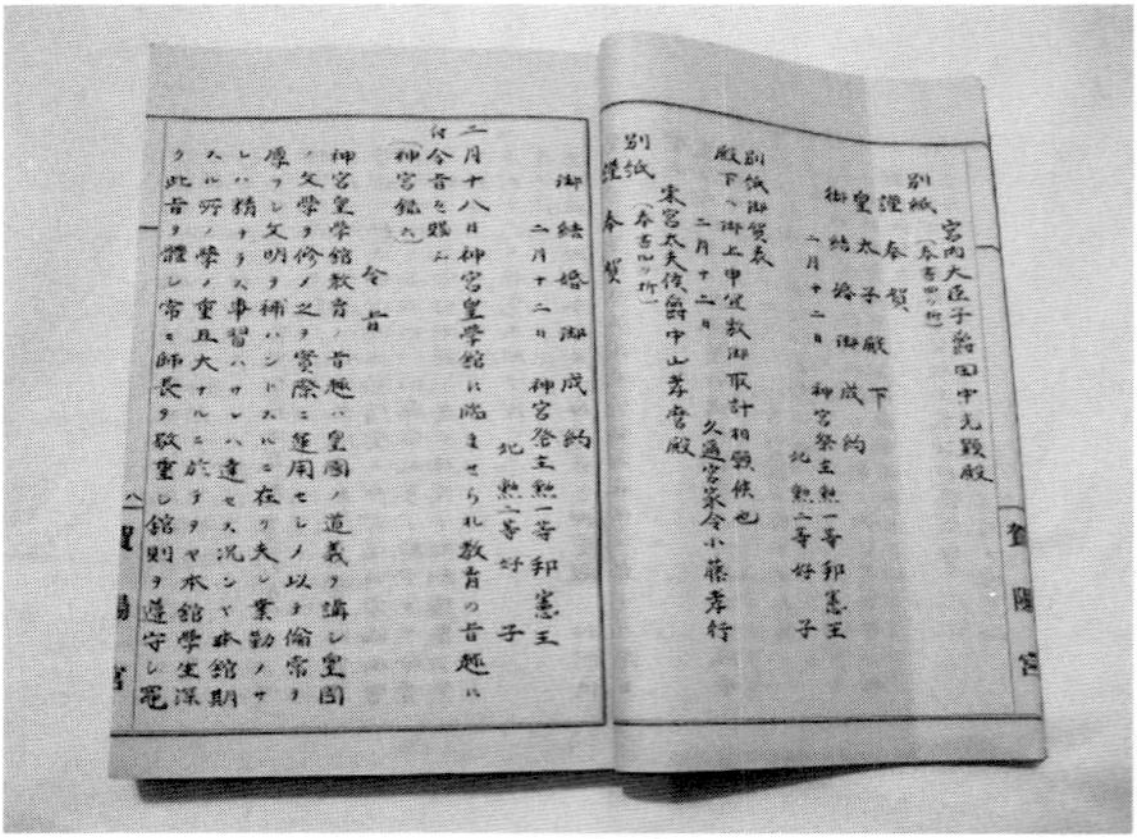

『邦憲王殿下御実録』明治33年2月18日条

『邦憲王妃殿下御実録』・『恒憲王殿下御実録』・『由紀子女王殿下御実録』・『佐紀子女王殿下御実録』について

皇學館大学附属図書館所蔵（請求番号二八八・四四／Ｋａ九八）、全十四冊。平成二十年九月二十六日受入。東京の古美術商より購入したもの。袋綴、各冊とも縦二七・〇糎、横一九・五糎。表紙は白い厚紙を用い、「邦憲王妃殿下／御實録　壱／賀陽宮」などといったように墨書の書外題がある。用紙は、匡郭など青色で印刷され柱に「賀陽宮」とあるものを用い、天地は上欄が四・四糎、欄脚が一・八糎。本文は墨書にて半葉十三行。字配りは文字の大きさによりまちまちであるが、一行十五字から二十五字程度。

凡例などを備えていないが、『邦憲王殿下御実録』と同様に、編年順にまず綱文を掲げ、続けて史料を掲載するという体裁をとっている。全十四冊の構成・冊数および丁数は次のとおり。

・『邦憲王妃殿下御実録目次』　一冊　三十九丁（墨付三十七丁）
・『恒憲王殿下御実録目次』　一冊　四十二丁（墨付四十一丁）
・『由紀子女王殿下
　佐紀子女王殿下　御実録目次』　一冊　十六丁（墨付十三丁）

・『邦憲王妃殿下御実録』　三冊

壱　明治二十五年　〜　大正二年　百九十八丁（墨付百九十丁）

弐　大正三年　〜　大正七年　百九十一丁（墨付百八十六丁）

参　大正八年　〜　大正十一年　百四十八丁

・『恒憲王殿下御実録』　六冊

壱　明治三十三年　〜　明治四十四年　百八十四丁（墨付百八十一丁）

弐　明治四十五年　〜　大正三年　百九十一丁（墨付百八十七丁）

参　大正四年　〜　大正六年　百九十二丁（墨付百九十一丁）

四　大正七年　〜　大正八年　百九十五丁（墨付百九十三丁）

五　大正九年　〜　大正十年五月三日　二百一丁（墨付二百丁）

六　大正十年五月四日　〜　同年十二月　百四十八丁（墨付百四十七丁）

・『由紀子女王殿下御実録』　一冊

明治二十八年　〜　大正四年四月（御降嫁）　百十一丁（墨付百四丁）

・『佐紀子女王殿下御実録』　一冊

明治三十六年　〜　大正十一年八月（御降嫁の翌月）百五十九丁（墨付百五十七丁）

本書の編纂について詳しい資料は管見に及ばないが、奥書は次の四冊にみられる。

・『邦憲王妃殿下御実録』参

以上参巻

大正拾貳年参月貳拾壱日謹編畢

宮内属　高市　二㊞

・『恒憲王殿下御実録』六

以上六巻

大正拾貳年六月貳拾七日謹編畢

宮内属　高市　二㊞

・『由紀子女王殿下御実録』

大正五年参月拾五日謹編畢

宮内属　高市　二㊞

・『佐紀子女王殿下御実録』

大正拾貳年参月拾四日謹編畢

宮内属　高市　二㊞

これらによれば、『由紀子女王殿下御実録』のみはご降嫁（大正四年四月）から間もなくして他書に先んじて編纂を了えたことが判明し、『佐紀子女王殿下御実録』についてもご結婚（大正十一年七月）の翌年に編纂を了えている。『邦憲王妃殿下御実録』・『恒憲王殿下御実録』は佐紀子女王の実録と同年の完成、好子妃・恒憲王ご在世中の編纂物であって、大正十年あるいは十一年までを収載範囲とする。編纂者は、『邦憲王殿下御実録』の編輯委員にも名を列ねている高市二。

収納箱（倹飩蓋箱、縦二五・〇糎、横三九・五糎、高さ三五・五糎）には、「御実録　第壱期」と書かれている。作製年代は判明しないが、収納する箱が備えられた段階においては「第二期」が完成あるいは編纂されていたか、もしくは想定されていたことが窺えるものの、存否を確認できていない。

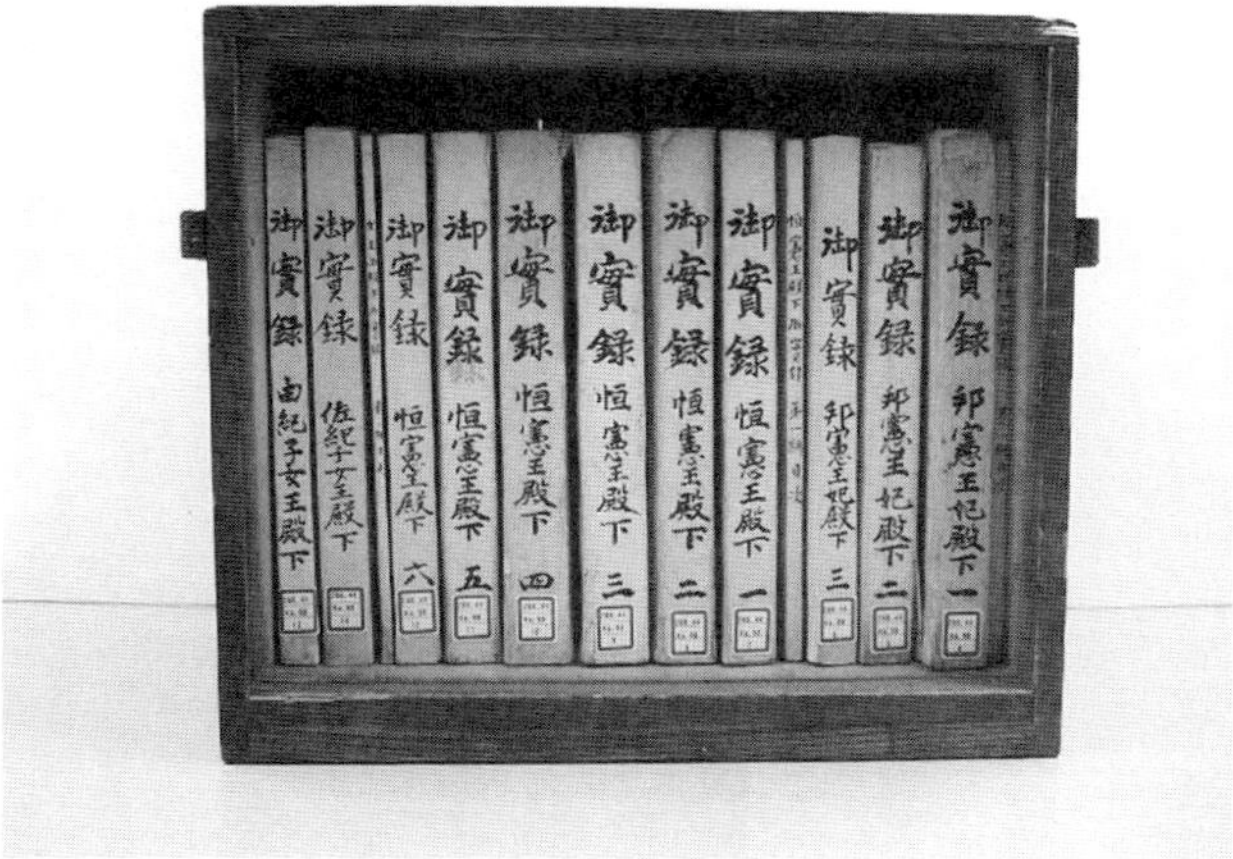

「賀陽宮御実録」全14冊

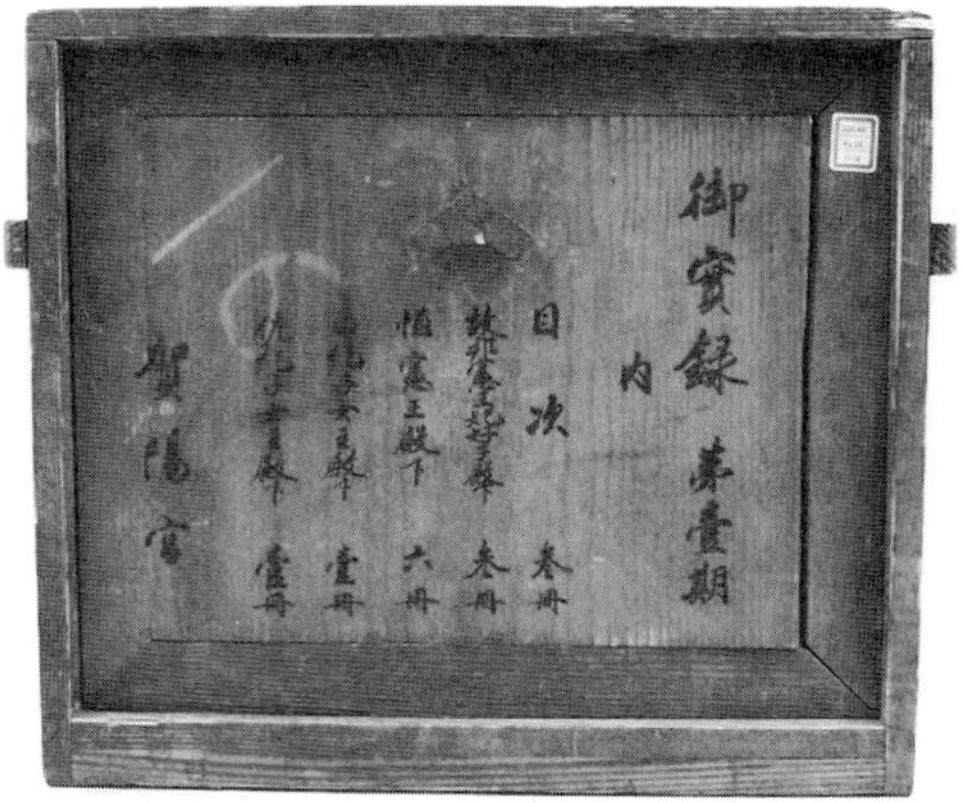

収納箱

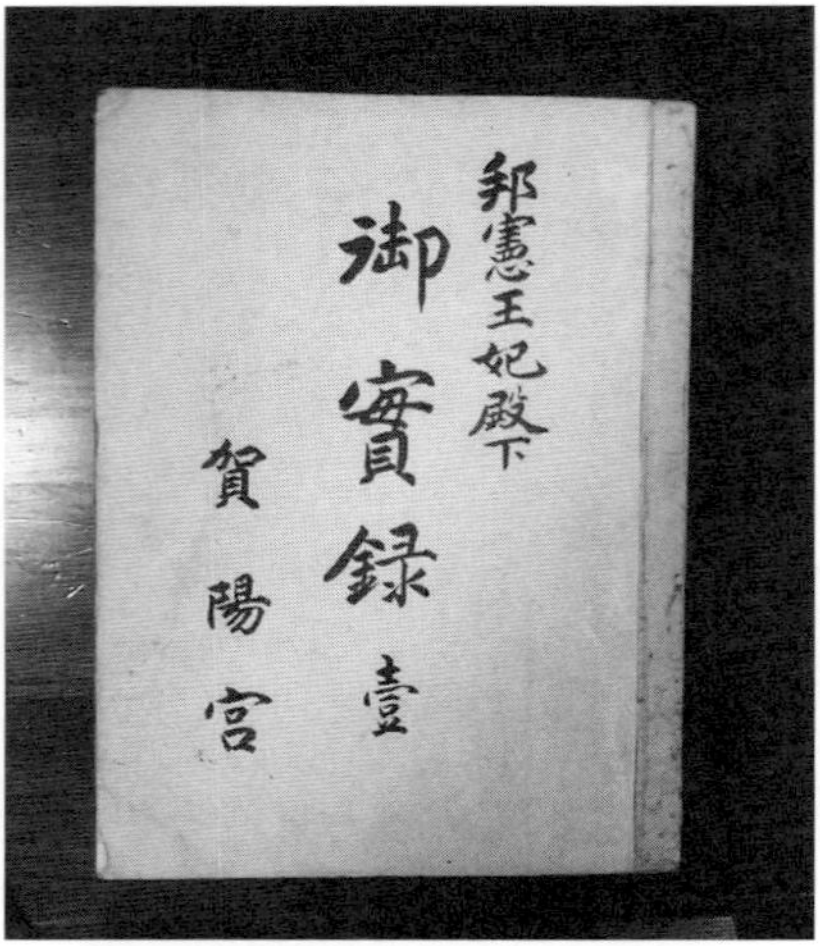

『邦憲王妃殿下御実録』壱　表紙

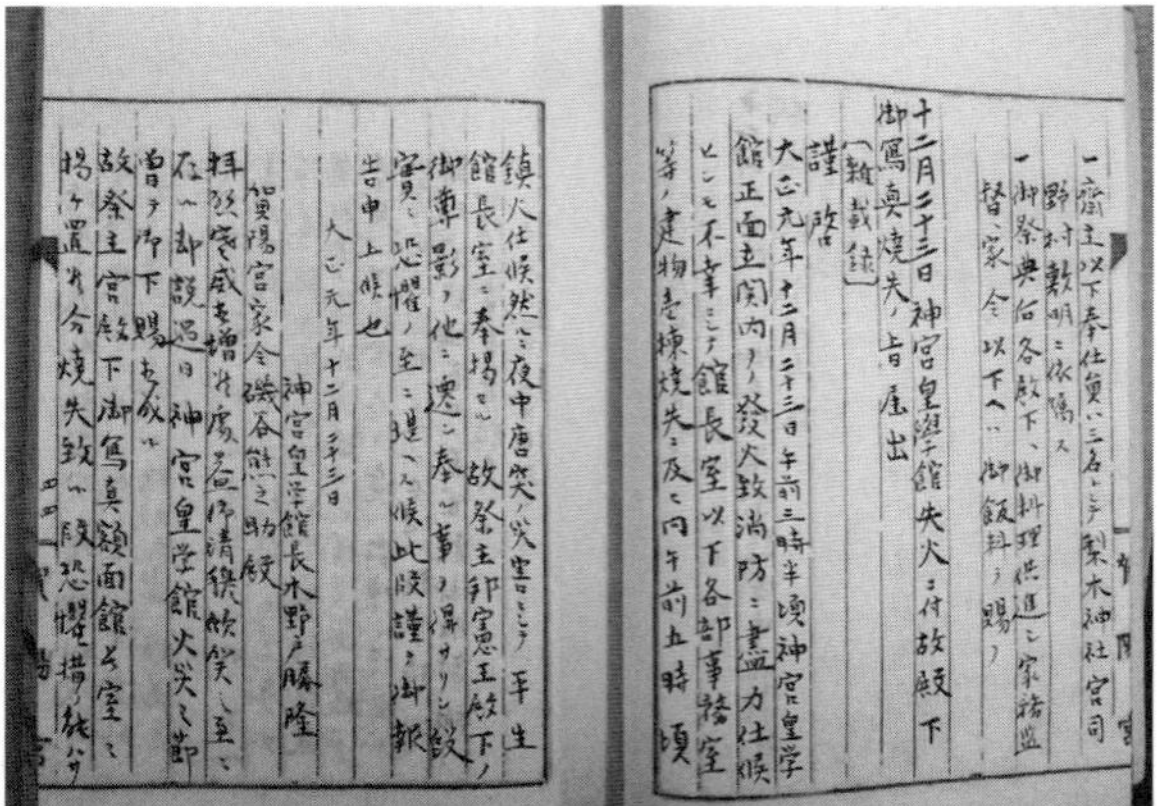
一齋主以下奉仕員ハ三名ニテ梨木神社宮司
野村数明ニ依嘱ス
一御祭典后各殿下、御料理供進ニ家務監
督、家令以下ヘハ御飯料ヲ賜フ

十二月二十三日神宮皇學館失火ニ付故殿下
御寫真焼失ノ旨屆出
〔雜載録〕
謹啓
大正元年十二月二十三日午前三時半頃神宮皇学
館正面玄関内ヨリ發火致消防ニ盡力仕候
ヘ共不幸ニシテ館長室以下各部事務室
等ノ建物壱棟焼失ニ及ヒ同午前五時頃
鎮火仕候然ルニ夜中唐突ノ災害ニシテ平生
館長室ニ奉揭セル故祭主邦憲王殿下ノ
御肖影ヲ他ニ遷シ奉ル事ヲ得サリシ段
實ニ恐懼ノ至ニ堪ヘス候此段謹テ御報
告申上候也
大正元年十二月二十三日
神宮皇学館長木野戸勝隆
賀陽宮家令磯谷熊之助殿
拝啓時下寒威相増候處益御清穆被成欣賀ノ至ニ
存ス　御説過日神宮皇学館火災ノ節
曽テ御下賜相成ル
故祭主宮殿下御寫真額面館長室ニ
掲ケ置キ今焼失致ス段恐懼措ク能ハサ

『恒憲王殿下御実録』大正元年12月23日条

以上、皇學館大学が所蔵する賀陽宮家の実録（『邦憲王殿下御実録』・『邦憲王妃殿下御実録』・『恒憲王殿下御実録』・『由紀子女王殿下御実録』・『佐紀子女王殿下御実録』）について、その概略を述べた。これらは編纂物ではあるが、その収載史料は公的なものから私信にまで及んでおり、賀陽宮家さらには皇族のご事績や制度その他を考える上で極めて貴重なものである。今後、本書の検討を深めていきたい。

［附記］

本稿をなすにあたりご指導賜りました本学名誉教授渡辺寛先生、また本資料を所蔵するに際してご便宜をお図りくださった各位に厚く御礼申し上げます。

初出発表後、『邦憲王殿下御実録』の綱文を『皇學館論叢』四六―二（平成二十五年四月。本書次章）、『恒憲王殿下御実録』を『藝林』六八―一（平成三十一年四月）に翻刻した。

八、賀陽宮家編『邦憲王殿下御実録』綱文

賀陽宮邦憲王（慶応三年〈一八六七〉～明治四十二年〈一九〇九〉）は、久邇宮朝彦親王（当時、賀陽宮）の王子として生まれ、皇學館で学ばれた後、神宮祭主・神宮皇學館総裁などつとめられた。

筆者は先に、皇學館大学が所蔵する『邦憲王殿下御実録』ほか賀陽宮家の御実録について、史料の概略を紹介した（本書第一部七「『邦憲王殿下御実録』・『邦憲王妃殿下御実録』・『恒憲王殿下御実録』・『由紀子女王殿下御実録』・『佐紀子女王殿下御実録』について」）。いずれも賀陽宮家の編になり、宮内省図書寮編修課で編纂された『天皇・皇族実録』と同様、まず綱文を掲げ、ついで史料を原文のまま引挙している。賀陽宮家の史料が駆使され、同宮家のみならず、その周辺の事柄を知る上で、極めて貴重な編纂物である。

本章では、このうち『邦憲王殿下御実録』より綱文を翻刻し、各条文末尾に典拠の史料名を注記する。綱文の翻刻にあたっては、仮名遣い等は原文のままとしたが、句読点・濁点・返り点を付し、各年に元号・西暦・年齢等を適宜補うなど、体裁を整えた。

邦憲王殿下御實録

巻之壹　自慶應三年六月至明治二十五年十二月

慶應三年丁卯（一八六七）　一歳

六月朔日癸未　御降誕。御用部屋日記、達書録、奥局日記

同　五日丁亥　嚴宮と称せらる。御用部屋日記、奥局日記

十月二十四日癸亥　御本邸御普請中、粟田御殿へ御移。御用部屋日記、粟田北御殿記、青蓮院記

十一月十五日甲子　御箸初。御用部屋日記、粟田北御殿記

明治元年戊辰（一八六八）　二歳

八月十六日　伏見宮へ御預被二仰付一、二年己巳五月二十四日、藝州へ移らせられ、三年庚午十月、御父君に隨て伏見宮へ還らせらる。伏見宮記、浅野家記、伏見宮系譜、並河尚教記、久邇宮旧記、廣島藩記、賀陽宮記

明治二年己巳（一八六九）　三歳

十一月二十八日乙未　御色直。芸州御舘日記

明治五年壬申（一八七二）　六歳

正月六日　御父君、自今宮と稱し、三品に叙せらる。御日記

明治八年乙亥（一八七五）　九歳

五月（二十日）　御父君、親王宣下、久邇宮と称せらる。皇族関渉録、皇親録

明治十二年己卯（一八七九）　十三歳

九月四日　東京に於て修學すべく、御内沙汰あらせらる。書翰○山岡鉄太郎

明治十三年庚辰（一八八〇）　十四歳

一月（十日）　皇族子女へ御賄料を賜ふ。宮内省記

明治十五年壬午（一八八二）　十六歳

一月（十四日）神宮教院學寮へ御入學の為め、伊勢國へ御寄寓。賀陽宮記、皇親録、従局日記、宮内省記、神宮司廳記

二月三日　皇大神宮に、十一日　豊受大神宮に、初めて御参拜あらせらる。神宮司廳記、御旅舘詰日記

七月三十日　月見御祝。御旅舘詰日記、慶光院記、貞丈雑記、古事類苑、言成御記

十一月二十七日　神宮教院總裁認可。久邇宮日記、賀陽宮記、皇

親録、宮内省記、神宮教院記、久邇宮家扶詰所日記、御道中日記、御附手扣

明治十六年癸未（一八八三）　十七歳

四月二十一日　神宮式年御造營木造始祭に付、朝彦親王の代理として祭儀奉仕。御旅館詰日記

四月二十八日　神宮皇學館開校式台覽。御旅館詰日記、中田正朔記、（参照）神宮皇學館一覧

七月十一日　父朝彦親王、特旨を以て二代皇族に列せらる。御旅館詰日記

明治十七年甲申（一八八四）　十八歳

一月一日　御式日。御旅館詰日記、奥向日記

一月七日　御稽古始。御旅館詰日記

二月十八日　宇治中之切町山本末成方へ御移轉。御旅館詰日記、神宮司廳記、御日課

三月一日　弓術の御稽古を始めらる。御旅館詰日記

三月十日　琵琶の御稽古を始めらる。御旅館詰日記

三月二十三日　劔術の御稽古を始めらる。御旅館詰日記

四月十五日　神宮教院總裁御断。御旅館詰日記、皇親録、賀陽宮記

明治十八年乙酉（一八八五）　十九歳

十二月二日　多田王、梨本宮御相續。御旅館詰日記、久邇宮家扶詰所日記

明治十九年丙戌（一八八六）　二十歳

七月二十一日　邦憲と御改名。久邇宮記、並河家記、御旅館詰日記

九月二十二日　始めて和歌を詠出せらる。御旅館詰日記、中田正朔記

明治二十年丁亥（一八八七）　二十一歳

三月六日　皇太后宮陛下〇英照皇太后、神宮御参拜あらせらる。御旅館詰日記、奥向日記

三月七日　邦彦王を以て久邇宮継嗣と定めらる。宮内省記、御日課、御親書〇朝彦親王殿下、御親書〇邦憲王殿下、中根獺翁記

明治二十一年戊子（一八八八）　二十二歳

二月二十三日より時々、神宮皇學館に御通學。御旅館詰日記

十一月二十八日　伊雑宮御参拜。御旅館詰日記

十二月八日　邦彦王御初め六方、御修學の為め東京へ御発途。御旅館詰日記

明治二十二年己丑（一八八九）　二十三歳

一月七日　御稽古始。御旅館詰日記

二月十一日　憲法発布式。御旅館詰日記、奥向日記、（参照）官報號外

同日　皇族列次御定の達あり。官報號外、皇親録

三月二十六日　宇治橋渡始式御覽。御旅館詰日記

四月十三日　林崎文庫に於て櫻花を観させ給ふ。御旅館詰日記

五月七日　馬術の御稽古を始めらる。御旅館詰日記

五月二十六日　彰仁親王御息所両殿下、神宮御参拝の途次、御訪問あらせらる。御旅館詰日記

六月三日　瀧原宮御参拝。御旅館詰日記

十月二日　皇大神宮、十月五日　豊受大神宮、式年御遷宮に付、御参拝。御旅館詰日記

十一月二十一日　比呂子女王薨去。御旅館詰日記、奥向日記、御親書◯

明治二十三年庚寅（一八九〇）　二十四歳

邦憲王殿下

二月二十日　清祓。御旅館詰日記

四月八日　能久親王殿下、神宮御参拝の途次、御訪問あらせらる。御旅館詰日記

七月一日より、土佐旧藩士大石圓をして漢籍を講ぜしめらる。御旅館詰日記

十月十三日　内閣総理大臣より、帝國議會召集に付、貴族院に列席せらる可く傳宣あり。傳宣書、（参照）宮内省記、貴族院令

十一月三日　東宮殿下より書名千歳の菊一部贈らせらる。賀陽宮文書

十二月二十四日　安喜子女王殿下、正三位侯爵池田章政長男正五位池田詮政と結婚せらる。御旅館詰日記、奥向日記

明治二十四年辛卯（一八九一）　二十五歳

七月二十九日　皇太子殿下二見浦に行啓、八月二十日、東京還啓あらせらる。御旅館詰日記、御日課

十月二日　御舩遊。御旅館詰日記

十月二十四日　御父朝彦親王殿下、薨去せらる。

御旅舘詰日記、奥向日記

十月二十八日　京都御帰還の途次、三重縣下関停車場と柘植停車場の中間に於て汽車脱線、各宮殿下恙あらせられず。皇親録

十二月十五日　故御父朝彦親王五十日祭御参列の為め京都へ御発途、同十九日、伊勢御旅舘へ御帰着。御旅舘詰日記

十二月二十八日　御賄料を賜ふ。皇親録

十二月二十九日　御修學調査。賀陽宮記、（参照）神宮皇學舘記

明治二十五年壬辰（一八九二）　二十六歳

二月三日　伊勢御旅舘御引拂の上、京都へ還らせらる。御旅舘詰日記、官報

二月十日　山本章夫を召して漢籍を講ぜしむ。御日記、山本家記

二月十八日　木村介福を召して馬術を學ばせらる。御日記

三月十九日　後月輪東山陵并近陵御参拝。御日記

六月七日　山階宮家令黒岩直方、御世話掛となる。賀陽宮記、人事録

八月八日　邦家親王妃景子殿下薨去に付、祖母の御續を以て定式の假服受けさせらる。御日記

十一月二日　京都御寄留の義被二聞食届一。賀陽宮記

十一月十八日　下立賣門内元久邇宮御邸地御拝借の上、御住居。賀陽宮記、（参照）久邇宮記

十一月二十六日　従一位侯爵醍醐忠順長女好子を妃とせらる。邦憲王殿下御婚姻記

十二月十六日　賀陽宮と被レ稱度御願之趣被二聞食届一。賀陽宮記、官報、皇親録、日記、書翰〇家扶山口良三郎

十二月二十六日　絢子女王殿下、従四位子爵竹内惟忠と結婚せらる。日記

巻之貳　自明治二十六年一月至仝二十九年十二月

明治二十六年癸巳（一八九三）　二十七歳

一月一日　新年式。日記

三月十一日　泉涌寺御廟并後月輪御陵へ御息所と共に御参拝せらる。日記

四月十八日　嵐山に櫻花を賞し給ふ。日記

四月二十四日　日本赤十字社より有功章社員章を奉呈す。有功章添書、日記、宮内省記

四月二十七日　日本赤十字社京都支部第五回社員總會へ台臨。日記、日本赤十字社京都支部記

六月十日　伏見宮貞致親王二百年御忌法要相國寺に於て執行に付御参拝。日記

六月二十日　市邨水香について習字の御稽古を遊ばさる。日記

八月八日　故邦家親王妃景子殿下御一周年祭御執行に付、御参拝。日記

九月九日　粟田青蓮院、火あり。日記

十一月三日　勲一等に叙し、旭日桐花大綬章御拝受。勲記、領票、御親書〇小松宮殿下、同〇邦憲王殿下、賀陽宮記、皇親録、日記

十一月十五日　素子女王殿下、従四位子爵仙石政固長男従五位仙石政敬と結婚せらる。日記

十一月三十日　皇子御降誕、輝仁と被レ命、満宮と奉レ稱。賀陽宮記

明治二十七年甲午（一八九四）　二十八歳

三月九日　天皇皇后両陛下大婚二十五年御祝典を擧げさせらる。日記、祝典之章佩用式書、宮内省記

六月二十一日　東京微震に付、天機を伺はせらる。日記

七月三十日　千猶鹿に就て茶湯御稽古の處、小習事拾六ヶ條の許を受けらる。免許状

八月一日　天皇陛下、詔を発して清國に宣戦を公布し給ふ。詔書写

八月十七日　輝久親王殿下〇満宮、薨去被レ遊。賀陽宮記

九月七日　清國事件に付、京都市在住従軍者の家族及遺族にして生計困難の者へ御救恤金を下賜。賀陽宮記

九月十三日　大本營を廣島に進め、車駕東京を

発し給ふ。 征清戦史、日記

十月十五日　臨時帝國議會を廣島に召集せらる。 傳宣書、征清戦史

十一月十六日　皇太子殿下廣島へ行啓、廿五日、東京還啓の為め七條停車場御通輿。 東宮職記、日記

明治二十八年乙未（一八九五）　二十九歳

一月二十四日　熾仁親王殿下〇有栖川宮、薨去せらる。 日記

二月十日　任神宮祭主、高等官一等に叙せらる。 官記、賀陽宮記、皇親録、書翰〇宮内大臣土方久元、日記

二月十九日　神宮祭主御拜任に付、御内祝宴開かせらる。 賀陽宮記、日記

二月二十二日　御任官奉告の為め御発途、二十三日　神宮御参拜あらせられ、二十七日御帰邸あらせらる。 賀陽宮記、神宮御奉告日誌、書翰〇神宮々司鹿島則文、神宮司廳記

三月九日　猪熊夏樹を召して國書を講ぜしめらる。 日記、猪熊夏樹談〇高市家従筆記

三月十八日　皇后宮陛下、負傷者并患者等御慰撫の為め廣島行啓被㆓仰出㆒、京都駅御通輿に付、妃と御同列にて御機嫌御伺被㆑遊。 賀陽宮記、廣島行啓書〇大臣官房公文書、日記

三月二十一日　神宮祭主御拜任御礼并　天機御伺の為め、廣島大本營へ御発途、三月廿五日、御帰邸あらせらる。 賀陽宮記、禁營日記、廣島行啓書、征清事件御進營書、廣島御旅行日記

四月一日　第四回内國勧業博覧會開會式に御臨場。 雑載録、日記

四月二十一日　日清講和成り、天皇陛下、詔を発し給ふ。 征清戦史

四月二十六日　皇后陛下京都へ行啓、同月二十七日　大元帥陛下京都へ行幸あらせ給ふ。 賀陽宮記、禁營日記、廣島行啓書、征清戦史、日記

五月二十六日　二條離宮に於て酒饌を賜ふ。 賀陽宮記、征清事件御進營書類、禁營日記、日記

五月二十九日　大元帥陛下京都御発輦、東京へ

還幸、同月三十日　皇后陛下京都御発輿、東京へ還御あらせ給ふ。賀陽宮記、日記、征清戦史

六月一日　上加茂競馬御覧。奥向日記

六月十一日　神宮月次祭御奉仕の為め　神宮へ御参向、同十九日、京都へ御帰着。神宮録、神宮御参向日記、川原由松記、(表)神宮祭主邦憲王殿下神宮御参向調書

六月十四日　神宮皇學舘に成らせられ、生徒の講義を聞かせ給ふ。神宮御参向日記、(表)神宮皇學舘ニ関スル調書

九月十三日　菊麿王殿下〇山階宮、公爵九條道孝二女範子と結婚せらる。日記

十月六日　能褒野神社御靈代として、神鏡壱面御寄納あらせらる。三重縣記、賀陽宮記

十月二十一日　西加茂村醍醐家持山に於て松茸狩の御催あり。日記

十一月五日　能久親王殿下〇北白川宮薨去あらせらる。宮内省記、賀陽宮記

十一月八日　神宮大麻并翌年暦納。日記

十一月二十三日　妃好子殿下御分娩、王女子御誕生遊ばさる。慶賀録、日記

十一月二十九日　御誕生の王女、由紀子と御命名。慶賀録、官報號外、書翰〇家令小藤孝行、進献金品調書、進賜録

十二月五日　朝鮮國王后陛下崩御に付、宮中喪被㆓仰出㆒。弔慰録、官報

十二月八日　故泗宮御三十年祭御執行。祭儀録、日記

十二月二十三日　由紀子女王御宮参。日記

十二月二十八日　翌年一月四日奏事始の儀に付申牒。神宮録

明治二十九年丙申（一八九六）　三十歳

三月二十九日　神宮皇學舘總裁御許容。神宮録、書翰〇家令小藤孝行、(参照)神宮皇學舘職制

四月二十八日　神宮へ二十七八年役戦利品を第一軍第二軍両司令官より献納す。神宮録

五月十一日　皇女御降誕、御名聰子と被㆑命、泰宮と称し奉る。慶賀録

五月十九日　帝國農家一致協會總裁に奉戴の義、御許容あらせらる。（帝國農家一致協會録、帝國農家一致協會記）

五月二十一日　墺地利國皇弟チャールス・ルーイス太公殿下薨去に付、宮中喪被㆓仰出㆒。（賀陽宮記）

六月三日　妙寶院殿十三回忌法要、東本願寺に執行に付、御参詣。（日記）

六月三十日　帝國農家一致協會へ令旨を賜ふ。（帝國農家一致協會録）

八月六日　故智當子女王御三十年祭執行。（祭儀録、日記）

八月十二日　帝國農家一致協會へ御寫真及御染筆を賜ふ。（帝國農家一致協會記）

八月二十七日　甲子殉難志士三十三回忌法要、嵯峨天龍寺に於て執行に付、台臨。（日記）

九月七日　故邦家親王廿五年忌御法要、相國寺に於て御執行に付、御参拝。（日記）

十月二十九日　故朝彦親王御五年祭御執行に付、御参列。（日記）

十一月一日　故朝彦親王殿下神靈奉慰の為め、奏樂御奉納。（日記）

十一月三日　天長節に付、於㆓大宮御所㆒酒饌御拝領。（祭儀録、日記）

十一月十四日　伏見稲荷神社へ御参拝後、羽倉良豊茶室開きに付、台臨。（日記）

十一月二十八日　神宮司廳官制公布、祭主は親任官たり。（神宮録、書輸〇家令小藤孝行）

巻之参

（自明治三十年一月　至仝　三十二年十二月）

明治三十年丁酉（一八九七）　三十一歳

一月五日　帝國農家一致協會事務弁理中村和三郎へ令旨を賜ふ。（帝國農家一致協會記）

一月十一日　皇太后陛下、崩御遊ばさる。（賀陽宮記、書輸〇家令小藤孝行、日記、官報）

一月二十五日　神宮祭主は御大喪には一切御関係あらせられず様の　御沙汰受けさせらる。

賀陽宮記

一月三十日　皇太后陛下、自今英照皇太后と奉レ称旨、被二　仰出一。賀陽宮記

三月十四日　帝國農家一致協會に於て總裁宮拜戴式擧行に付、令旨を賜ふ。帝國農家一致協會録

四月十三日　天皇　皇后両陛下京都行幸啓被二　仰出一、十八日御着輦、尓後御駐輦、八月二十二日御発輦被二　仰出一、同月二十三日東京還幸啓あらせらる。賀陽宮記、日記

六月十三日　神宮皇學舘新築工成り、開舘式擧行に付台臨、令旨を賜ふ。神宮皇學舘記

六月三十日　拝借建物四百四十八坪五厘、有形之侭下賜せらる。賀陽宮記、日記

九月二十四日　皇女御降誕、御名多喜子と被レ命、貞宮と奉レ称。慶賀録

十月二十二日　天長節は宮中第三喪期中に付御祝典行はせられざる旨告示せらる。賀陽宮記

十二月二十五日　三十一年新年式は宮中喪期間行はせられざるも、神宮奏事の儀は御喪期済の上上奏可二相成一筈に付、例年の通り差出さる。神宮録

明治三十一年戊戌（一八九八）　三十二歳

一月十七日　英照皇太后御陵へ御参拜。日記、書翰〇宮内大臣土方久元

二月十七日　晃親王殿下〇山階宮、薨去あらせらる。日記

二月二十五日　朝鮮國大院君薨去に付、宮中喪被二　仰出一。賀陽宮記

三月十五日　神宮皇學舘生徒卒業証書式制定の件、御許容あらせらる。神宮録

三月二十八日　神宮皇學舘へ御写真を賜ふ。日記

四月十日　男爵渋谷隆教得度式に付、御肴料贈らせらる。日記

四月十八日　伏見宮美嚴院外五方、相國寺内心華院へ被改葬法事執行に付、御参詣あらせらる。日記

五月十九日　乗馬壱頭、武徳會へ御寄附。日記、雑載録
五月二十三日　皇大神宮正殿御炎上、御正体風日祈宮へ御動座に付、直ちに　神宮へ御參向。日記、賀陽宮記、神宮御参向日記、神宮録、伊勢新聞
六月十三日　皇大神宮假殿御遷座に付、祭儀無ニ御滞一御奉仕遊ばさる。神宮司廳記、神宮録、神宮御参向日記
七月七日　神宮々司伯爵冷泉為紀へ令旨を賜ふ。神宮録、神宮司廳記
七月十五日　宇治地方へ御遊。日記
七月三十日　神宮臨時御造營山口祭、無ニ御滞一御奉仕遊ばさる。神宮録、日記、神宮御参向日記
十月十二日　皇太子殿下京都行啓被ニ　仰出一御着輿、二十五日、宮邸へ行啓、十一月九日、東京還啓被ニ　仰出一京都御発輿被レ遊。日記、賀陽宮記、東宮職記○京都行啓日記
十一月十四日　大元帥陛下、陸軍大演習御統裁の為め大坂府下へ　行幸被ニ　仰出一、二十日東京還幸被ニ　仰出一京都駅御通輦に付、天機御伺遊ばさる。日記、大坂行幸書
十一月十六日　皇太子殿下へ御写真を差上げらる。日記

明治三十二年己亥（一八九九）　三十三歳

一月五日　賀茂神社・下御靈神社へ御参拜。日記
一月六日　泉山御陵御参拜。日記
一月七日　伏見宮御墓所へ御参拜、並に御親戚方へ御訪問。日記
一月十一日　英照皇太后御陵祭に付、御参拜。祭儀録、日記
同　日　多喜子内親王殿下○貞宮、薨去あらせらる。賀陽宮記、書翰○家令小藤孝行
一月三十日　孝明天皇御陵祭に付、御参拜あらせらる。祭儀録、日記
二月十七日　帝國農家一致協會創立滿十年祝典擧行に付、令旨を賜ふ。神宮御参向日記

二月二十六日　故晃親王〇山階宮御一周年御墓所祭に付、御参拜。祭儀録、日記

三月十五日　御賄料御増額の御沙汰請けさせらる。慶賀録、書翰〇家令小藤孝行

三月二十五日　祇園圓山也阿弥ホテル火あり、久我誓圓始めへ御見舞の為め御使差遣さる。日記

四月一日　妃并由紀子女王殿下御同伴にて、桂離宮御拜観。日記

四月四日　京都帝國大學第一回陸上運動會へ御臨場。日記、京都帝國大學運動會記

五月十日　武徳會へ御臨場。日記

五月二十七日　久我誓圓古稀に付、祝品贈らせらる。日記、慶賀録

五月三十一日　二條恒子、京都へ移住せらる。日記

八月二日　轉地御療養の為め京都御発途、兵庫縣明石郡垂水村周布公平別荘へ成らせられ、九月二日京都へ還らせらる。雜載録、日記

八月二十二日　従一位勲一等公爵九條道孝四女節子、今般東宮御息所に御治定之旨　御内意被㆓仰出㆒。慶賀録

九月二十六日　榮子女王殿下、従三位勲四等子爵東園基愛と結婚せらる。慶賀録、日記

十月九日　妃好子殿下、御着帯あらせらる。慶賀録、日記、(参照)古事類苑

十二月十三日　邦彦王殿下〇久邇宮、公爵島津忠重姉俔子と結婚せらる。慶賀録、日記

十二月二十一日　巖本範治につき御習字の御稽古あらせらる。日記

巻之四　自明治三十三年一月至仝　年十二月

明治三十三年庚子（一九〇〇）　　三十四歳

一月十一日　英照皇太后御陵三年御式年祭に付、御参拜。祭儀録、日記

一月二十七日　妃好子殿下御分娩、王子御誕生遊ばさる。慶賀録、日記

二月二日　御誕生の王子、恒憲と御命名。慶賀録、官報、日記

二月十一日　皇太子殿下、従一位勲一等公爵九條道孝第四女節子御方と御結婚の義、御成約あらせらる。慶賀録

二月十八日　神宮皇學舘に臨ませられ、教育の旨趣に付令旨を賜ふ。神宮録、神宮御参向日記

二月二十六日　恒憲王殿下、御宮参。慶賀録、日記、奥向日記、御献立書、書翰〇神宮祢宜桧垣貞吉

四月二十三日　妃并恒憲王両殿下御同伴、小松宮御旅舘に於て御厚待受けさせらる。日記

四月二十七日　大元帥陛下、海軍大演習御統裁の為め兵庫縣下へ行幸被㆓仰出㆒、五月二日、東京還幸被㆓仰出㆒京都駅御通輦に付、天機御伺遊ばさる。賀陽宮記、日記

五月九日　特旨を以て、御賄料御増額、一家創立の御沙汰を蒙らせらる。宮内省記、慶賀録、書翰〇随行員、人事録、御慶事書類、御清所日記、賀陽宮記、日記

五月十日　皇太子殿下御婚禮被㆑為㆑行。慶賀録、日記

五月二十三日　皇太子同妃両殿下、神宮及山陵御拜の為め東京御発車、京都府三重奈良両縣下へ行啓、六月二日、京都御発車、沼津へ行啓あらせらる。官報、神宮司廳記、慶賀録、東宮職書類、日記

五月三十日　皇太子殿下、行啓あらせらる。慶賀録、日記

六月一日　恒憲王殿下、御箸初。日記、奥向日記、御清所日記

六月五日　恒憲王殿下、御初節句御祝。日記、御清所日記

七月四日　従一位侯爵醍醐忠順薨去に付、妃好子殿下御父の御續を以て定式の御假服受けさせらる。弔慰録

七月十四日　京都帝國大學第壹回卒業證書授與式に御臨場。日記、京都帝國大學記

七月三十一日　伊太利國皇帝陛下崩御に付、二十一日間宮中喪被㆓仰出㆒。弔慰録

九月二十五日　皇大神宮臨時御造營御遷宮に付、神宮へ御参向、十月二日、御遷宮式御奉仕、十一日、別宮瀧原宮に、十三日、別宮伊雑宮に御参拝、十七日、神宮神嘗祭御奉仕、十九日、京都へ還らせらる。造神宮録、神宮司廳記、神宮御参向日記、神宮録

九月二十七日　神宮司廳官制改正。神宮録

十月十五日　皇太子殿下、二條離宮へ行啓、十六日、舞子へ向け御発輿あらせらる。東宮職書類○中国九州四国行啓日記、日記

十月二十四日　故朝彦親王御分靈御鎮座式行はせらる。日記、祭儀録、御清所日記

十月二十七日　久邇宮より御誘ひに依り、三井家持山に於て松茸狩遊ばさる。日記

十一月十九日　皇太子殿下、二條離宮へ行啓、二十日、沼津還啓に付、御機嫌御伺遊ばさる。雑載録、東宮職記録○中国九州四国行啓日記

十一月二十八日　守正王殿下○梨本宮、正二位勲一等侯爵鍋島直大次女伊都子と御結婚せらる。慶賀録、日記

十二月一日　年中行事式を定めらる。賀陽宮記

巻之五　自明治三十四年一月　至仝三十五年十二月

明治三十四年辛丑（一九〇一）　三十五歳

一月十五日　臨時謡曲會御催。日記

一月十六日　商船學校練習船月島丸遭難に付、弔慰金下賜。日記、弔慰録、（参照）月島丸遭難弔慰金募集謹告

一月二十日　久邇宮に於て謡曲初會御催に付、御臨場。日記

一月二十三日　英國皇帝ヴイクトリヤ陛下崩御に付、二十一日間宮中喪被二仰出一。弔慰録

二月二日　久邇宮王子御誕生、朝融と御命名の旨御吹聴あり。慶賀録、日記

二月二十六日　故晃親王○山階宮御三周年御墓所祭に御参拝あらせらる。祭儀録、日記

三月一日　神宮臨時御造營に付諸般の事務御量督御尽力の廉に依り、以二思召一屏風壹双御下賜の御沙汰被レ為レ蒙。神宮録、圖解、日記

三月九日　皇太子妃殿下御着帯に付、御祝詞申上げらる。慶賀録

四月四日　皇宮警察署演武場へ御額字を賜ふ。日記

四月六日　禎子女王殿下〇伏見宮、正五位勲四等侯爵山内豊景と御結婚せらる。慶賀録、日記

四月二十一日　佛光寺本堂上棟式擧行に付、願出に依り台臨。発議録、日記

四月二十九日　皇太子妃殿下御分娩、親王御降誕、御名を裕仁《ヒロ》迪《ミチ》宮と奉レ称。慶賀録

五月十二日　宇治地方へ御遊。日記

五月十五日　賀茂祭行列御覽。祭儀録、日記

七月七日　多嘉王殿下と共に、上加茂御戸代能御覽。日記

八月三日　兵庫縣明石郡垂水村大谷伯爵別荘御借入、轉地御療養の為め御発途、二十六日、京都へ還らせらる。雑載録、日記

九月六日　皇大神宮正殿御屋根雨水滲入の廉有レ之、御修繕に付、假殿御遷座式御奉仕遊ばさる。神宮録、造神宮録、神宮司廳記、神宮御参向日記、日記

九月十三日　故守脩親王〇梨本宮御二十年御墓所祭に付、御參拜。祭儀録、日記

十月三日　故淑子内親王〇桂宮御二十年祭御執行に付、御參拜。祭儀録、日記

十月十九日　故朝彦親王御墓所を御修理。日記、祭儀録

十月二十四日　故朝彦親王御十年相當に付、御靈殿祭御執行、二十九日、御墓所祭に付、御參拜あらせらる。祭儀録、日記

十月二十七日　官幣大社臺湾神社鎮座式に付、各宮より幣帛料御備あり。祭儀録、書翰〇久邇宮家令小藤孝行、日記

十月三十一日　山階宮王女御誕生、安子と御命

名の旨御吹聴あり。慶賀録、日記

十一月四日　梨本宮王女御誕生方子《マサ》と御命名の旨御吹聴あり。慶賀録

十一月九日　主殿寮演武場に於て武術仕合御覧。日記

十一月十一日　菊麿王妃範子殿下〇山階宮薨去。弔慰録、書翰〇久邇宮家令小藤孝行、賀陽宮記

十一月二十日　大宮御所御庭に於て紅葉御覧。日記

十一月二十七日　純子女王殿下、正五位子爵織田秀實と御結婚せらる。慶賀録、日記

十二月二日　皇大神宮本殿御遷座式御奉仕。造神宮録、神宮録、神宮司廳記、神宮御参向日記

十二月三日　皇太子同妃両殿下より御慶事献品中御贈進あらせらる。雑載録

十二月十二日　光格天皇御陵祭に付、御参拜。祭儀録、日記

明治三十五年壬寅（一九〇二）　三十六歳

一月九日　柳沢明子逝去に付、皇后宮陛下の御機嫌御伺遊ばさる。弔慰録、日記

一月十一日　英照皇太后御陵五年御式年祭に付、御参拜。祭儀録

一月二十二日　伏見宮傳来妙音尊天堂宇再築遷座式に付、御参拜。日記

一月二十六日　華頂宮王子御誕生、博忠と御命名の旨御吹聴あり。慶賀録

二月九日　故智成親王〇北白川宮三十年御墓所祭に付、御参拜。祭儀録、日記

三月十日　久邇宮王子御誕生、邦久と御命名の旨御吹聴あり。慶賀録

三月三十一日　北野天満宮千年祭に付、御寄附金并に御備あらせらる。雑載録、書翰〇久邇宮家令小藤孝行、日記

四月四日　由紀子女王殿下、京都市立竹間尋常小學校へ御入學。學事録、日記

四月二十四日　西班牙皇帝陛下の皇祖父フランシスコ陛下崩御に付、十日間宮中喪被二仰出一。弔慰録

五月二日　神宮式年御遷宮山口祭御奉仕。神宮録、造神宮録、神宮御参向日記

五月十五日　皇太子妃殿下御着帯に付、御祝詞申上らる。慶賀録

五月二十日　京都御苑下立賣御門内久邇宮元拝借地の内七千参拾八坪参合九勺ヲ二十ヶ年間拝借せらる。雑載録

六月二十五日　皇太子妃殿下御分娩、親王御降誕、御名を雍仁淳宮と奉ㇾ称。慶賀録、書翰〇久邇宮家令小藤孝行

六月二十六日　脚氣の御氣味あり、又恒憲王、由紀子女王両殿下御不例に付、兵庫縣武庫郡須磨村大谷伯爵別荘御借入、轉地御療養の為め御発途、八月二十五日迄御滞在の上、京都へ還らせらる。雑載録、日記

九月七日　故一品邦家親王〇伏見宮三十年祭に付、御参拝。祭儀録、日記

九月二十五日　白耳義國皇后マリー・ハンリエット陛下崩御に付、二十一日間宮中喪仰出さる。弔慰録

十一月八日　大元帥陛下熊本縣下へ行幸、十八日東京還幸に付、八日稲荷駅に、十八日京都駅に於て御奉迎送、天機御伺遊ばさる。雑載録、日記

十一月十一日　妃好子殿下御着帯。慶賀録、日記、御清所日記

十一月十九日　故宗諄宮〇伏見宮十三回御忌御法事、靈鑑寺に於て御執行に付、御参拝。祭儀録、日記

十一月二十六日　菊麿王殿下〇山階宮、公爵島津忠重姉常子と御結婚せらる。慶賀録

巻之六　自明治三十六年一月至仝三十八年十月

明治三十六年癸卯（一九〇三）　三十七歳

一月三十一日　御沙汰に依り、依仁親王殿下、東伏見宮と稱せらる。慶賀録

二月六日　貞子女王殿下〇北白川宮、伯爵有馬頼萬長男頼寧と御結婚せらる。慶賀録、書翰〇久邇宮家令小藤孝行

二月十八日　彰仁親王殿下〇小松宮薨去に付、御上京。日記、御東上日記、弔慰録

三月三日　故晃親王〇山階宮五周年御墓所祭に付、御参拜。祭儀録、日記

三月六日　久邇宮王女御誕生、良子《ナガ》と御命名の旨御吹聴あり。慶賀録

三月二十九日　守正王殿下〇梨本宮、御見學の為め欧洲へ御渡航あり。雑載録、日記

三月三十日　妃好子殿下御分娩、王女御誕生あり。慶賀録、日記

四月五日　御誕生の王女、佐紀子と御命名あらせらる。慶賀録、日記

四月十三日　聖上　皇后両陛下、京都御所へ行幸、五月十一日、東京還幸あらせらる、天機御伺の為め御参内、御拝領品あり。雑載録、日記

四月二十九日　佐紀子女王殿下、御宮参。日記、奥向日記、御清所日記

五月二十五日　第五回勧業博覧會へ御台臨。雑載録、日記

七月二十七日　佐紀子女王殿下御箸初式。日記、御清所日記

八月五日　武徳會へ台臨、游泳術御覽。日記

八月九日　如意嶽大文字始火に付、浄土寺町へ金員下賜。日記、(参照)京華要誌

八月二十七日　桂村六齋念佛御覽。日記

八月二十九日　神宮皇學舘官制公布に付、總裁の名義消滅。神宮録、神宮皇學舘記、書翰〇神社局長白仁武

九月二十九日　従一位侯爵久我建通薨去に付、皇后陛下の御機嫌御伺遊ばさる。弔慰録

十月一日　妃好子殿下御同伴、盲啞院に御成、下賜金あり、尚孤児院・感化保護院・施薬

院へも下賜金あり。日記

十月四日　御親戚方を御招にて晩餐會を被レ為レ開。日記、御清所日記

十月二十日　東宮殿下、二條離宮へ行啓、二十三日御発輿に付、御機嫌御伺御奉迎送遊ばさる。日記

十月二十四日　獅子王院朝彦親王拾参回御忌法要、心華院に於て執行に付、御参詣。日記

十一月三日　大勲位に叙し、菊花大綬章御拝受。日記、勲記写、領票、宮内省記録、慶賀録

十一月十二日及十八日　大元帥陛下、七條駅御通輦に付、多嘉王殿下と共に　天機御伺遊ばさる。日記

十一月十五日　片山能樂堂に於て能樂御覧。日記

明治三十七年甲辰（一九〇四）　三十八歳

一月七日　韓國明憲太后崩御に付、宮中喪被二仰出一。弔慰録

一月十五日　御沙汰に依り、博恭王殿下〇華頂宮伏見宮へ御復帰、博忠王殿下華頂宮を御継承せらる。慶賀録、日記

一月二十九日　家令中川忠純、依願免二賀陽宮家令一、賀陽宮家令御用掛兼勤被二仰付一、久邇宮家令小藤孝行任二賀陽宮家令一。人事録

二月十日　天皇陛下、詔を発して露國に宣戦を公布し給ふ。詔書、日記

二月十四日　神宮宣戦奉告祭、同十七日　神宮祈年祭に付参向、奉仕せらる。神宮録、神宮御参向日記

二月十九日　邦彦王殿下〇久邇宮出征せらるに依り、大坂駅に御見立在せらる。日記

三月二十日　京都奉公義會へ金百圓寄附あらせらる。賀陽宮記、日記、（参照）京都奉公義會規約

三月二十五日　帝國軍人援護會へ各宮より金圓を下賜せらる。賀陽宮記、（参照）帝國軍人援護會趣意書

三月三十日　久邇宮王女御誕生、信子と御命名

の旨御吹聴あり。（慶賀録）
四月六日　守正王殿下（〇梨本宮）、佛國より御帰朝。（賀陽宮記、日記）
六月五日　上加茂神社競馬會御成。（日記）
七月二十一日　聖上　皇后両陛下へ時局に付御菓子御献進あらせられ、東宮　同妃両殿下初め出征の各宮へは家令小藤孝行を以て御機嫌御伺あらせらる。（日記）
七月三十日　西班牙國皇帝陛下の高祖母イサベラ陛下崩御に付、宮中喪被㆓仰出㆒。
八月八日　故邦家親王（〇伏見宮）三十三年・故景子（〇邦家親王妃）十三年御忌に付、心華院に於て御法事執行に付、御参拜。（日記）
八月十五日　博恭王殿下（〇伏見若宮）、旅順に於て御負傷に付、御見舞遊ばさる。（日記）
九月二十三日　妃殿下并に御子女方御同伴、無隣庵へ御成。（日記）
十月十九日　三重縣振武會へ金百円御寄附、且神宮職員にして出征せるもの及家族の者へ弔慰金下賜せらる。（賀陽宮記）
同　日　西班牙國皇帝陛下の姉プランセッス、ダスチユリー殿下薨去に付、宮中喪被㆓仰出㆒。（弔慰録）
十一月五日　観菊の宴を催さる。（日記）
十一月十二日　多嘉王殿下と共に高雄附近御遊覧。（日記）
十一月十四日　滿子女王殿下（〇北白川宮）、正三位伯爵甘露寺義長長男受長と結婚せらる。（慶賀録、日記）
十一月二十九日　多嘉王殿下と奈良に成らせられ、正倉院御物拝観遊ばさる。（雑載録、日記）
十二月九日　人円會へ金品下賜せらる。（日記）
十二月十八日　皇太子妃殿下御着帯に付、御祝詞申上らる。（慶賀録）

明治三十八年乙巳（一九〇五）　三十九歳

一月三日　皇太子妃殿下御分娩、親王御降誕、御名宣仁光宮と奉レ称。慶賀録、日記

一月十五日　故熾仁親王〇有栖川宮御十週年祭に付、鳩彦王殿下に御代拝を御依頼遊ばさる。祭儀録、日記

二月十八日　造神宮使の御職務を以て、神宮御造營工事の作事場御巡視あらせらる。造神宮司廳記、伊勢朝報、神宮御参向日記

二月二十五日　山階宮王子御誕生、藤麿と御命名の旨御吹聴あり。慶賀録、日記

四月十七日　向陽會總裁に推戴方願出の處、御承諾。賀陽宮記、日記、向陽会記

四月十八日　皇后陛下より恒憲王殿下病氣御尋の御沙汰を蒙らせらる。賀陽宮記、日記、雑載録

五月十五日　葵祭行列御覽。日記

五月二十二日　博恭王妃殿下御分娩、王子御誕生、博信と御命名の旨御吹聴あり。慶賀録、日記

七月二日　妃殿下并に御子女方御同伴、動物園及南禪寺附近御遊覽。日記

七月二十五日　兵庫縣武庫郡須磨御料地内に別邸建築中の處、落成を告ぐ。書翰〇医学博士笠原光興、書翰〇侍従子爵東園基愛、賀陽宮記、掛員手扣、工事工程表、贈賜録

八月八日　妃好子・恒憲王・由紀子女王・佐紀子女王各殿下御同伴、轉地御療養の為め須磨御別邸へ御成、九月二十五日迄御滞在の上、京都へ還らせらる。賀陽宮記、須磨御旅行日記、日記、(表)須磨御別邸御滞在中特別記事

十月七日　伏見宮に於て後崇光院太上天皇四百五拾年御忌御法要、相國寺内心華院にて御執行に付、御参拜。日記

十月十六日　日露講和成り、天皇陛下詔を発し給ふ。詔書、慶賀録、書翰〇近藤久敬

十月二十二日　平安神宮時代祭行列御覽。日記

十月二十五日　久邇宮より御誘ひに依り、桃山に松茸狩の御催あり。日記

巻之七　自明治三十八年十一月 至全四十一年四月廿七日

明治三十八年乙巳（一九〇五）

十一月十四日　天皇陛下、平和克復に付　神宮御参拜被二仰出一東京御発輦、十六日　豊受大神宮に、十七日　皇大神宮に御参拜、十九日東京還幸あらせ給ふ、祭儀無二御滞一御奉仕の廉に依り、金品恩賜の御沙汰を拜させらる。神宮録、神宮司廳記、神宮司廳儀式課記、宮内省記、明治乙未御参拜記、神宮御参向日記、書翰〇家令小藤孝行、書翰〇家従堀川師克、書翰〇家従並河総次郎

十一月二十四日　神宮大宮司伯爵冷泉為紀薨ず。神宮御参向日記、日記、書翰〇伊勢随行員、書翰〇家従並河総次郎

十一月二十五日　皇太子殿下　神宮御参拜の為め東京御発輿、二十七日　豊受大神宮に、二十八日　皇大神宮に御参拜あらせられ、三十日東京還啓あらせ給ふ、祭儀無二御滞一御奉仕に依り　皇太子殿下より金品を進ぜらる。神宮録、神宮司廳記、神宮司廳儀式課記、東宮職記、明治乙未御参拜記、神宮御参向日記

十一月二十九日　白耳義國皇帝陛下の皇弟コンド、ト・フランドル殿下薨去に付、八日間宮中喪被二仰出一。弔慰録、日記

十二月五日　守正王殿下〇梨本宮、須磨御別邸御借用にて轉地御療養遊ばさる。日記

十二月八日　邦彦王殿下〇久邇宮、戦地より凱旋せらる。日記

十二月二十三日　皇太子殿下御滞留中の御機嫌御伺として、多嘉王殿下御同伴、舞子御旅舘へ成らせらる。雑載録、東宮職記、日記

明治三十九年丙午（一九〇六）　四十歳

一月十三日　帝國農家一致協會事務弁理へ令旨を賜ふ。帝國農家一致協會記

一月二十七日　歩兵第三十三聯隊に於て戦死者招魂祭執行に付、御参拜。日記

二月十一日　閑院宮王女御誕生、寛子と御命名

の旨御吹聴あり。慶賀録、日記

三月十七日　宮城福島巖手三縣下凶歉に付、各宮御連合にて救恤金下賜せらる。賀陽宮記、日記

三月三十日　御沙汰に依り、鳩彦王殿下、朝香宮と被レ称、恒久王殿下、竹田宮と被レ称。慶賀録、日記

四月二日　恒憲王殿下、京都市立竹間尋常小學校へ御入學。日記

四月三日　佐紀子女王殿下、御初節句御内祝。日記、御清所日記

四月四日　皇太子殿下、當宮須磨御別邸へ行啓あらせらる。雑載録、日記、東宮職記

四月九日　由紀子女王殿下、竹間尋常小學校御卒業、市立第一高等小學校へ御入學。學事録、日記

四月十日　邦彦王殿下〇久邇宮凱旋祝宴御催に付、御招待を受けらる。日記

四月十二日　観櫻の宴を兼ね、久邇宮各殿下を御招待せらる。日記、御清所日記

四月十五日　京都帝國大學水上運動會擧行に付、御臨場あらせらる。日記、京都帝國大學水上運動會記

四月二十一日　山階宮王子御誕生、萩麿と御命名の旨御吹聴あり。慶賀録、日記

四月二十八日　税所篤彦・佐々木弥太郎を召し薩摩琵琶を聴かせらる。日記

六月十三日　各宮より帝國海事協會の旨趣を御賛成、金員御寄附あらせらる。日記、雑載録

七月七日　華族會舘京都分舘に於て蹴鞠会七夕鞠御覧。日記

七月十三日　旅順忠魂碑建設費中へ各宮より金員下賜せらる。日記、賀陽宮記

七月二十一日　守正王殿下〇梨本宮、近日佛國へ御渡航に付、御墓参の為め御入洛、御招に依り同宮御催の午餐會に臨ませらる。雑載録、日記

八月十一日　日本赤十字社より三十七八年戦役

救護記念章奉呈。日記
九月一日　久邇宮王女御誕生、智子と御命名の旨御吹聴あり。慶賀録、須磨御旅行日記、日記
十月二十八日　篤子女王殿下、従四位伯爵壬生基義と結婚せらる。慶賀録、日記
十一月三日　御沙汰に依り、稔彦王殿下、東久邇宮と被レ称。慶賀録、日記

明治四十年丁未（一九〇七）　四十一歳

一月十三日　英照皇太后御十周年聖忌に付、御懺法講、梶井三千院に於て奉レ修、御結日に付、御備金あらせらる。祭儀録、日記
二月一日　孝明天皇御四十年聖忌に付、御懺法講、梶井三千院に於て奉レ修、御結日に付、御備金あらせらる。日記
二月六日　皇室典範増補御裁定に付、宮内次官男爵花房義賢を御差遣、宮殿下へ御諮詢あらせらる。須磨御別邸日記、（参照）皇室典範増補
二月十四日　英國へ御差遣の貞愛親王殿下〇伏見宮御召船デバナ号、伊豫三ヶ島附近に於て神劦丸と衝突の為め神戸港へ寄港に付、家従堀川師克を使として御旅館へ御見舞申し進めらる。雑載録、日記、須磨御別邸日記
二月二十一日　仁孝天皇御陵祭に付、御参拝。祭儀録、日記
三月九日　多嘉王殿下、従三位子爵水無瀬忠輔長女静子と結婚せらる。慶賀録、日記
三月十七日　邦彦王殿下、御見學として近日欧洲へ御渡航、多嘉王殿下、御結婚済に付、御招に依り同宮御催の御晩餐會に臨ませらる。日記、御清所日記
三月二十七日　綿ネル株式會社及葉煙草専賣局京都製造工場御巡覧。日記
四月四日　邦彦王殿下〇久邇宮、御見學として欧洲へ御差遣に付、京都御出発せらる。雑載録、日記

四月二十七日　梨本宮王女御誕生、規《ノリ》子と御命名の旨御吹聴あり。慶賀録、日記

五月六日　青蓮院黒書院再建費中へ金五百圓を寄附せらる。賀陽宮記、日記

五月十三日　洛東靈山招魂祭場に於て大祭擧行に付、御備金下賜。日記

同　日　洛西梅宮神社若宮に於て橘諸兄公千百五十年祭執行に付、御詠并に御備あらせらる。橘諸兄公祭典記、日記

五月十八日　博恭王〇伏見若宮妃殿下王女御二方御分娩、敦《アツ》子、知《トモ》子と御命名の旨御吹聴あり。慶賀録

六月四日　皇太子妃殿下、六日　皇太子殿下京都行啓、九日東京還啓あらせらる、両殿下より御贈賜品あり。東宮職書類行啓日記、日記

六月二十五日　神宮御参拝の節別宮御遙拝次第を定めらる。神宮録

七月二日　帝國農家一致協會法人組織成り、大會開催に付、令旨を賜ふ。帝國農家一致協會ニ関スル書類

七月十三日　金剛能樂堂に於て能樂御覽、后ち祇園會の各鉾御巡覽あり。日記

九月三日　京都府下水害罹災救助費中へ金員下賜せらる。日記、賀陽宮記

九月十七日　得浄明院本堂移轉庫裡改造竣工披露の為め、久我誓圓より上申に依り、午餐会に臨ませらる。慶賀録、日記

十月五日　従一位勲一等中山慶子薨去に付、天機を伺ひ奉らる。日出新聞号外、弔慰録、日記

十月十日　嵯峨大谷伯爵家〇光瑩別荘に於て謡曲會開催に付、願出に依り御臨場。日記

十月二十七日　故肥後守従五位下香川景樹独立百年記念祭及影供歌會南禪寺中金地院に於て執行に付御臨場、且御詠下賜せらる。祭儀録、日記

十一月十八日　兵庫縣武庫郡鳴尾関西競馬大會

へ多嘉王殿下と共に御臨場、賞品として御紋付花瓶壱對下賜せらる。雑載録、日記

十二月一日　大谷派本願寺大門建築起工式場へ台臨。慶賀録、日記

明治四十一年戊申（一九〇八）　四十二歳

一月十一日　博恭王殿下〇伏見若宮、御見學の為め欧洲へ御渡航。雑載録、日記

一月二十五日　故従一位一條忠香室勲二等一條順子〇松壽院薨去に付、御伯母の御續を以て定式の御假服被レ為レ受。弔慰録、日記

三月十九日　京都市立竹間尋常小學校々舎増築費中へ金員下賜せらる。雑載録、日記

四月三日　一德會の主旨御賛成、御寄附金あらせらる。日記、賀陽宮記

四月七日　栽仁王殿下〇有栖川宮薨去せらる。書翰〇久邇宮附家扶中川安重、弔慰録、日記

四月二十七日　竹内絢子〇御妹へ家政整理上の廉を以て、本年より向ふ十ヶ年間補助金あらせらる。秘書録、日記

巻之八　自明治四十一年四月廿九日至仝四十二年十二月

明治四十一年戊申（一九〇八）

四月二十九日　山階宮王男子御誕生、茂麿と御命名の旨御吹聴あり。慶賀録

四月三十日　恒久王殿下〇竹田宮、昌子内親王殿下と御結婚せらる。慶賀録、日記

五月二日　菊麿王殿下〇山階宮薨去に付、父方従弟の御續を以て定式の御假服受けさせらる。弔慰録、書翰〇家令小藤孝行、日記

五月十三日　新緑の好期に付晩餐會御催、御親戚方を招かせらる。日記、御清所日記

七月九日　京都帝國大學教授工學博士松村鶴造外七名を召し、謡曲を聴かせらる。日記

七月十八日　一德會講師を召し、道話を聴かせ

らる。日記

十月九日　陛下の思召を以て、御菓子壱折御拝領。日記

十一月七日　思召を以て、馬車壱輛・馬車道具壱組・輓馬貳頭下賜の　御沙汰を受けさせらる。慶賀録、日記

十一月八日　實枝子女王殿下○有栖川宮、従一位勲一等公爵徳川慶喜嗣子正五位徳川慶久と結婚せらる。慶賀録

十一月十日　大元帥陛下、陸軍特別大演習御統裁の為め奈良縣下へ行幸被㆓仰出㆒、奈良停車場御着輦に付、多嘉王殿下と共に御奉迎、天機御伺遊ばさる。賀陽宮記、日記

十一月十四日　修學院離宮に於て紅葉を賞せらる。日記

十一月十五日　故三品博経親王妃郁子殿下○華頂宮大妃薨去せらる。弔問録

十一月十八日　織田純子○御妹病気、赤十字社病院へ入院に付、退院迄賀陽宮・久邇宮・朝香宮・東久邇宮連合にて補助金贈らせらる。秘書録

十一月二十一日　清國皇帝並に太皇太后両陛下崩御に付、二十一日間宮中喪被㆓仰出㆒。弔問録

十二月十九日　皇室財政に関し勅諭を発せらる。賀陽宮記、勅諭、日記

十二月二十四日　梨本宮伊都子殿下、明年御渡欧御留別の為め午餐に御招に付、中村樓に御成。雑載録、日記

明治四十二年己酉（一九〇九）　四十三歳

二月十七日　邦彦王妃俔子殿下御渡欧御留別の為め、都ホテルに於て午餐に御招に付御成、十九日宮邸へ御招の上御晩餐を共にせらる。雑載録、日記

二月二十六日　帝國農家一致協会總會に付、令旨を賜ふ。帝國農家一致協會記

三月四日　竹田宮王子御誕生、恒徳と御命名の旨御吹聴あり。慶賀録、日記

四月五日　佐紀子女王殿下、京都市立竹間尋常小學へ御入學。學事録

四月十二日　東宮殿下舞子御駐輿中の御機嫌御伺の為め、使を以て御菓子を差上らる。日記、東宮職記〇皇太子殿下兵庫縣行啓日記

四月二十九日　成久王殿下〇北白川宮、房子内親王殿下と御結婚せらる。慶賀録、日記

五月十四日　家令小藤孝行、休職を命ぜられ、従五位勲六等磯谷熊之助、家令に任じ賀陽宮附を命ぜらる。人事録

六月五日　御違例の為め須磨御別邸へ轉地御療養、八月二十七日、京都へ還らせらる。御違例書、須磨御轉地日記

六月三十日　閑院宮王女御誕生、華子と御命名の旨御吹聴あり。慶賀録

七月二十九日　守正王〇梨本宮同妃伊都子両殿下、欧洲より御帰朝。雑載録、須磨御別邸日記、日記

九月二十一日　神宮式年遷宮御奉仕は御違例に依り御不参の上静養すべく　御沙汰を受けさせらる。秘書録

九月二十四日　天皇陛下より侍従子爵東園基愛を被㆓差遣㆒御病氣御尋として御菓子を賜ひ、又内大臣秘書官日高秩父を被㆓差遣㆒静養可㆑被㆑為㆑在御沙汰あらせらる。御違例書

九月二十五日　博恭王妃経子殿下、欧洲へ御渡航せらる。雑載録

九月二十六日　多嘉王殿下〇久邇宮臨時神宮祭主御拜任に付京都御出発、十月二日　皇大神宮、五日　豊受大神宮、式年遷宮奉仕せらる。神宮録、日記

九月二十七日　天皇陛下の御沙汰により、侍醫頭男爵岡玄卿参邸拜診、又　皇后陛下より病氣御尋として御菓子料を賜ふ。御違例書

十月七日　皇太子同妃両殿下より病氣御尋として御菓子御贈進あらせらる。御違例書

十月八日　神宮式年遷宮記念品御調製、御近親の方々へ頒たれ、又関係の向々へ贈賜あらせらる。神宮録

十月二十三日　御沙汰により、侍醫頭男爵岡玄卿再び参邸拜診、両陛下より御菓子料を下賜せらる。御違例書

十月二十八日　皇太子同妃両殿下より東宮侍従田内三吉を、十一月二十二日、更に御使を御差遣、御病氣御尋として御菓子を御贈進あらせらる。御違例書、日記

十月三十日　邦彦王同妃両殿下〇久邇宮、欧洲より御帰朝に付、御使として家従を被二差遣一。日記

十一月四日　聖上陛下より御使として侍従子爵東園基愛を、二十九日侍従北條氏恭を被二差遣一、御病氣に付深厚なる　御沙汰あらせられ、且御尋として御菓子を下賜せらる。日記、御違例書

十一月十七日　聖上陛下　思召を以て御病氣に付金参千圓を下賜せらる。秘書録

十一月二十五日　皇后陛下より病氣御尋として御使を被二差遣一、御真那料を下賜せらる。日記、御違例書

十一月三十日　神宮式年御造營に付、造神宮使として諸般の事務御董督御盡力不レ尠段御満足に被二思召一、金五千圓御下賜あらせらる。造神宮録、造神宮司廳記

十二月八日　薨去。薨去録

九、賀陽宮邦憲王と皇學館

賀陽宮邦憲王と皇學館の関わりについて、皇學館大学所蔵『邦憲王殿下御実録』によってその一部を紹介したい。

明治十五年（一八八二）一月、邦憲王（当時は巖麿王）は神宮教院（神宮皇學館の前身ともいえるもの）で学ばれるために伊勢にご寄寓、敷田年治の薫陶を受けられた。朝彦親王のご意向と神宮の要望とによるものである。同年十一月には神宮教院総裁となられ、翌十六年四月二十八日の皇學館開館式にはそのお立場でご臨席された。神宮皇學館での御就学は明治二十二年以降で、次のような御講義を受けられた。

明治二十二年　皇典（日本書紀・古事記・古語拾遺・皇朝史略・日本外史・延喜大神宮式）以上、柳尚簡

漢籍（四書・五経・孝経・小学・春秋左氏伝）以上、有馬百鞭

歌詩（古今和歌集・拾遺和歌集・三体詩・復文）以上、柳尚簡

洋書（ニューナショナル第一読本・ウィルソン氏スペルリング）以上、伊藤丈吉

明治二十三年　皇典（日本書紀・日本外史・延喜大神宮式・皇大神宮儀式帳・大神宮諸雑事記・豊受宮儀式帳・保建大記・歴朝詔詞）　以上、柳尚簡
漢籍（史記・元明清史略・十八史略・大学）　以上、有馬百鞭
〃（論語・蒙求）　以上、大石圓

以上は、宇治中之切町の御殿に学館の教授が参候してご講義申し上げたものである。二十三年九月からは、宮ご自身が御通学されて教室で他の生徒とともに以下のような講義を受けられたという。

古典科　日本書紀
国文学科　延喜式祝詞巻・土佐日記　以上、二宮巌橿
修身科　論語・大学
漢文科　孟子　以上、高野清雄
英語科　ロングマンインファントリーダー・ロングマン習字本　以上、伊藤丈吉
国文科　源氏物語講義
国語科　古今集言詞辞の区別　以上、下田義天類

その他、習字を柳尚簡、画を有馬百鞭、琵琶を芝直温、馬術を西村次郎に学ばれた。

当時について、英語を教授した伊藤丈吉は、次のように回想している。

(前略)この皇學舘教授時代、多分明治廿二年四月頃から廿四年の一月頃までと記憶して居りますが、賀陽宮様の御旅舘に上つて英語の御教授を申上げた次第でありました。その御旅舘と云ふのは、宇治の山本といふ屋敷で、今の大少宮司官舎のあるあたりと覚えて居ります。何と申しても、「宇治で山本、山田で春木」と云つた徳川家の御師の家でありましたから、中々堂々たるもので、普通に宮様の御殿と呼んで居たものです。

(中略)御教授の様子ですか。まづ御殿に伺候すると、宮様の御左右には家従の人が左右に扣へて侍座して居りますね。私共は次の座敷から膝行して御前に進み、四十分乃至一時間の御教授を申して又膝行次室に下るのです。其処には何時も茶菓の設があつて丁重に御待遇を受けたものでした。

それから毎年一月七日には御学事始とて、教授四人が一同に御招待を受け、殿下が御酌をなし下さるゝ、和歌の兼題があつて次に披講を催さるゝなど、まことに愉快な事でありました。

その内に大宮殿下の御許可が出て、宮様が毎日皇學舘の方へ御通学に相成る事となつてからは、御旅舘に伺候の事はなくなりましたが、教場ですか、勿論他生徒と一所の教室に御机

を据ゑて、国典漢籍英書を御聴講になつたのです。（後略）

（伊藤丈吉氏「宮様の御あひて」『勢陽学報』八、大正九年二月）

父朝彦親王の薨去により、明治二十五年一月に御退学され、同年二月、邦憲王は伊勢を引き払われて京都にお戻りになった。

明治二十八年二月、邦憲王に神宮祭主の宣下があり、翌年には神宮皇學館総裁にご就任になる。神宮祭主ご就任以後の本館との関わりは、『実録』の他に『神宮皇學館五十年史』（神宮皇學館、昭和七年四月）にも詳しいが、後者を補うところもあるので、煩雑を厭わず以下に列記する。

・明治二十八年二月二十六日、本館に臨ませられ、学生阿知和安彦の大鏡花山天皇御遺跡の段、高松四郎の古事記天孫降臨の段の御前講義を聴しめされ、また生徒の撃剣を台覧遊ばされた。（『五十年史』）

・同年六月十四日、皇學舘講堂に於て学生河村政吉（古語拾遺の一節）、安藤正次（伊勢物語小野の段）、松本昌三（万葉集大伴家持の喩族歌）の進講を聞せらる。（『実録』『五十年史』）

・同年十月十三日、講堂に於て学生河村竹八（明治国史略）、平野直晃（古語拾遺）、久志本恒之（万葉集）近藤弘代（日本紀）の進講を聞かせられ、終りて撃剣試合を台覧あらせらる。（『実録』）

・二十九年二月十五日、祭主官舎に於て皇學館文会を開き台覧。（『実録』）

・同年三月三十日、神宮皇學館総裁に推戴す。（『実録』『五十年史』）

・同年六月十八日、学生小野籌彦、山川鵜一、児玉比夫美、小串重威の進講を聞かせられ終りて兵式体操撃剣試合を台覧あらせらる。（『実録』）

・同年十月十三日、舘内御巡覧、生徒の撃剣仕合御覧あらせらる。（『実録』）

・三十年二月十五日、親しく舘内御巡視、生徒に当座の御題を賜り歌文を奨励あらせらる。（『実録』）

・同年六月十三日、宇治舘町の新校舎開館式を挙行、総裁賀陽宮殿下の御台臨を辱なくした。（『実録』『五十年史』）

・同年十月十三日、学生森田亘（公民読本）、山田文康（十八史略）、宗村信喜（増鏡）の進講を聞かせられ、了て障害物競走運動を御覧あらせらる。（『実録』）

・三十二年二月十四日、学生三浦千畝（日本紀）、伊佐芹精太（万葉集）、増井茂松（ネルソン伝）の進講を聞かせられ、終りて平部直対河村政吉、遠山正雄対額賀大直、金剛幸之助対小串重威の撃剣三本勝負を台覧あらせらる。（『実録』『五十年史』）

・同年十月十八日、学生斎藤伝左衛門（歴史）、児玉比夫美（国文）、額賀大直（演説）の進講を聞

かせられ、了りて柔道撃剣の試合を台覧あらせらる。(『実録』『五十年史』)

・三十三年二月十八日、皇学館教育の旨趣に付令旨を賜う。学生長谷外余男(作文賜題笠置山懐古)、田尻盛道(万葉集人丸不二の歌)の進講を聞かせられ、撃剣柔道試合を台覧あらせらる。(『実録』『五十年史』)

・同年十月十二日、館友会運動会を構内にて開催、併せて発火演習を施行し、総裁宮殿下の御台臨を辱なくし、宮殿下には寄宿寮へも御成遊ばされた。(『五十年史』)

・三十四年六月十四日(『五十年史』は十三日)、学生小野篝彦(日本書紀)、宗像良一(万葉集)の進講を聞かせられ、撃剣柔道試合を台覧あらせらる。(『実録』『五十年史』)

・同年十月十八日(『五十年史』は三十五年十月十八日)、学生伊東増衛(日本紀天孫降臨の段)、東弘門(万葉集)の進講を聞かせられ、撃剣柔道試合を台覧あらせらる。(『実録』『五十年史』)

・三十五年十月十八日、学生吉野直人(日本紀)、原屋懋(万葉集)の進講を聞かせられ、撃剣柔道の試合を台覧あらせらる。(『実録』)

・三十六年六月十八日、学生高根政次郎(古事記)、富岡要太郎(万葉集)の進講を聞かせられ、撃剣柔道の試合を御覧あらせらる。(『実録』『五十年史』)

・同年八月二十九日、神宮皇学館官制発布により総裁の御名義自然消滅す。(『実録』)

・同年十月十八日、秋季陸上運動会各種競技を御覧あらせらる。(『実録』『五十年史』)

・三十七年六月十八日、土器調練撃剣試合数組を御覧あらせらる。(『実録』『五十年史』)
・三十八年二月十八日、兵式体操撃剣銃鎗を御覧あらせらる。(『実録』『五十年史』)
・三十九年六月十八日、県下諸学校警察署監獄署連合武術大会を御覧あらせらる。(『実録』『五十年史』)
・同年十月十八日、秋季陸上大運動会各種競技を御覧あらせらる。(『実録』『五十年史』)
・四十一年六月十八日、学生前野孝治(皇国の道義に就て)、千鳥順治(皇国の文学に就て)の進講を聞かせられ、終りて撃剣試合を御覧あらせらる。(『実録』『五十年史』)
・同年十月十八日、武術大会を台覧あらせらる。(『実録』『五十年史』)

以上をもって、殿下のご台臨は最後となる。翌年明治四十二年十二月、四十三歳で薨去遊ばされた。

十、近代の宮家

久邇宮《くにのみや》家

江戸時代、宮家は世襲の四親王家に限られていたが、幕末にいたるとまず、中川宮《なかがわのみや》（元治元年［一八六四］十月に賀陽宮《かやのみや》と改称）、山階宮《やましなのみや》の両宮家が創設される。

このうち中川宮、すなわち久邇宮家を創始される青蓮院宮尊融《しょうれんいんのみやそんゆう》法親王（粟田宮《あわたのみや》とも）は、嘉永五年（一八五二）十一月に護持僧《ごじそう》に任命されて以来、ペリー来航以後の政局のなか、孝明《こうめい》天皇より祈禱を命ぜられて参内することが多くなり、天皇と宮の関係も急速に接近するようになる。

そうしたなかで天皇のご信任を得てこれを補弼《ほひつ》された。安政六年（一八五九）十二月には一時永蟄居《えいちっきょ》を命ぜられ獅子王院宮《ししおういんのみや》と称されたが、間もなく許され、やがて文久三年（一八六三）二月、一橋《ひとつばし》（のち徳川）慶喜《よしのぶ》らから求められて還俗、中川宮を創立し朝彦《あさひこ》親王と称される。弾正尹《だんじょうのかみ》に任じられて尹宮《いんのみや》ともいわれ、幕末の政治に大きな影響をもった。（ただし、宮の国事御《こくじご》用掛《ようがかり》任命について孝明天皇からの信任に理由を求めること、あるいは宮を単に公武合体派と位置づけることに否定的な見解も出されている。仙波ひとみ氏「「国事御用掛」考」『日本史研究』五二〇、平成十七年十

二月）

しかし、維新後には一転、徳川慶喜と通じて幕権回復を企てたという罪状でもって仁孝《にんこう》天皇ご養子・親王の号・二品《にほん》弾正尹を止められ、広島に預けられるという悲劇に見舞われる。幕末期における朝彦親王の立場から招いた事件と思われるが、慎ましく謹慎生活を過ごされたようで、冤罪を主張する者も多く、謫遷《たくせん》より二年後の明治三年（一八七〇）閏《うるう》十月、伏見宮邸への復帰と宮の称号が許された。

その後の朝彦親王は、明治八年五月に久邇宮家を創設された。また神宮祭主三条西季知《さんじょうにしすえとも》が後任の祭主に皇族をと建言したので、朝彦親王が皇族として初めてこれに任じられ、神宮古儀の復興や伝統的文化の継承にも意を尽くした。

朝彦親王の後、病弱の異母兄・邦憲《くにのり》王にかわって久邇宮家二代当主を継いだのが邦彦《くによし》王である。邦彦王は皇族として初めて、一般学生に伍《ご》して陸軍大学校の課程を優等の成績で卒業、累進して大正十二年（一九二三）に陸軍大将にいたっている。

大正七年一月には、邦彦王の第一王女良子《ながこ》女王を皇太子妃にという御内意が下る。そこで女王は、学習院女学部中学科三年を中退。久邇宮邸内に設けられた学問所では、東京女子高等師範学校（現、お茶の水女子大学）教授をつとめた後閑菊野《ごかんきくの》を主任とし、杉浦重剛《しげたけ》が倫理道徳を進講するなど、特別教育が行われた。

翌八年六月十日、皇太子と良子女王の婚約が正式に発表されるにいたるが、ここで、「宮中某《きゅうちゅうぼう》重大事件《じゅうだい》」とよばれる事件がおこる。

すなわち、大正九年十一月、良子女王の母俔子《ちかこ》妃が実家島津《しまづ》家から色覚異常の遺伝子を受け継いでおり、将来の皇子女に遺伝するかもしれないという風説が流れた。これを耳にした山県有朋《やまがたありとも》を中心とする元老や宮内省は、皇室の「純血」を守るべしとして久邇宮の自発的な婚約解消を求めた。それに対して、久邇宮家や杉浦重剛らが、天皇の御内諾を得た婚約を解消するのは「人倫」にもとるとして反発する。

事件が世上の話題に上がると、在野でも頭山満《とうやまみつる》らの反対運動が広がり、大正十年二月、中村雄次郎宮内大臣が皇太子のご結婚に何ら問題がない旨を公表したうえで責任をとって辞職して事は一応の決着をみた。はじめに学習院を御参観になって良子女王を気に入られたのは貞明《ていめい》皇后であったが、久邇宮が婚約辞退の意思のないことを皇后に宛《あ》てて上書したので、久邇宮に不信感を抱かれた。しかし、皇太子ご自身が色盲問題のことを承知のうえでなお良子女王とのご結婚を望まれていたから、ついに皇后も同意されるにいたったのである。

第三代朝融《あさあきら》王は、海軍兵学校を卒業の後、海軍中将にいたる。右の宮中某重大事件から間もない大正十三年、すでに内許を得ていた酒井忠興《ただおき》（伯爵）の女菊子《きくこ》との婚約を破棄したいとの意向を示し、結局は酒井家からの辞退という形で婚約が解消された（永井和氏『青年君主昭和天皇と

元老西園寺』京都大学学術出版会、平成十五年七月、参照)。

朝融王は大正十四年一月、伏見宮博恭《ひろやす》王の王女知子《ともこ》女王(昭和二十二年六月薨去)を妃とし、三男五女を儲けた。このうち正子女王は昭和二十年(一九四五)に龍田徳彦《たつたのりひこ》と結婚。七人の王子女とともに同二十二年十月、臣籍降下。同三十四年十二月に逝去。久邇宮を継いだ邦昭《くにあき》氏は平成二年(一九九〇)から神宮大宮司、同十三年から神社本庁統理《とうり》などつとめた。

この他、朝彦親王の第五王子で、神宮祭主をつとめた久邇宮多嘉《たか》王が、京都の久邇宮と呼ばれて存続した。子爵水無瀬忠輔《みなせただすけ》の女静子《しずこ》と結婚後、明治四十年二月に多嘉王を臣籍に下すべしとの明治天皇の内旨があったが、結局、一家の創立にいたらなかった。昭和十二年十月薨去。多嘉王の王子は三人、賀彦《よしひこ》王は大正七年六月薨去、家彦《いえひこ》王・徳彦王は臣籍降下して宇治《うじ》伯爵・龍田伯爵を授けられた。

山階宮《やましなのみや》家

山階宮晃《あきら》親王は、文化十三年(一八一六)二月誕生、翌十四年八月、勧修寺門跡《かんじゅじもんぜき》となり、文政七年(一八二四)五月に得度して法諱を済範《さいはん》と申し、世に勧修寺宮と称される。

天保十三年(一八四二)七月、無断で西国(大坂~姫路)に密行した罪で勅勘《ちょっかん》(仁孝《にんこう》天皇のお咎《とが》め)を蒙り、伏見宮の籍を除かれて謹慎。西国密行は、伏見宮貞敬《さだよし》親王王女、幾佐宮隆子《きさのみやたかこ》女王との密通のためともいう（『中山忠能《ただやす》日記』）。しかし、国事多難の時勢ゆえに、一橋《ひとつばし》（のち徳川）慶喜《よしのぶ》らの建言で元治元年（一八六四）一月、謹慎を解かれて伏見宮実系に復帰、山階宮を創立。改めて親王宣下《せんげ》を蒙り晃親王と称され、国事御用掛《こくじごようがかり》に任命、国政に参与された。

朝廷内において、中川宮朝彦親王が関白二条斉敬《なりゆき》や「一会桑《いっかいそう》」（一橋慶喜・会津藩・桑名藩）と同じ立場であったのに対して、晃親王は内大臣近衛忠房《このえただふさ》等とともに薩長同盟なった両藩に近く、とりわけ長州征伐の是非などをめぐって両者は対立する関係にあった。

慶応二年（一八六六）八月、中御門経之《なかみかどつねゆき》・大原重徳《しげとみ》ら二十二名が列参し孝明《こうめい》天皇に奏上するに及んで、暗に朝彦親王や二条斉敬に対する弾劾がなされた。隠棲中であった岩倉具視《ともみ》の画策によるともいうが、晃親王もこれに関与したとして十月に国事御用掛を免じられ、蟄居《ちっきょ》を命じられる。しかし翌年三月蟄居を許され、その後、王政復古がなり、議定《ぎじょう》、ついで外国事務総督（まもなく外国事務局督）に任ぜられた。

明治元年（一八六八）五月、官制改正により議定および外国事務局督を免ぜられてから後、親王は再び政府の官途に就くことはなかった。同十年八月にようやく、京都ご帰住の勅許《ちょっきょ》を得られ、以後は神社仏閣の巡拝と和歌・茶道・舞楽能楽の道に親しんだ。ただ、親王は中年以後において病臥少なく、議定職を辞したのは政界に安住できなかった故であろうかと『山階宮三代』上（山階会、昭和五十七年二月）には記されている。明治天皇が軍人になるよう奨められたが拝辞されたという。同三十一年二月、晃親王は薨去される。

東伏見宮《ひがしふしみのみや》家の項に述べるとおり、晃親王ははじめ定麿《さだまろ》王（のちの依仁《よりひと》親王）を養嗣子《ようしし》としたが、のちに実子菊麿《きくまろ》王が誕生、結局は明治十八年、菊麿王が梨本宮から復して山階宮継嗣《けいし》と定められた。

二代菊麿王は、海軍に進み、海軍大佐にいたる。科学、とりわけ気象学・地震学への関心、功績めざましく、私費を投じて茨城県の筑波山頂に山階宮筑波山観測所を設置（明治三十五年開業）。三代武彦《たけひこ》王も、海軍に入って海軍少佐にまで累進したが、昭和二十二年十月臣籍降下、同六十二年八月に逝去。武彦王は父君の志を継いで航空技術を研究、また民間航空事業発展に尽くし、「空の宮様」と親しまれた。

菊麿王の第二王子芳麿《よしまろ》王（大正九年臣籍降下、山階侯爵）も鳥類研究に従事、「鳥の宮様」として知られ、昭和十七年に山階鳥類研究所を設立。

第三王子藤麿《ふじまろ》王（昭和三年臣籍降下、筑波《つくば》侯爵）は、国史研究を志して筑波家（国史）研究部を創立、昭和四年から同十八年まで毎年「国史学界」を出版、六国史索引作成なども手がけた。戦後は昭和二十一年から同五十三年に没するまで靖國神社宮司。藤麿の長男常治《ひさはる》氏は、農学史を専攻して早稲田大学教授をつとめた。

第四王子萩麿《はぎまろ》王（昭和三年臣籍降下、鹿島《かしま》伯爵）は、戦史研究に携わる。第五王子の茂麿《しげまろ》王（昭和四年臣籍降下、葛城《かつらぎ》伯爵）は、陸軍に進み、陸軍科学研究所気象部にも勤務した。

華頂宮家《かちょうのみや》

華頂宮博経《ひろつね》親王は、嘉永四年（一八五一）三月、伏見宮邦家《くにいえ》親王の第十二王子として誕生。翌五年、知恩院門跡、万延元年（一八六〇）十一月に親王宣下、十二月に得度して知恩院宮尊秀《そんしゅう》法親王と称される。

慶応三年（一八六七）十二月、尊秀法親王は毎日朝堂に参内し機務（重要な政務）を習う。翌明治元年（一八六八）一月、還俗して華頂宮を称し博経と復名、議定・会計事務総裁に任じられる。明治元年四月、学習院を改称して大学寮代が開設されると、親王は大学校創建の御用を勤めたいと願い出て、やがて設置された皇学所では廃止される同二年九月まで、御用掛総裁を務められた。

明治三年八月には、海軍学術研究のためアメリカに留学したが、肺患により同六年八月に帰国。その後、小康をえて十月より西南諸道を巡視。同七年五月に南部郁子《なんぶいくこ》（旧盛岡藩主南部利剛《としひさ》の女）と結婚し翌年には博厚《ひろあつ》王の誕生をみたが、病は快復せず、同九年四月海軍少将に任じられた翌月に薨去した。

ところで、明治三年十二月の布告により、有栖川宮《ありすがわのみや》・伏見宮・閑院宮《かんいんのみや》三家を除く新立の宮家は、二代目以降、華族に列せられることと定められていた。しかし、同四年四月、有栖川宮熾仁《たるひと》親王が、博経親王の功績と、その志を達せず病に倒れたことを哀れみ、博厚王を皇族に列することを陳情。その結果、特旨をもって許された。

熾仁親王の嘆願は、「同族ノ忠誠ヲ激励スル」ため、東伏見宮彰仁《あきひと》親王と事前に協議のうえで提出されたものであるという（『熾仁親王行実』）。これに続く菊麿王の梨本宮《なしもとのみや》家相続も、久邇宮朝彦親王のはたらきかけによってなされている。これらのことから、高久嶺之介氏は、明治三年十二月の家格の原則が崩れた原因として、宮内省および天皇の側に、皇族の賜姓降下に対する考え方にゆれがあり、皇族の同族意識にもとづく運動があったことを指摘している（「近代皇族の権威集団化過程（一）―近代宮家の編成過程―」『社会科学』二七、昭和五十六年二月）。

特旨により華頂宮を継いだ博厚王も、病のためにわずか九歳の若さで早世。その後には、伏見宮貞愛《さだなる》親王の長子・愛賢《なるかた》王が華頂宮家を相続。名を博恭《ひろやす》と改めるが、伏見宮家の後嗣邦芳《くにか》王が病弱で一家を継ぐことができないため、明治三十七年一月、伏見宮に復籍し、かわって博恭王の第二王子である博忠《ひろただ》王が華頂宮を継承した。この処置は、明治天皇がその情を憫《あわれ》み、伊藤博文《ひろぶみ》を通して貞愛親王に情願書を上るよう配慮されたものという。

大正十三年（一九二四）三月、博忠王薨去によって、華頂宮家は断絶した。同年十二月、博恭王の第三王子で博忠王の弟にあたる博信《ひろのぶ》王が、臣籍に降下して華頂侯爵を授けられ、華頂宮の祭祀を受け継いだ。

北白川宮家《きたしらかわのみや》

北白川宮家の初代智成《さとなり》親王は、伏見宮邦家《くにいえ》親王の第十三王子で、聖護院門跡《しょうごいんもんぜき》雄仁《ゆうにん》法親王（聖護院宮嘉言《よしこと》親王。邦家親王第二王子）の附弟《ふてい》となって信仁《しんにん》法親王と称され、明治元年（一八六八）正月、照高院宮《しょうこういんのみや》と改称。閏四月には還俗して嘉言親王の子となり、同三年十一月、北白川宮を創立する。しかし、病のため、同五年一月に十七歳で早世した。

智成親王の遺言により北白川宮家を継いだのが、邦家親王の第九王子（智成親王の異母兄）、能久《よしひさ》親王である。能久親王は、嘉永元年（一八四八）八月青蓮院宮《しょうれんいんのみや》門跡、同五年三月梶井《かじい》門跡、安政五年（一八五八）十一月には輪王寺《りんのうじ》門跡附弟を命じられて公現法親王と称された。維新の際、江戸にあって徳川慶喜《よしのぶ》救済の嘆願をなし、さらには上野《うえの》彰義隊《しょうぎたい》に擁立されて官軍と戦火を交え、敗れて奥州に脱すると、仙台にあって奥羽越《おううえつ》列藩同盟の軍事総督とされたが、降伏のやむなきに至り、明治元年十一月、伏見宮邸に謹慎を命じられていた。その間、公現法親王が「東武皇帝」として即位、「東北朝廷」の構想があったとする指摘もなされている（藤井徳行氏「明治元年・所謂「東北朝廷」成立に関する一考察」手塚豊氏編『近代日本史の新研究』I、北樹出版、昭和五十六年十月）。

明治二年十月、特旨をもって伏見宮に復帰し、同三年に伏見満宮《みつのみや》と称されるようになる。プロシアに留学して陸軍大学校に学び、帰国後陸軍に入り要職を歴任。日清戦争直後近衛師団長として台湾に出征するが、ここでマラリアにかかり、同二十八年（一八九五）十月、四十九歳で亡くなられた。薨去に際して陸軍大将に昇進、台湾神社が創建されて開拓三神とともに祀《まつ》られている。

ところで、明治二十二年の皇室典範により永世皇族の制が定められ、同四十年の皇室典範増補により王が家名を賜わって華族に列する途が開かれるまでその規定は存在した。能久親王には男子が五人あり、成久《なるひさ》王が北白川宮を継ぎ、恒久《つねひさ》王は竹田宮《たけだのみや》家を創立。輝久《てるひさ》王は、東伏見宮《ひがしふしみのみや》の項に述べるとおり、皇室典範の規定により臣籍降下が認められるのに同四十三年まで待たねばならなかった。

ただ、この間に特殊の事情により臣籍にあったのが、芳之《よしゆき》・正雄《まさお》の両名である。『明治天皇紀』によれば、明治三十年七月、特旨をもって、二荒《ふたら》芳之・上野正雄は華族に列せられた。故能久親王の庶子であったが、故あって、生誕直後から民間に養われ、民籍に編入された。そのため、いったん事由を証明し民籍を除かれたが、民籍にあった者を皇族籍に編入すれば皇統紊乱《びんらん》の俑《よう》を作る（よからぬ例を作る）ことになるとして、伯爵を授けられたという。

北白川宮家を継いだ三代成久《なるひさ》王は、陸軍に進み砲兵少佐となったが、大正十二年（一九二三）

四月、留学中のパリで自動車事故のため亡くなった。同乗していた妃房子《ふさこ》内親王（明治天皇皇女、周宮《かねのみや》）・朝香宮鳩彦《あさかのみややすひこ》王も重傷を負っている。

父の不慮の死により跡を継いだ永久《ながひさ》王は、同じく陸軍に進み、砲兵少佐となり、昭和十四年（一九三九）中国に出征、同十五年九月、二十一歳で戦死。戦地で亡くなった能久親王・永久王は「軍神」と讃えられ、戦後の昭和三十四年、靖國神社に合祀されている。

永久王の死により、道久《みちひさ》王が三歳で家を継ぎ、昭和二十二年十月臣籍降下。戦後、房子妃は神宮祭主をつとめられ、また道久氏も神宮大宮司、その後神社本庁統理となっている。

梨本宮家《なしもとのみや》

梨本宮家は、伏見宮貞敬《さだよし》親王の第十王子、守脩《もりおさ》親王によって創立された。守脩親王は、天保四年（一八三三）九月に円満院《えんまんいん》門跡となって覚諄《かくじゅん》法親王、ついで安政六年（一八五九）七月に梶《かじ》井《い》門跡に転じて昌仁《しょうにん》法親王と称され、九月、尊融《そんゆう》法親王（のちの久邇《くにの》宮朝彦《あさひこ》親王）にかわり天台座主《ざす》に任じられた。明治元年（一八六八）閏四月に還俗して梶井宮《かじいのみや》守脩親王、同三年十一月、梨本宮と改められた。

守脩親王は子がなかったので、同七年四月、山階宮晃《やましなのみやあきら》親王の長子菊麿《きくまろ》王を養嗣子としていた。ところが、同三年十二月の布告によって、新立の親王家は二代目以降華族に列することが定められていた。しかし、維新後の活躍に対する恩賞ともいうべき処置で、王子により宮家を継承させる例が開かれるようになる。

菊麿王についても、朝彦親王が菊麿王を皇族に列することを情願し、岩倉具視《ともみ》にその斡旋をはたらきかけた。岩倉が宮内少輔山岡鉄太郎《やまおかてつたろう》・宮内大書記香川敬三《かがわけいぞう》に書簡を送って述べたところによれば、菊麿王に梨本宮を相続させれば、他の皇族を奮起させるに足るであろうとし、その結果、菊麿王が特旨で諸王に列せられることになる。その後、明治十八年に菊麿王が山階宮《やましなのみや》家に戻ったので、久邇宮朝彦親王の第四王子・守正王《もりまさ》が梨本宮家第三代を継ぐこととなった。

守正王は、陸軍に進み、大正十二年（一九二三）八月に陸軍大将、昭和七年（一九三二）八月には元帥《げんすい》に列せられた。その後、同十二年十月から同二十年十二月まで臨時神宮祭主の任にもあった。

昭和二十年十二月、守正王は皇族としてただ一人、連合国から戦犯に指名され、巣鴨拘置所《すがもこうちしょ》に収監された。二十二年三月に釈放され、同年十月、臣籍降下している。

なお伊都子《いっこ》妃の日記が、小田部雄次氏によって紹介・刊行（『梨本宮伊都子妃の日記』小学館、平成三年十一月）、また自伝も出版されており（『三代の天皇と私』講談社、昭和五十年十一月）、皇族妃としての日常生活や一家のことを知ることができる。

守正王には二人の女王があり、方子《まさこ》女王は朝鮮の王世子（皇太子）李王垠《りおうぎん》と結婚。規子《のりこ》女王は、山階宮《やましなのみや》武彦《たけひこ》王との縁談が王の病気のため破談、伊都子妃の母の実家である広橋《ひろはし》家の当主真《ただ》光《みつ》と結婚している。男子がなかったので、伊都子ははじめ儀光《よしみつ》（真光三男）、のち龍田《たつた》徳彦《のりひこ》（久邇《くにの》宮《みや》多嘉《たか》王の子）・正子《まさこ》（久邇宮朝融《あさあきら》王の子）夫妻（のち離別）と養子縁組している。

小松宮《こまつのみや》家

彰仁《あきひと》親王は、慶応三年（一八六七）十二月に復飾《ふくしょく》して議定《ぎじょう》職を仰せ付けられ、仁和寺宮《にんなじのみや》嘉彰《よしあき》親王と称される。続いて軍事総裁、征討大将軍、外国事務総裁、海陸軍務総督に任じられ、明治三年（一八七〇）一月、東伏見宮《ひがしふしみのみや》と改められた。小松宮を創立し名を彰仁と改められるのは、同十五年十二月のことである。

佐賀の乱に際しては征討総督、西南戦争に際しては新撰旅団司令長官に任じられて現地に派遣され、その後、近衛都督《このえととく》（師団改編後は師団長）・陸軍大将・参謀総長、そして日清戦争では征清大総督として出征、元帥の称号を賜わっている。

親王は、明治三年から五年にかけての英国留学より帰国後、伏見宮貞愛《さだなる》親王とともに陸軍志望を願い出ている。その結果、嘉彰親王は陸軍少尉、貞愛親王は陸軍練習を命ぜられた。嘉彰親王は、皇族軍人の第一号である。

こうした経緯もふまえて、明治六年十二月、年長者を除く皇族は「自今海陸軍ニ従事」すべきことが、太政官達《たっし》によって定められた（『法令全書』）。明治四十三年三月の皇室身位令《しんいれい》では「親王・王ハ満十八年ニ達シタル後、特別ノ事由アル場合ヲ除クノ外《ほか》、陸軍又ハ海軍ノ武官ニ任ズ」ることを再確認）。先の二親王の上書は、「欧羅巴《ヨーロッパ》諸国の皇族が少小より陸海軍に服事するに倣《なら》ひ、身を陸軍に委して勉力せんことを請ふ」（『明治天皇紀』第三）という嘉彰親王の留学中の見聞にもとづいている。

明治十九年から翌年にかけての二度目の洋行の際には、グナイストやシュタインからドイツ国家学を学び、またドイツ・フランスに駐在して、帝室礼式のこと、近衛と宮内省の関係、近衛と皇宮警察の関係、などを調べ（『徳大寺実則《さねつね》日記』）、帰国後には、留学の成果をふまえて近衛師団の改革に尽力している（彰仁親王の二度目の留学については堀口修氏『明治立憲君主制とシュタイン講義天皇、政府、議会をめぐる論議』学慈社出版、平成十九年十月、参照）。

彰仁親王には子がなく、明治三十六年二月の薨去後、その祭祀は臣籍降下した輝久《てるひさ》王が引き継いでいる（東伏見宮の項参照）。その小松輝久氏は、戦後、平安神宮宮司などつとめている。皇族は軍人となることが義務化され、そのため皇族は軍人養成学校に無試験で入学できたというが、陸軍大学校では久邇宮邦彦《くによし》王以来、入学試験を実施する慣例であった（ただし採点はしなかったという）。輝久王は初等科以来成績が良く、母のすすめで海軍兵学校の入学試験を受けて明治三十九年入学した。皇族の面子《めんつ》もあるので一生懸命勉強し、試験をパスしたことを回想している

（対談「殿下といわれて幾星霜」『文藝春秋』昭和三十二年三月号）。陸海軍いずれに進むかについては自由であった（皇族軍人の制度については坂本悠一氏「皇族軍人の誕生」、岩井忠熊氏編『近代日本社会と天皇制』柏書房、昭和六十三年六月、参照）。

賀陽宮《かやのみや》家

巖麿王《いわまろ》（のちの賀陽宮邦憲王《くにのり》）は、久邇宮朝彦親王《くにのみやあさひこ》（当時賀陽宮）の第二子として誕生。長男の萶麿王《むちまろ》が生後十ヶ月で早世しているので、実質上の長男である。

巖麿王は明治十五年（一八八二）、古典の注釈や神道的研究で知られる国学者・敷田年治《しきだとしはる》の教育を受けるため伊勢に移り、明治十九年七月、邦憲王と名を改めたが、病身であったため、同二十年三月、朝彦親王は第三子邦彦王を久邇宮家の継嗣に定めた。邦憲王は父朝彦親王が創立した神宮皇學館《じんぐうこうがっかん》（現、皇學館大学）に入学、父の薨去により退学し京都に戻った後、同二十五年十一月に醍醐好子《だいごよしこ》と結婚、二十八年二月には神宮祭主に任じられた。神宮祭主は朝彦親王の後に有栖川宮熾仁親王《ありすがわのみやたるひと》が兼任していたが、薨去によりその後を継いだものである。そして賀陽宮の称号を賜わり、三十三年、新たに一家を創立する。賀陽宮は、父親王が幕末期に称していた宮号である。

邦憲王は、神宮祭主としてその運営に尽力したが、明治四十二年十二月、四十三歳で病死。神宮では式年遷宮を目前にしていたので、九月に弟久邇宮多嘉《たか》王が臨時祭主として引き継いでいる（のち大正八年［一九一九］九月、正式に祭主就任）。皇族・公家が東京に住まう中、邦憲王と多嘉王は京都の住まいを変えなかった。

第二代恒憲《つねのり》王は、学習院中等科を中退して陸軍中央幼年学校、陸軍士官学校、陸軍大学校と進み、陸軍で陸軍中将に至る。

昭和九年（一九三四）三月、恒憲王は敏子《としこ》妃をともなって、欧米各地を歴訪した。王はたいへんスポーツ好き、とりわけ野球好きで、訪米の際にはベーブ・ルースからサインボールをプレゼントされている。また試合を見るばかりでなく、大山柏《かしわ》公爵と「PKチーム」も結成し、ユニフォームを着用してファーストを守った。

恒憲王はまた、「道徳科学（モラロジー）」を確立した廣池千九郎《ひろいけちくろう》を尊敬していた。臣籍降下の後の昭和二十三年頃、「之《これ》からの日本は愈々大変な時代が来る。益々各自の道徳、又道徳教育の必要が来る。廣池博士は実に偉い人だ」と語ったという（芥昇氏「想い出」『追悼賀陽恒憲様　思いで草』総集編、賀陽敏子氏発行、平成元年十一月）。昭和四十五年四月からは、財団法人モラロジー研究所の顧問もつとめた。四十八年より廣池学園内の職員用宿舎に移り、その地で最期を迎えた。

東伏見宮家《ひがしふしみのみや》

東伏見宮家を創立することになる依仁《よりひと》親王は、慶応三年（一八六七）九月、伏見宮邦家《くにいえ》親王の第十七王子として誕生した（はじめ定麿《さだまろ》王）。

明治二年（一八六九）二月、山階宮晃《やましなのみやあきら》親王に嗣子がなかったので、定麿王が養子に定められた。その後、晃親王に実子菊麿《きくまろ》王が誕生し、菊麿王は梨本宮に養われた。しかし同十八年十二月に至り、勅により、梨本宮菊麿王を山階宮に復して継嗣となし、久邇宮朝彦親王王子多田《ただ》王（後の守正《もりまさ》王）に梨本宮を相続させ、定麿王をやはり嗣子のない小松宮彰仁《こまつのみやあきひと》親王の継嗣と定めることとなる。翌十九年五月、彰仁親王の願により親王宣下、名を依仁と賜わる。

彰仁親王は異母弟定麿王を小松宮の継嗣と定めながら、同母弟能久《よしひさ》親王の第四子輝久《てるひさ》王を子のように養っていた。しかし、明治二十二年制定の皇室典範では養子を禁じたので、輝久王を嗣となすことができなくなった。そこで、彰仁親王は自ら臣籍に下り輝久王を養子にしようとして、宮内大臣田中光顕《みつあき》と議したうえで、同三十六年一月、輝久王に侯爵を授けて遺産を継がせ、継嗣依仁親王には別に新しく宮家を創立させるべく、願い出たのである。

これにより、依仁親王はかつて彰仁親王が称していた東伏見宮家を創立した。しかし輝久王は幼年であるのみならず、皇室典範によって女王の婚嫁による他は臣籍に下るのを禁止することが規定されたので、臣籍降下が見送られた。

その間、明治三十六年二月、彰仁親王の薨去によって小松宮家は断絶した。同四十年二月、皇室典範増補によって臣籍降下が認められることにより、同四十三年七月、輝久王は小松の姓を賜わって侯爵に列せられ、小松宮の祭祀を継ぐこととなった。

以上のごとく、依仁親王の経歴は、皇室典範制定によって皇族の養子が禁じられる以前のきわめて複雑な宮家継承の実態を象徴している。また一方で、明治二十二年皇室典範における養子禁止が、四十年、皇室典範増補によって臣籍降下の規定ができるまでの間、宮家増大を抑止する唯一の規定として作用したことをも示している。

依仁親王は、明治十七年四月よりイギリスに留学、同二十年七月フランスに転学した翌年、ブレスト海軍兵学校に入学し、同二十五年二月に帰国したが、翌年六月、軍事研究のかたわら欧米各国の文物視察のため、再び渡航。同二十七年日清戦争により急遽帰国して黄海・台湾方面に従軍。日露戦争にも従軍し、同四十二年十二月海軍少将、大正七年（一九一八）七月海軍大将に任じられ、同十一年六月、五十六歳で薨去。同日、元帥府に列して元帥の称号を賜わった。

依仁親王は、はじめ山内八重子《やえこ》（妃の病により離婚）、のち岩倉周子《かねこ》を妃に迎えた。しかし子はなく、大正八年十月から御預りの形で宮に迎えられていた邦英王《くにひで》（久邇宮邦彦《くによし》王第三王子）が、昭和六年四月に臣籍降下して東伏見姓を賜わり伯爵を授けられ、東伏見宮家の祭祀を継承した。平成十六年二月まで青蓮院《しょうれんいん》門跡門主をつとめた東伏見慈洽《じごう》氏である。

竹田宮家《たけだのみや》

明治三十九年（一九〇六）三月、北白川宮能久《きたしらかわのみやよしひさ》親王の第一王子である恒久《つねひさ》王によって、竹田宮家が創立された。恒久王は庶長子（母、家女房申橋《さるはし》幸子）であったため、北白川宮家は第二王子の成久《なるひさ》王（母、伊達宗徳《むねえ》の女、富子《とみこ》妃）が継承した。庶出のため、「あまり優遇されていなかったようで、当時皇族がみんな入っていた学習院ではなく、一旦麻布《あざぶ》小学校に入れられ」たという（竹田恒徳《つねよし》氏『菊と星と五輪』ベースボール・マガジン社、昭和五十二年四月）。

その竹田宮と同じ年に、朝香宮《あさかのみや》家と東久邇宮《ひがしくにのみや》家が創立された。これら三家は、いずれも明治天皇皇女を妃に迎えている。すなわち明治四十一年四月に竹田宮恒久王が常宮昌子《つねのみやまさこ》内親王と、同四十三年五月に朝香宮鳩彦《やすひこ》王が富美宮允子《ふみのみやのぶこ》内親王と、大正四年（一九一五）五月に東久邇宮稔彦《なるひこ》王が泰宮聡子《やすのみやとしこ》内親王と、それぞれ結婚されたのである。この他、北白川宮成久王が、周宮《かねのみや》房子《ふさこ》内親王を妃に迎えている。明治天皇は夭逝《ようせい》をまぬがれた四人の内親王をいずれも宮家の妃とされたということになる。

ただし、高久嶺之介氏によれば、これらの宮家創設以前に皇女との婚姻が内定していたのは恒久王のみであり、とりわけ允子内親王の婚姻は、明治四十一年四月に婚姻が内定していた有栖川宮栽仁《たねひと》王の薨去によって決定されたものである。つまり皇女との婚姻をもって三宮家創設の理由とするには問題があり、高久氏は、これら三家は、賜姓降下規定が採用される皇室典範増補制定直前のかけこみ的な宮家創立ではないか、と推測している（「近代皇族の権威集団化過程（一）―近代宮家の編成過程―」『社会科学』二七、昭和五十六年二月）。

さて、恒久王は、明治十五年九月誕生、陸軍士官学校を卒業して陸軍に進んだが、大正八年四月に当時流行していたスペイン風邪のため三十七歳で急逝。陸軍少将であった。

第二代恒徳《つねよし》王は、学習院中等科を中退して陸軍幼年学校、陸軍士官学校、陸軍大学校へと進み、昭和十八年三月陸軍中佐に至った。同二十二年十月、光子《みつこ》妃（公爵三条公輝《きみてる》二女）・恒正《つねただ》王・恒治《つねはる》王・素子《もとこ》女王・紀子《のりこ》女王とともに臣籍降下、その翌月に三男恒和《つねかず》が誕生している。

皇籍を離脱した翌年、日本スケート連盟会長に就任するに際して、「第二の人生」を「スポーツを通じて若い人のために奉仕」（前掲『菊と星と五輪』）しようと決意し、人工氷のスケートリンク造りや、世界選手権大会への選手派遣および日本招致に力を尽くした。また、日本馬術連盟会長にも就任したのは、昭和六年九月から騎兵学校に入校して騎兵将校となっていたので、まさに本職でもあった。

さらに日本オリンピック委員会（JOC）委員（のち委員長）もつとめ、東京および札幌オリンピック招致運動に参画。その後も、国際オリンピック委員会（IOC）委員など、平成四年（一九九二）五月の逝去にいたるまで、「スポーツ大使」、国際スポーツ界で親善大使として活躍した。

朝香宮家《あさかのみや》

明治二十年（一八八七）十月、鳩彦《やすひこ》王は久邇宮朝彦《くにのみやあさひこ》親王の第八王子として誕生。同三十九年三月に朝香宮家を創立、同四十三年五月に明治天皇第八皇女の允子《のぶこ》内親王と結婚した。鳩彦王は、陸軍士官学校・陸軍大学校を卒業して陸軍大将にいたり、近衛師団長・上海派遣軍司令官・軍事参議官などを歴任している。

大正十一年（一九二二）十月、陸軍中佐で陸軍大学校に勤務中であった鳩彦王は、軍事研究のためパリに留学した。翌年四月、当時パリに滞在中であった北白川宮成久《きたしらかわのみやなるひさ》王・同房子《ふさこ》妃とともに、成久王の運転でドライブ中、自動車事故に遭遇。成久王は薨去、後部座席の房子妃と鳩彦王も、骨折して重傷を負った。

そのため滞在は予定より超過して三年半におよぶ。宮の傷が癒えると、大正十四年七月、夫妻で現代装飾美術・工業美術国際博覧会（通称、アール・デコ博覧会）を見学。その影響もあって、帰国後、鉱物質で直線的・鋭角的なアール・デコ様式の邸宅を建築している。

明治から大正にかけての宮家は、和風主体の邸宅が多く、洋式の例であっても和洋折衷であったり、母屋の増改築に際し和風で建てられた。しかし大正末期から昭和初期にかけて、東伏見宮邸に始まる中庭を持ったロの字型プランによる邸宅にかわり、また関東大震災の経験から、R・C（鉄筋コンクリート）造り二階建ての建物へと変遷した。秩父宮《ちちぶのみや》邸・李王《りおう》邸・高松宮《たかまつのみや》邸がそれにあたる。朝香宮邸はその掉尾を飾るもので、同時期に建った李王邸（紀尾井町、現赤坂プリンスクラシックハウス）などにみられる様式の混乱はなく、きわめて洗練された典雅なフランスの現代装飾工芸の粋をみることができるという（小倉一夫編『朝香宮邸のアール・デコ』東京都文化振興会、昭和六十一年三月）。

朝香宮白金の本邸建築は、昭和八年（一九三三）五月に竣工。宮内省内匠《たくみ》寮工務課による設計・監理のもと、宮自身が手紙や電報でフランスのデザイナーの協力を得ており、允子妃も室内装飾をデザインされた。

鳩彦王は第一王子孚彦《たかひこ》王（陸軍中佐）と同妃千賀子《ちかこ》、およびその三人の王子女とともに、同二十二年十月に臣籍降下した。なお、同十一年に臣籍降下し音羽《おとわ》侯爵家を起こしていた第二王子正彦《ただひこ》王は、同十九年二月に南洋方面で戦死している。

旧朝香宮邸は、戦後、政府が借り上げて吉田茂《しげる》外務大臣の公邸、あるいは国の迎賓館として利用された。昭和二十五年十月、西武鉄道の堤康次郎《つつみやすじろう》氏の管理となり、さらに東京都が買い取って、同五十八年十月から東京都庭園美術館として一般に開放されている。

なお、旧宮家の邸宅で現存するのは、朝香宮邸の他に次のものがある。

竹田宮邸……現・港区高輪、明治四十四年竣工。洋館部と和館部とをもつ。洋館が改修・復原の上、高輪プリンスホテル貴賓館として現存。

久邇宮邸……現・渋谷区広尾、大正七年竣工。和風。御常御殿《おつね》（日常の居所。大正十三年竣工）が聖心女子大学キャンパス内「パレス」として修復・保存されている。

旧秩父宮邸……現・港区元赤坂、昭和二年竣工。現在、赤坂御所。また、昭和十六年に建築された日本館が、京都・大覚寺の秩父御殿（貴賓館）として移築現存している。

東久邇宮家《ひがしくにのみや》

久邇宮朝彦《くにのみやあさひこ》親王の第九王子として明治二十年（一八八七）十二月に誕生した稔彦《なるひこ》王は、学習院初等科に入学、同級生の里見弴《さとみとん》（小説家。本名・山内英夫）らと悪戯ばかりして幼年時代を過ごしたという。異母兄の鳩彦《やすひこ》王・有栖川宮《ありすがわのみや》栽仁《たねひと》王・北白川宮《きたしらかわのみや》の異母兄弟（成久《なるひさ》王・輝久《てるひさ》王）も同級である。

陸軍幼年学校を卒業後の明治三十九年十一月、東久邇宮家を創立。ついで陸軍士官学校・陸軍大学校を卒業し、大正四年（一九一五）五月に、聡子《としこ》内親王と結婚した。

稔彦王は、幼少の折より皇族としての地位に不満を持ち、幼年学校では皇族舎という別棟で生活することに孤独を感じ、また陸軍大学校在学中には明治天皇の陪食を体調不良のため辞退したことが問題になると、臣籍降下を申し出ることもあった。

第一次世界大戦後の大正九年四月、稔彦王はフランスに留学。パリで砲兵学校・陸軍大学校を卒業し、引き続き私立政治法律学校の課程を修了している。

留学は三年間の予定であったが、自身の意向で七年間の長きに及んだ。その間、クレマンソー（元フランス首相）ら自由主義者と接することが多く、陸軍の軍備縮小と空軍の充実、軍の機械化、アメリカの挑発による「日米戦争必然論」とその忌避の必要性を唱えている。

また、皇族は一般民間人のじゃまにならぬよう自然科学や芸術を職業にすべきで、自分だけでも皇族・軍人をやめたいと、帰国後に申し出てもいる。（東久邇稔彦著『やんちゃ孤独』読売新聞社、昭和三十年六月）

このことについて伊藤之雄氏は、牧野伸顕《のぶあき》内大臣ら宮中側近が自分を封じ込めようとしているという妄想を抱き、また妃聡子内親王との性格の不一致もあって、臣籍降下や軍籍離脱を自暴自棄的に主張するようになった、と推測している（「東久邇宮稔彦王の迷走と宮中・陸軍」『法学論叢』一五六—三・四、平成十七年一月）。

帰国後、稔彦王は陸軍軍人としての生活に戻り、昭和十四年（一九三九）八月に陸軍大将に累進、軍事参議官などを歴任した。

戦局が拡大するに従い、昭和十六年四月に始まった日米交渉は難航し、第三次近衛文麿《このえふみまろ》内閣において、交渉妥結のため中国大陸からの部分的撤兵を呑もうとする近衛首相と、断固反対の東《とう》条《じょう》英機《ひでき》陸軍大臣との対立から、近衛は辞表を提出。その際、近衛・東条は後継に東久邇宮案を示すが、重臣会議において木戸幸一《きどこういち》内大臣の反対意見が通り、東条を後継とすることに決定、大東亜戦争に突入する。

開戦後も、非常時における皇族内閣を待望する声があり、東条内閣や小磯国昭《こいそくにあき》内閣の後継として実際に東久邇宮や高松宮宣仁《のぶひと》親王の名があがった。やがて、わが国ではじめての皇族内閣である東久邇宮稔彦王内閣は、終戦後の昭和二十年八月十七日、昭和天皇のご聖断により誕生したのである。

また同日、朝香宮鳩彦王を中国大陸、閑院宮《かんいんのみや》春仁《はるひと》王を南方、竹田宮恒徳王を満洲へ差し遣わされる。皇族方は、降伏にともなう混乱が予想される中、軍人を抑えて終戦を徹底させ、秩序を保ちながら時局の収拾にあたるという重大な役割を果たした。（皇族内閣運動については、柴田紳一氏「「皇族内閣」の成立」『昭和期の皇室と政治外交』原書房、平成七年八月、に詳しい。また、終戦時における東久邇宮については、自著『私の記録』東方書房、昭和二十二年四月、『一皇族の戦争日記』日本週報社、昭和三十二年十二月、『東久邇日記』徳間書店、昭和四十三年三月、がある。）

しかし東久邇宮内閣は二ヶ月で総辞職、短命に終わった。その在任中、皇族・華族も敗戦の責任を負うべきであるとして、近衛（当時国務大臣）とともに自発的に謹慎しようと考えていたという（前掲「殿下といわれて幾星霜」）。その後も、東久邇宮・賀陽宮など臣籍降下論を唱え、竹田宮も同種の回想を残しているが、結局は、連合国軍総司令部による指令という形で、皇族特権の剥奪、臣籍降下が実現する。

稔彦王の四人の男子のうち、第一王子・盛厚《もりひろ》王は、陸軍少佐に至り、昭和十八年、昭和天皇の第一皇女照宮成子《てるのみやしげこ》内親王と結婚。東久邇宮家は、二代にわたって内親王を妃に迎えたことになる。第二王子・師正《もろまさ》王は、関東大震災のため大正十二年に事故死。第三王子・彰常《あきつね》王は、昭和十五年に臣籍降下して粟田《あわた》侯爵家を起こす。第四王子・俊彦《としひこ》王は戦後、多羅間《たらま》キヌの養子となってブラジルに移住している。

（附記）

文中に掲げた他に、個々の伝記、『明治天皇紀』全十二冊、『皇室制度史料』皇族一～四、『旧皇族・華族秘蔵アルバム　日本の肖像』十一・十二巻、『平成新修旧華族家系大系』上巻、『歴史と旅』平成十二年九月号、などは全項目にわたって参照させていただいた。

また、初出発表後、浅見雅男氏や小田部雄次氏をはじめ、皇族に関する論著が多く出版されている。

第二部　皇學館史の一断片

一、倉田山への移転

大正七年（一九一八）一月、倉田山校舎の一部（教室）が新築竣工、移転式を挙行し倉田山での授業が開始された。引き続き三月に本館（現、記念館）、その後祭式教室等も順次建設され、大正八年（一九一九）九月、精華寮の移転（現、皇學館高校・中学校敷地）をもって全部竣工。十月十八日には、神宮祭主久邇宮多嘉王の台臨を仰ぎ、本館改築落成式が挙行された。

倉田山移転の計画は、大正四年二月に武田千代三郎館長から発表され、翌五年一月に内務省より認可。同年から敷地購入および地均《じなら》し工事に着手し、足かけ五年に及ぶ。大正二年九月に神宮皇學館最初の専任館長（従前は神宮少宮司などが兼任）として着任した武田千代三郎は、一部移転した後の大正七年四月に大阪高等商業学校長として転出したが、移転の計画・実施を実質的に主導したのが武田館長その人であった。

移転の理由は、築二十年を経た館町校舎（明治二十九年竣工。現、神宮司庁宇治工作所敷地）の老朽化と、低湿のため「梅雨時は勿論の事一寸劇《はげし》い雨になるといつでも畳を上げる位の懸念」（『神宮皇學館五十年史』）があったという地理的環境にある。

加えて、武田館長によれば、「早晩改築をしなければならぬと思つて居たところ、賀陽宮様が御就学遊ばすといふ事になったので、急に改築を断行しようと云う話に進んだ」（武田千代三郎「雑話」『勢陽学報』八号）という。賀陽宮邦憲王の子・恒憲王は、学習院中等科を大正四年に退学して陸軍中央幼年学校に転入している。時期的に考えると、あるいは神宮皇學館でのご就学という風聞もしくは期待もあったのかもしれない。

また日野西資博も、次のように述べている。

それから只今の賀陽宮、此宮様も何でも神宮の祭主にするやうな思召で、最初はあらせられたやうでありますが、是は、明治天皇崩御になりましてから、宮様は御願ひになりまして、軍人に御成り遊ばしたのでありますが、此神宮祭主のことに付ては深い思召があつたやうに存じます。

（日野西資博述『明治天皇の御日常』祖国社、昭和二十七年十一月）

移転先としては高燥清雅の地が求められ、「宇治は土地狭隘であり、山田は卑俗に失する」（『神宮皇學館五十年史』）として、先に御幸道路が開通（明治四十三年）して交通の便もよく、神宮徴古館・農業館（明治四十四年から神宮所管）も建つ倉田山が候補地とされた。

武田館長は四県の知事を歴任し、山梨での大水害への対応や青森での十和田湖開発が知られるように、土木行政にも精通していた。そうしたこともあってか、地所を定めるため、倉田山を中心に、道もない谷や山も自ら実地踏査している。そして「或はコンパスを採つて製図し、或は耒《らい》耜《し》（鋤《すき》）を以て地を相《そう》」した（「武田館長を送る」『館友』一二〇号）という。丘陵地のため飲料水確保に不安もあったというが、試掘の結果は良好で、倉田山への移転が決定されることとなった。

大日本体育協会副会長でもあった武田千代三郎は、神宮皇學館館長在任中であった大正六年四月、読売新聞社主催により実施された京都・三条大橋から東京・不忍池までのリレー走破競技を「駅伝」と命名したことが知られるが、倉田山校舎にトラックやフィールドをもつ当時画期的な運動場（昭和十二年、日本陸上競技連盟より第三種公認）を計画したのも武田館長ならではのものである。「これ（倉田山移転計画）こそ武田館長の名を一日も我等をして忘れしめない所」（『神宮皇學館創立六十周年記念誌』）と評されるごとく、武田館長の倉田山移転に果たした功績は極めて大きいといえる。

平成三十年、皇學館は倉田山に移転して百年を閲した。「運動の為に学業を忘るゝが如きは最も戒めなければならぬことである。然れども今の学生が運動する暇がないとの口実の下に、却て佚楽《いつらく》を貪《むさぼ》らんとするの傾向あるは歎ずべし」（『理論実験競技運動』明治三十七年刊）と、学業と運動の両立を信念とした武田館長の思い、さらには皇學館が倉田山で歩んできたその道のりに触れる機会となれば何よりである。

参考文献

森下千瑞氏「元神宮皇學館館長　武田千代三郎」(『皇學館百二十周年記念誌』学校法人皇學館、平成十四年四月)
渡辺寛氏「皇學館の来歴(十三)—宇治から倉田山へ、学舎移転—」(『K—らいふ』一五五、平成二十一年三月)
齋藤平氏「皇學館人物列伝3　武田千代三郎」(『皇學館学園報』二二、平成二十一年九月)

二、神宮皇學館の入学試験

神宮皇學館の卒業生については、『皇學館大學百三十年史』資料篇一（学校法人皇學館、平成二十五年三月）にも複刻した『神宮皇學館一覧』昭和十六年度・昭和十七年度版に、附表として「卒業年次別人員表」「卒業者出身並在住府県別表」「卒業者科別及職業別表」が収められているので、これによって卒業生数・出身地・職業を統計的に把握することができる。

一方、神宮皇學館の志願者についてはまとまった統計が見当たらず、『神宮皇學館一覧』各年度分や『館友』誌各号を繙く必要がありそうであることから、今回統計資料を作成し、その一部をここに掲載させていただくこととした。（受験の全国的傾向については言及する余裕がなく、竹内洋氏『立志・苦学・出世　受験生の社会史』（講談社現代新書、平成三年二月）等参照されたい。）

まず神宮皇學館本科・普通科の年度ごとの志願者数・受験者数・合格者数の推移は、次頁の表のとおりである（ただし『館友』に記載のある明治四十四年度以降。専科など割愛した）。

このうち、普通神職養成を目的とする普通科への入学は、神職及び神職に準ずべき者の子弟と限定されていた。

〈表〉 明治44年以降の志願者・受験者・合格者数

	年度	入学定員	志願者数	受験者数	合格者数	競争率	入学資格等
本科	明治 44	30	75		31	2.4	中学校卒業程度、4 年制
	45	30	85		34	2.5	
	大正 2	30	記載なし				
	3	30	85		30	2.8	
	4	30	75	70	30	2.3	
	5	40	96	88	40	2.2	
	6	40	111	102	32	3.2	
	7	40	89		36	2.5	
	8	40		81	35	2.3	
	9	40	70	60	30	2.0	
	10	40	101		40	2.5	
	11	40	144	106	42	2.5	
	12	40	193	183	67	2.7	
	13	40	305	277	80	3.5	
	14	80	383	345	81	4.3	
	15	80	451	416	84	5.0	
	昭和 2	80	489	452	73	6.2	
	3	80	649	592	85	7.0	
	4	80	574	505	80	6.3	
	5	80	543		86	6.3	
	6	50	501	454	54	8.4	
	7	50	372	330	56	5.9	
	8	50	358	316	57	5.5	
	9	50	298	271	61	4.4	
	10	50	308	273	59	4.6	
	11	50	340	304	59	5.2	
	12	50	352	327	61	5.4	
	13	50	430	391	64	6.1	
	14	50	380	337	61	5.5	
普通科	昭和 2	25	34		25	1.4	高等小学校卒業程度、4 年制
	3	25			25		
	4	25	77		25	3.1	
	5	25	71		26	2.7	
	6	25	81		25	3.2	尋常小学校卒業、5 年制
	7	25	65		26	2.5	
	8	25	49		26	1.9	
	9	25	59		25	2.4	
	10	25	66		26	2.5	
	11	25	55		25	2.2	
	12	25	58		24	2.4	
	13	25	66		26	2.5	
	14	25	60		29	2.1	

備考：主として『館友』各号・『神宮皇學館一覧』各年度による。空欄は記載なし。
競争率は［志願者数／受験者数］とし、受験者数の記載がない場合は志願者数で、また合格者数の記載がない場合は入学者数で算出した。

本科志願者の父兄の職業をみてみると、『神宮皇學館一覧』に年度ごとの統計が掲載されている昭和三年度以降の十二年間に限れば、志願者総数五一〇五名、うち神職八二四名（一六・一％）、教員五六六名（一一・一％）、官公吏五四二名（一〇・六％）、農業一二一四名（二三・八％）、工業八九名（一・七％）、商業六三八名（一二・五％）、神道教師六四名（一・三％）、僧侶六二名（一・二％）、銀行員・会社員三四二名（六・七％）、軍人四〇名（〇・八％）、医師六三名（一・二％）、職人三九名（〇・八％）、無職四六三名（九・一％）、その他（庶業等）、となっている。

次に出身地は、卒業生の出身地の一覧が先述の『神宮皇學館一覧』昭和十六年度・昭和十七年度の附表「卒業者出身並在住府県別表」によって確認できる。志願者の出身地も傾向としては同じであるが、念のために示すと（ただしこちらも父兄の職業と同様に『神宮皇學館一覧』昭和三年度以降掲載されているので、この十二年間の志願者に限る）、多い順に、三重九・五％（四八四名）、愛知七・九％（四〇四名）、福岡七・六％（三八八名）、兵庫五・九％（三〇〇名）、大阪五・五％（二七九名）が多く、以下大分（一八一名）、広島（一七九名）、岡山（一七七名）、静岡（一六七名）、岐阜（一五九名）、鹿児島（一五六名）、山口（一四二名）、京都（一二四名）、香川（一二二名）、奈良（一一六名）、和歌山・熊本（各一一〇名）、愛媛（一〇九名）、長崎（一〇二名）と続く。

入学試験については変遷があるが、大正十五年度本科を例にみると、三月二十五日から二十七日の三日間、学科試験を実施。翌二十八日には学科試験の結果が発表され、八十六名の合格者が二十九日の口頭試問と身体検査に臨んだ。その結果二名が不合格となり、その日の午後七時、入学許可者八十四名が発表された。

この時の学科試験問題は次のようなものであった。

【国語（解釈・文法）】

解釈の問題は、「わがくにはかみのすゑなりかみまつるむかしのてふりわするなよゆめ」（明治天皇御製）、「白河院の御時天下殺生禁断せられければ国土に魚鳥の類絶えにけり」（古今著聞集）、現代文（大毎新聞社説）の三問。

文法は、「歌はなむ」「歌ひなむ」両句の異同の説明、主語を持たない述語について主語を補う問題二問、口語文のカ行変格活用を問う問題。

この他、仮名に漢字をあてる問題も出題されている。

【漢文】

「敵愾」「汗青」「慎終追遠」などの解釈六問、白文に句読点・返り点・送り仮名を付す問題二問（方孝孺『遜志斎集』と藤田東湖『回天詩史』から一問ずつ）。

【作文】

課題「自らを知れ」。

【国史】

「江戸時代初期に於ける海外貿易」「奈良時代に於ける国史地誌の撰修」「鎌倉時代の新宗教」「聚楽第」「北畠親房」「古河公方」の論述六題。

【外国史】

東洋史は「清聖祖（康熙帝）の事蹟」「班超」「Plassey の戦」、西洋史は「フランス大革命の原因」「The Hegira」「Sarajevo」のそれぞれについて論述。

【英語】

英文和訳四題、和文英訳一題。英訳の問題は、「最近僕ハ古朝鮮ノ歴史ト芸術ト音楽トニ接シテ、朝鮮ト朝鮮民族トヲ尊敬スベキコトヲ教ヘラレタ。而シテ朝鮮ヲ尊敬スルコトガ結局朝鮮問題解決ノ根本デハナイカト考ヘサセラレル」というもの。

なお『伊勢新聞』・『昭和十八年度全国上級学校年鑑』（旺文社刊）・『昭和十九年度全国上級学校綜覧』（同）によって神宮皇學館大學の競争率についてもみてみると（前二者は『皇學館大學百三十年史』資料篇二（学校法人皇學館、平成二十六年三月）に該当部分を収録）、予科（入学定員六〇名）は昭和十五年度は志願者三九一名・受験者二七九名・合格者六三名で競争率は四・四倍、翌十六年度には志願者六七五名・受験者四七八名に対し合格者六三名、競争率は七・六倍となり、『伊勢新聞』には「合格者は八名に一名といふ割合で全国の高等専門程度の学校中に於ける最難関であるため物凄い受験地獄を現出して受験者は何れも悲壮な緊張振りを示してゐた」と報じられている(三月二十六日付)。十七年度は競争率六・五倍、さらに昭和十八年度には志願者一〇八二名(『全国上級学校年鑑』による。『伊勢新聞』では一二二七名)・受験者七三四名・入学者六四名で競争率は一一・五倍に跳ね上がっている。十九年度も七・三倍。

附属専門部も、昭和十六年度には入学定員四〇名に対して志願者数一四二名・受験者数一一七名、十七年度は志願者一〇六名・受験者八八名、十八年度には志願者二二四名(受験者数不明)、十九年度には志願者三九九名・受験者一九九名・合格者数三〇名で競争率六・六倍という難関であった。

三、神宮皇學館の海外交流

神宮皇學館五十周年の時の館長、平田貫一といえば、大学昇格運動の最功労者であり、また神道教育の充実に力を注がれたその功績が顕著であるが、加えて、自身のイギリス視察の経験をもとに、学生訓育について諸改革を行っていることも注目される（本書第二部六の7）。そして平田館長の前任である森田実館長もまた、かつて三年間のドイツ留学で研鑽を積んでいる。ちなみにその前の上田萬年館長も、帝国大学文科大学嘱託であった明治二十三年（一八九〇）から三年間、フランス・ドイツへの留学経験がある（その後も、大正三年（一九一四）から八ヶ月間欧州を視察のため外遊、本館館長在任中の大正十二年（一九二三）にはベルギーで開催の万国学士院会議に出席のため約半年ほど出張。）。そこで、国際交流が活発に行われ関心も高まっている昨今でもあるので、神宮皇學館時代の海外交流を簡単に顧みることとしたい。

神宮皇學館における国際交流の嚆矢は、明治四十年（一九〇七）四月認可の「神宮皇學館外国留学生規程」である。同年三月の神宮大宮司から内務大臣宛の願い出には、神宮皇學館は特殊の学校であるので、その教員たるものは「本邦ノ国体道義ヲ明ラカニシ、而シテ広ク泰西ノ学理ニ通ズルモノヲ相用度候」とあって、その趣旨を知ることができる。そうして認可された規程の第一条には、本館本科を卒業し、さらに東京帝国大学卒業生にして、教育に必要な場合、館費をもって学資費を支給し留学を命ずる、と定められている。教師にその人を得るのが目的であるが、一面、学術奨励の意味も存するといえる。

この規程により、同年五月、森田実が史学研究のため二年間のドイツ留学に出発する。森田は、明治二十六年（一八九三）神宮皇學館本科卒業後、東京帝国大学に進み、同三十六年より神宮皇學館教授の任にあって西洋史の授業を担当した。四十年四月、免官の上で二年間のドイツ留学を命ぜられ、五月出発、九月ドイツ着。以来、ミュンヘン・ハイデルベルグ・ライプチッヒの三大学において修学。やがて留学期間を二年半に延長し、四十三年四月帰朝、留学は三十二歳夏より三十五歳春の都合三年間に及んだ。同年五月神宮皇學館教授に改めて任命され、以後、教授として西洋史を講じ、大正十五年（一九二六）には本館卒業生として始めて館長（九代）に就任、昭和五年まで務めた。この森田のドイツ留学中の日記が、古川左京氏によって紹介されている（「森田実先生と独逸留学（一）～（三）」、『館友』七三・七四・七六号、昭和四十二年一月～七月）。

森田がドイツに出発した翌年には廣池千九郎教授も法制史・東洋史・中国語に関する調査のため春休みを利用して北京に旅行している。また、卒業生の外地での神職・教員としての活躍等については枚挙に暇がない。（『神宮皇學館一覧』によれば昭和十七年九月現在、神宮皇學館卒業生のうち、朝鮮在住八七名、台湾在住一二六名、樺太在住一二名、満州国在住四八名、中華民国在住九名。また例えば海外神社への奉職については秦昌弘氏「旧官国幣社における職員の形成について①〜④」『館友』二七八〜二八一号、平成二十四年十月〜平成二十五年七月、参照。)

学生の渡航としては、大正十一年(一九二二)の第一回を皮切りに、本科四年生が修学旅行にて満州・朝鮮方面に赴く「満鮮旅行」が恒例となる。この満鮮旅行は、昭和十五年まで実施されており、その旅行記は連載「神宮皇學館修学旅行日記・満鮮旅行記」(『研究開発推進センター紀要』第四号、平成三十年三月〜)の(六)〜(九)に掲載予定である。

さて、第一回旅行は、本科四年生十四名が参加し、竹島寛・石井鹿之助両教授が引率、一行十六名。七月十二日に山田(伊勢)を出発、翌日門司港を出航し、十六日大連に上陸。大連→旅順→奉天→撫順→奉天→平壌→京城→仁川→京城→釜山と巡り、二十七日に下関着、十六日間に亘る旅行であった。

引率した竹島寛教授は、「内地の修学旅行では所期の効果を収め難い」という学館当事者の意見が契機となり、そして実現した旅行は、一行の心的内容を豊富ならしめ、日韓関係の歴史、日清日露戦争、あるいは満鮮に関する時事問題を考察するにあたって「少くとも旅行前より、より確かな解釈を下」すことができるようになり、大成功であったと語っている(『勢陽』一三号。連載の第六回に掲載予定)。以上は学館関係者の公務あるいは学校行事としての海外渡航の一端である。

他方、外国・外地からの来訪についても、大正十五年（一九二六）十一月、シャム王国（タイ）のプラオン・カオ・ダーニ親王とシッパン女王が来館した例や、昭和七年（一九三二）五月と八年六月に神道・日本研究で著名なアメリカ人・メーソンが神道について講演（土田誠一教授が通訳）を行ったのをはじめ外国人研究者による本館視察など、少しく見受けられる。

また、外地から受け入れた入学生も確認される（台湾二名・朝鮮二名。樺太出身二名は除く）。

・朴駿榮（本科）　朝鮮出身。朝鮮・養正高等普通学校卒業後、大正十四年四月入学も、昭和三年三月依願により退学。

・謝源泉（本科）　台湾出身。山口・曹洞宗第四中学校卒業後、昭和二年四月入学、六年三月卒業（本科四十回）。卒業後、台湾で警察官となるが、昭和十年四月、台中において強震のため圧死。

・楊順徳（本科）　台湾出身。台湾・高雄中学校卒業後、昭和三年四月入学、七年三月卒業（本科四十一回）。卒業後、満州や朝鮮の学校に勤め、昭和十年粟野家に入り改姓。引揚後は古市に住んで、新制中学校長・県教育事務所・中央児童相談所長など歴任。昭和五十九年逝去。

・金徳泳（普通科）　朝鮮出身。昭和十四年九月入学。入学後まもなく、昭和十四年制令にもとづき創氏改名、十七年二月卒業（普通科十一回）。卒業後の消息は不明。

それぞれの神宮皇學館入学の動機などについて、残念ながら『館友』誌を繙いても詳しいことは確認できないが、謝源泉の入学時には方々から期待され、大阪毎日新聞には「皇學館入学の謝源泉君は語る」という題で「台湾に神道を弘布する」という抱負が述べられていたという。会話は一通り出来たものの、日本語はまだ洗練されておらず、日本漢文や国語、特に作歌の授業などは苦労したようである。中等教員を目指していたが叶わず、故郷で警察官となって間もなく震災にあった。（小川一氏「噫謝源泉君」、『館友』三二四号、昭和十年五月）

栗野順徳は、「入学して間もない作歌の時間に「藤」という題が出たとき、どんな花か見たこともない、と楊君が悲鳴をあげたのを覚えている。卒業して古市の修道小学校の代用教師となったが、他の先生より楊先生の方がきれいな標準語だと評判が高かった」、「先年夫人と台湾旅行をしたが、台湾へ行ってきたといい、帰ってきたと言わなかったことが私の心に残る」、といったエピソードが語られている（田中正氏「井脇、栗野両兄を悼む」、『館友』一五八号、昭和五十九年七月）。

四、東海学生連盟駅伝競走

平成二十九年は、大正六年（一九一七）神宮皇學館館長武田千代三郎による「駅伝」命名よりちょうど百年にあたり、その年に、本学駅伝競走部が秩父宮賜杯第四十九回全日本大学駅伝対校選手権大会に念願の初出場、熱田神宮―伊勢神宮間を自校のたすきで繋ぐ健闘をみせたことは記憶に新しいところである。

さらに、十二月に開催された第七十九回東海学生駅伝対校選手権大会においては「七十七年ぶりに優勝」。十月に行われる第三十回出雲全日本大学選抜駅伝競走への出場権を獲得した。

「七十七年ぶり」とあるように、戦前の神宮皇學館は、昭和十五年（一九四〇）一月十四日に行われた「第四回　皇大神宮・熱田神宮間東海学生連盟駅伝競走」で優勝を果たしている。

戦前の東海駅伝に関して、第一回から第三回までは『館友』もしくは『勢陽学報』に比較的詳しい記事が存するものの、第四回（昭和十五年）以降は簡潔な記事しか管見に及ばず、残念ながら第四回の神宮皇學館の優勝時のことなど、学内に所在する資料から詳細を知ることが叶わない。

今後学外資料等を調査する必要があろうが、とりあえずここでは学内資料で確認できる限りをまとめさせていただくこととする。

・スタート地点：内宮宇治橋前
ゴール地点：熱田神宮
・130km弱（第一・二回は全七区、第三回以降は全八区）
・東海地区の大学・専門学校（旧制）が参加（第一回は九校、第二回以降は十校）

第一回　昭和十二年一月十日

参加校九校、一着三重高農（8時間23分28秒）、二着名古屋高商、三着本館

一区　内宮宇治橋前～徳和駅（23・8km）　西村豊明（本科二年）
二区　徳和駅～津県会議場前（22・7km）　木場貞治（本科二年）
三区　津県会議場前～白子郵便局前（15km半）　久保田正（本科三年）
四区　白子郵便局前～四日市諏訪神社前（17・8km）　白岩　隆（本科一年）
五区　四日市諏訪神社前～伊勢大橋（17・8km）　橋本昌幸（本科二年）
六区　伊勢大橋～名古屋昭和橋（19・5km）　仲田義正（本科一年）
七区　昭和橋～熱田神宮大鳥居（14km）　井上豊太（本科三年）

神宮皇學館は一区で三位、第二中継場で四分の差があった名古屋高商を三区で抜いて二位となり、二分差をつける。第五区、名古屋高商が区間賞の走りで皇學館は三位に。二位との差わずか15メートル（13秒）の三位でゴールした。

（以上、『勢陽学報』第十一号による）

第二回　昭和十三年一月十六日

参加校十校、一着三重高農（8時間25分59秒）、二着本館、三着岐阜高農

一区	内宮宇治橋前～徳和駅（23・8km）	白岩　隆（本科二年）
二区	徳和駅～津市役所（21・7km）	佐藤重成（本科一年）
三区	津市役所～白子郵便局前（16・25km）	仲田義正（本科二年）
四区	白子郵便局前～四日市諏訪神社前（17・8km）	木場貞治（本科三年）
五区	四日市諏訪神社前～伊勢大橋（17・8km）	矢口佳夫（本科二年）
六区	伊勢大橋～昭和橋（19・5km）	平泉威雄（本科二年）
七区	昭和橋～熱田神宮大鳥居（14km）	井上豊太（本科四年）

一区、三校が四位以下を引き離し、一位三重高農、200m差で名古屋高商、さらに250m差で皇學館。二区で名古屋高商がブレーキ、皇學館はトップと九分差で二位。三区、体調不良で三位集団に迫られ、最終七区では一時、岐阜高農との差130mの激戦、最後には引き離して二

着。

（以上、『館友』三五八号による）

第三回　昭和十四年一月十五日

参加校十校、一着三重高農（8時間12分13秒）、二着本館（8時間33分18秒）、三着岐阜高農（8時間52分2秒）

一区　内宮～小俣？（約10km）　矢口佳夫（本科三年）
二区　小俣？～松阪　佐藤重成（本科二年）
三区　松阪～津　白岩　隆（本科三年）
四区　津～白子　三宅孝之（本科一年）
五区　白子～四日市　仲田義正（本科三年）
六区　四日市～伊勢大橋（14・6km）　竹内太真雄（本科一年）
七区　伊勢大橋～昭和橋　中島　嵩（本科二年）
八区　昭和橋～熱田神宮（14km）　木場貞治（本科四年）

一区、皇學館は三重高農と同着一位。二区は区間賞の走りをみせ、そのままトップで最終区を迎えるが、残念ながら二着でゴールイン。

（以上、『勢陽学報』第十九号による）

第四回　昭和十五年一月十四日

参加校十校、本館優勝（8時間21分48秒）、二着三重高農

仲田義正（本科四年）

佐藤重成（本科三年）

中島　嵩（本科三年）

矢野徹郎（本科一年、八区）　他四名

第五回　昭和十六年一月十二日

参加校十校、一着三重高農、二着本館

矢野徹郎（本科二年、八区）　他七名

第六回　昭和十七年一月十一日

参加校十校、本館十着

矢野徹郎（本科三年、四区）

高島準一（予科二年）

内藤進夫（予科二年）

斎賀雍彦（予科一年）
徳田　徹（予科一年）
原田敏丸（予科一年、三区）
山口俊雄（専門部一年）
山本行昌（専門部一年、七区）

一区では体調が悪かったせいか九位同着、二区では肉離れを起こしてしまい九位との差約10分。後半健闘するも及ばなかったが、途中棄権や繰り上げなく走り通した。

（以上、原田敏丸氏「駅伝回想」『館友』一九七、平成五年八月、同氏「矢野徹郎さんとの想い出」『館友』二八四、平成二十六年三月、による）

昭和十八年以降は時局の影響で開催されず、再開されるのは戦後のこととなる。

第一回　昭和十二年
（神武徳彦氏より大学に提供）

第四回　昭和十五年
（卒業アルバムより）

第六回　昭和十七年
（吉川通泰氏より大学に提供）

五、皇學館大學の再興とその資料

はじめに

三重県伊勢市にある皇學館大学は、前身を神宮皇學館・神宮皇學館大學といい、明治十五年（一八八二）四月に神宮祭主・久邇宮朝彦親王の令達により設置された。同年二月には東京大学古典講習科、八月に皇典講究所が設置認可されており、これらは、欧化主義という風潮の中で我が国の歴史・文化がややもすると顧みられなくなりかねない、という危機意識が背景にあった点で共通するものと思われる。

明治三十六年（一九〇三）八月には「神宮皇學館官制」が公布されて内務省所管の官立専門学校となり、紀元二六〇〇年を迎えた昭和十五年（一九四〇）四月には「神宮皇學館大學官制」が公布され、文部省に移管されて官立単科大学に昇格した（十五年予科、十六年附属専門部、十七年学部開設）。卒業生は神職および教職（国漢科・歴史科）につくものが多数を占める。しかし、昭和二十年（一九四五）に敗戦を迎えると、それに伴って廃学の危機に遭遇する。廃学直後より、再興への試行錯誤が繰り返され、昭和三十七年（一九六二）に至ってついに私立の皇學館大學として再興を果たしたという歴史を有する。

ところで、皇學館では、これまでに次のような年史・記念誌を刊行している。
・『神宮皇學館五十年史』(昭和七年)
・『神宮皇學館創立六十周年記念誌』(昭和十七年)
・『創立九十年再興十年皇學館大學史』(昭和四十七年)
・『皇學館大學百年小史』(昭和五十七年)
・『皇學館百二十周年記念誌』『皇學館百二十年史年表』(平成十四年)
・『皇學館大學百三十年史』全五冊(平成二十四年~平成二十六年)
これらの書名にも明らかなように、明治十五年を「創立」、昭和三十七年を「再興」と位置づけている。

これは、再興皇學館大學は神宮皇學館大學の復活・再興したもので、その精神を継承していることを意味する。神宮皇學館では、明治三十三年に神宮祭主・神宮皇學館総裁であられた賀陽宮邦憲王より次のような令旨を賜り、建学の精神を示すものとして奉戴してきた。

神宮皇學館教育ノ旨趣ハ、皇国ノ道義ヲ講ジ、皇国ノ文学ヲ修メ、之ヲ実際ニ運用セシメ、以テ倫常ヲ厚ウシ、文明ヲ補ハムトスルニ在リ。夫レ業勤メザレバ精ナラズ、事習ハザレバ達セズ。況ンヤ本館期スル所ノ学ノ重且大ナルニ於テヲヤ。本館学生、深ク此旨ヲ体シ、常ニ師長ヲ敬重シ、館則ヲ遵守シ、黽勉努力、以テ他日ノ成業ヲ期シ、夙夜肯テ怠ルコト勿レ。

この令旨は、再興後も今日に至るまで本学建学の精神を端的に示すものとして奉戴されている。そもそも大学再興の実現は、後に述べるように、館友（皇學館の卒業生）の単なる帰属意識や懐古主義といったものではなく、館友の尽力のみならず、神宮皇學館大學の理念に対する共感を得て、多くの協力・尽力を得られたことが大きく影響しているともいえる。

今回は、皇學館大學の「再興期」について報告するようにという依頼であるので、研究会テーマから逸脱することを恐れるが、以下、再興に至る経緯とその拠るべき資料について報告する。

一、廃学

敗戦直後の昭和二十年八月、山田孝雄学長が国史編修院に転出し、後任の学長任命なく学長不在となるが、そのような中、十月頃、いわゆる「神道指令」が準備されつつあることが伝わり、当初は官立としての存続が模索されることになる。

（イ）官立としての存続

当初、内務省神祇院当局の見解は「諒解次第で左程の問題は起るまい」（『伊勢新聞』十月十五日付）

というもので、文部省も「神官養成機関たるの大学の特色を払拭し、国学を研究する最高学園とすると同時にその研究も独占的ではなく、あらゆる批判を加へるやうにするためまづ校名を改称しまたそれに平行して講座の改変、教授の異動なども当局で考慮」（『伊勢新聞』十月十七日付）することによって官立として存続することを企図していた。

大学においても、教授会は十月中に学則と校名の変更願を提出している。しかし、大学内の意見が統一されていた訳でなく、『朝日新聞』には「終戦以来同校の改革を繞つて教授と大学との間に意見が対立、学長代理小松泰馬教授は事態の紛糾を理由に学長代理を辞任」したと報じられ（十一月十一日付）、当時学部学生であった鷲尾（のち正井）光張氏の日記にも、上記のような教授会の改革案を学生に説明した喜田新六教授に対して、倉野憲司教授が教授の総退陣と学生による教授推薦形式をとることによって大学の陣容整備と各科存廃問題を決しようという意図をもっていたと記され、教授会の決定とは異なる意見を有していたことなどが認められる[1]。

教授会内における意見の不一致に加えて、文部省に提出した改革案に対する返答はなく、不在であった学長に教授会として館友である安藤正次元台北帝大総長を推薦しても実現に至らない、という有様であった。このような事態に学生側も十二月八日に学生大会を開催し、「各専攻ニ関シテハ学校当局案ヲ支持」、「自由選択ニヨル単位制度」、「教授陣ノ刷新充実竝ニ学園ノ自治」という三項目を決議[2]した上で、学生代表が大村清一文部次官に面会する。しかしそこで示されたのは官立としての存続が困難であるという見通しであり、[3]十二月十五日にはGHQによって発令されたいわゆる「神道指令」には「あらゆる公の教育機関にしてその主要なる機能が神道の調査研究及び弘布にあるか或は神官の養成にあるものは之を廃止」することが規定されており、これにより官立として存続する道が絶たれたことになる。

（ロ）神宮移管による私立移行

官立以外での存続の方法として第一に考えられたのが、神宮移管による私立移行という道であった。昭和二十一年一月十日、教員が上京して文部省の意見を打診したところ、神宮移管のことが示され、[4]これを受けて十七日には、大学でも学生に対して三月中の廃学、そして神宮経営の私立移行のことを通知している。[5]

この神宮移管について、原田敏明教授は早急に規模を縮小して私立学校へ移行することを提案したが学内の意思統一と言うわけには程遠かったという。[6]GHQの内部にも私立の教育機関は許されるべきという意見が存在し、その実現性は皆無ではなかったようにも思われるが、[7]しかし上記のように意思統一に至らなかった学内事情、またあるいは神宮自体にも国家の保護を受けられなくなることによる財政事情などがあって話が決まらない中、二月八日に田中義男学長事務取扱以下がGHQ宗教課を訪問した際に、神道は宗教であって皇學館の存続は認められず、学生を転

学せしめる事は認め、教職員の転任は一切認めない、ということがGHQの意向であると判明した。(8)

（ハ）他大学との合併案

このような状況下、名古屋帝国大学の田村春吉総長が法文学部新設にあたって神宮皇學館大學との合併を望んでいるという情報が伝わり、二月十三日に学生が面会に訪れてその意向を確認、学生大会においても賛成を表明する。学生の活躍を受けて、教授陣にも賛同する者があったけれども、文部当局の同意を得られずこれも実現に至らなかった。(9)

なお、特定の大学でなく広く転学を希望して学生代表が合併案に反対したという記録も残っていることから、(10)学生側の意見も必ずしも統一されたものではなかったことを示唆している。また、新美忠之教授は「名古屋大学の文学部として残そうという案も提出せられました。しかしそれは建学の精神とか講《マヽ》学科構成を無視するものでした。それは実体的な自己否定では無いかと反論しますと、皇学館の建学の精神など今日では間違いだと云うのです。古事記や上代文学を専攻する学者と見ていた男にすっかり裏切られた感がしました。」と、合併による存続を支持する倉野憲司教授を暗に批判する回顧文を残しており、(11)ここからは、理想主義と現実主義という意見の相違も認められる。

他にも、國學院大學との合併を望む神社界の声もあったが、[12]これは皇學館側の教員・学生にあまりよく受け止められていなかったことが窺え、[13]実現性は乏しかったようである。

以上のごとく、様々な方策が立てられ、存続への努力がなされるものの、いずれも意見がまとまることなく廃学は避けがたい情勢となり、昭和二十一年二月十一日の教授会にて廃校を決定、二月二十日に離別式、三月十三日公布の勅令第一三五号によって三月三十一日に「神宮皇學館大學官制」が廃止、学生教職員は四散せざるを得なくなった。

なお、戦前期の資料については、明治四十五年（大正元年）の事務室火災や昭和二十一年の廃学によって、多くを失っている。大学昇格に際して神宮皇學館大學が神宮皇學館から引き継いだ図書類が神宮に返還[14]された他は、神宮皇學館大學の資産は神宮に返還されることなく、結果として関係者ばかりでなく資料も四散することになる。校舎校地等は宇治山田市が買い取って倉田山中学校に転用され、[15]大学昇格後の受入図書は名古屋帝国大学が文学部を設置するに際して、また考古学資料はじめ備品類は三重県立大学の国立大学移行に際して、その資産とするため移管され、両大学に所蔵されたまま現在に至っている。学籍簿・学務文書については廃学後の事務を名古屋帝国大学が代行した関係で名古屋大学に移管されているが、このうち人事関係資料を除いて昭和四十二年に皇學館大學へ返還された。以上の他、廃棄処分とされた資料も少なくないという。

二、伊勢専門学館・清明高等学院

大学再興の動きは、昭和二十一年三月の廃学から間もなくして、館友の間に起こる。同年六月頃より、古川左京・野上正篤両氏らが中心となって館友会（同窓会）を主体とする教育機関経営を計画、九月には、館友である早川満三郎を館長とする伊勢専門学館が私立学校令による各種学校として設立認可される。しかし、十月の授業開始を前に教員予定者であった西川順土氏が教員不適格と判定、また入学式の翌月十一月に三重県軍政部から授業停止および館長の教職不適格の命令が下されるなど、圧力がかかる。早川館長は存続を期し、二十二年一月館長を辞任して折衝にあたるが、館長不在の中、自然消滅に至る。

伊勢専門学館は館友が中心となっていた故に廃校に追い込まれたため、すぐさま館友ではない森田久造を院長とし、校名も清明高等学院と改めて二十二年三月付で設立認可、再出発するが、学科の中心となるべき神道学の担当教員が、館友出身では再び追放となる危険性があったために容易にこれを得られず、結局、清明高等学院も開校から一年で学生募集を停止せざるを得なくなった。

伊勢専門学館については、名古屋大学から返還された資料中に「伊勢専門学館書類」の綴があり、また関係資料が西川順士氏より大学に寄贈。西川氏や当時学生の回想も残されるなど、資料が比較的残されている。清明高等学院については、森田久造院長の回想がある。

三、五十鈴会の設立

（イ）日本文化研究所案

廃学となった大学を何らかの形で再興しようとする努力は挫折したが、昭和二十四年以降、米ソ冷戦の激化によって占領政策も転換をみせ、館友も再び活動をはじめることになる。

その第一が、昭和二十五年一月の同窓会誌『館友』の復刊であり、名簿を作成して館友の現況を把握し、館友間の連絡誌として、また館友の団結を促すのに大きな役割を果たすことになる。同時に、そこに掲載された母館再興運動の経過報告や関係者の回想など、当時の動向を窺い知る基本的な資料となっている。（以下、特に注記しない限り、出典は『館友』誌に拠る）

続いて、昭和二十六年八月には、同窓会である館友会を再組織し、財団法人五十鈴会を設立。設立総会では、まず伊勢に日本文化研究所を設置し、漸次教育機関にまで発展せしめる、という方針が打ち立てられた。

（ロ）短期大学案

さらに、昭和二十七年にはサンフランシスコ講和条約が発効し、占領政策が一応の終わりを迎えたことにより、母館再興も現実的なものとして軌道に乗ることになる。二十七年八月には、五十鈴会全国大会において「神宮皇学館大学再興期成会」が結成され、翌年（二十八年）に控えた神宮式年遷宮終了後を期して、神宮経営による短期大学を設置し、これを将来大学に昇格させる、という構想ができあがる。これをうけて二十七年中には神宮の参与・評議員会においても審議され満場一致の賛同を得、二十九年五月に「神宮文化施設の拡充調査に関する特別委員会」を設けてこの短期大学設置のことが審議されたが、第二回委員会がすぐに開かれることがなく、ただちに実現には至らなかった。

（ハ）神職養成機関としての神宮皇學館発足

昭和三十年二月、神宮責任役員会においては、短期大学を縮小し神職養成機関として設立する案を可決、同じ月の神社本庁緊急理事会では六項目よりなる希望事項を付してこの神宮の神職養成機関案を諒承するに至る。その希望事項に、「神務実習の道場たることに主眼をおかれたきこと」、「大学としての機構に迄拡充することは、次の御遷宮にも影響する懸念があるのみならず、種々の問題を派生することが予想されるので組織は原案の程度ですまされたきこと」、という二項目があって、五十鈴会の意図するような、将来大学に発展せしめるという道を絶つものであった。

この神社本庁の案は『神社新報』誌にもそのまま掲載され反響を呼んだが、その神社本庁側の事情については、『朝日新聞』に「全国神社の神職は旧皇学館系と国学院系の二派があり、各神社間にはどちらかの一派で神職を固めようという傾向があ」り、一部神職の間で「〝皇大が廃校になった現在またこれを復元することは新しい争いを起しはしないか〟と再建を危ぶむ声も飛び出している」といい[16]、また『神社新報』を発行する神社新報社の葦津珍彦氏によれば、院友（國學院の卒業生）系の人々は大学としての機構にまで拡充することは次の御遷宮に対しても経済的に影響すると力説し、館友系の人々は皇學館の将来を制約する目的で加えられた重圧であるとしてこれに反対、双方からの主張が『神社新報』誌に投稿されたが、いずれも掲載を控えた旨、回想している[17]。

結局、神職養成所としての神宮皇學館は昭和三十年四月に開館するが（一年制の私立各種学校）、ここにおいて、館友は神宮による経営以外の方式で独自に大学再興を目指すこととなった。なお、神宮皇學館（昭和四十四年に神宮研修所と改称、甲種普通神職養成機関として改組された）については、木野戸勝逸氏「神宮皇學館（戦後）」（『神宮・明治百年史』上巻、神宮司庁、昭和四十三年十月）に詳しい記述がみられる。

四、皇學館後援会の活動

昭和三十四年に至り、財団法人皇學館後援会が設立され、大学としての再興を期した活動が始まる。後援会の会長には吉田茂元首相、副会長に池田勇人通産相、理事長に草葉隆円参議院議員、また財界の有力者を理事に迎えて、募財活動が始められる。政財界の有力者の尽力を得られたことについては、例えば、吉田会長の回想に次のようにみられるように、それらの人々が皇學館大學の趣旨に賛同したことによる。

確か昭和三十二、三年の頃（昭和三十二年一月三十日のこと）だったと思う。元厚生大臣で愛知県地方区選出参議院議員の草葉隆円君が、熱田神宮宮司の長谷外余男という人を連れて訪ねてきて、元の神宮皇学館大学を復活させたいということで相談を受けた。……その当時（募財活動中）述べたこと、また今日でも言いたいことは、先きにも述べたように、神道と軍国主義と関係があるように決めてかかった占領軍の考え方は、全くの誤解であったこと、皇学館大学復活の趣旨は、単に神道の復活という狭い狙いにあるのではなく、広い大きな立場から、国民精神の中心として国の歴史や伝統に対する理解を深めたいというにあること、最近のわが国情においては、物質的な復興には見るべきものがあるが精神面のそれが伴わず、殊に共産主義が深く侵入してきているに対し、これに対抗する力ある組織の根底として

神道の精神が大切であることなどであった。……(18)

昭和三十五年五月に大蔵省から大学に対する寄付金の免税が認められ、募財活動に本格着手することになる。活動の中心を担うべき池田副会長が七月に首相に就任するなど支障も生じたが、公務多忙の中でも会合に駆けつけ協力を懇請した。翌三十六年三月に大学名称を決定、六月に地鎮祭を斎行するが、学長の人選などにも難航。九月八日に至って、学校法人理事長に長谷外余男五十鈴会会長、大学学長に平田貫一元神宮皇學館館長、学部学科構成を一学部二学科（文学部国文学科・国史学科）にすることが正式決定され、翌四月開学を目途に準備が始められる。

九月十三日、大学設立準備委員会を八坂神社に設置して教員人事や学則の制定に着手し、同月末の設置認可申請書提出期限に間に合わせることができたが、十二月、大学本館の建築工事遅延のため認可保留。三十七年二月にようやく大学設置が認可され（八日新聞公表、十七日付認可）、二月十六日に他大学に遅れて学生募集事務を開始。定員一〇〇名に対して志願者数一三七名・入学者九七名を得て、四月二十三日入学式、二十五日開学式を迎えた。

なお、以上のごとき事実の経過はおおむね『館友』によってたどることができる。関係者の回想も少なからず存し、例えば設置認可申請書の提出まで短期間で取り組んだ事務局の苦労が林尚右氏「皇學館大学の再興」（『やそじ』〈私家版、平成六年七月〉所収）に記され、吉田会長は先に引用した「私の〝人造り〟」、草葉氏は「皇学館を設立するまで」（『学報』号外〈昭和三十七年四月〉掲載）、など記している。事務文書類は国立国会図書館つくば分館や本学に若干存するが多くは事務所移転に際して所在不明になっており、その欠をこれらの経過報告や回想によって補うことができる。

また、皇學館大學の再興は、館友・神社界のみならず政財界からも多くの支援があった上に、ジャーナリズムにより賛否両論の声があがるなど、少なからず世間の注目を集め、皇學館後援会の設立された昭和三十四年や開学の昭和三十七年前後を中心に、新聞や雑誌の特集記事として採り上げられた例も多い。精粗はまちまちであるが、本学に所蔵されているもの、あるいは『館友』誌などに転載されている記事など、その主なところを列挙すれば、次の通りである。

・昭和三十四年

『朝日新聞』六月三十日付、『毎日新聞』六月三十日付、『産経新聞』大阪版六月三十日付、『中部日本新聞』六月三十日付、『読売新聞』七月一日付、『中部日本新聞』七月三日付、『朝日新聞』七月三日夕刊、『毎日新聞』七月四日付、『中部日本新聞』七月四日付、『週刊朝日』七月十九日「神宮皇学館」、『朝日ジャーナル』七月十九日「神宮皇学館の復活運動」、『週刊文春』七月二十日「皇学復興と愛国心」、『神社新報』七月二十五日付「皇学館大学の設立」、『週刊読売』七月二十六日「六十人のための五億円　神宮皇学館復活の真相」、『週刊現代』七月二十六日「『お伊勢さん』よみがえる　神宮皇学館の復活」

・昭和三十六年
『伊勢新聞』一月三十一日付、『サンデー毎日』七月九日「皇国史観へ『回れ右ッ』」、『神社新報』九月十六日付「神社本庁と神道大学」、『同』十月七日付
・昭和三十七年
『読売新聞』二月四日付、『中部日本新聞』二月四日付、『同』二月六日付、『同』二月八日付、『毎日新聞』二月八日付、『産経新聞』二月八日付、『朝日新聞』二月八日付、『神社新報』二月十七日付、『朝日新聞』三月三日付天窓欄、『週刊朝日』三月三十日「伊勢路の春・神々の復活」、『文化時報』四月八日付、『現代宗教新聞』四月十五日付、『中部日本新聞』五月二十三日夕刊「スタートした神道大学　皇学館大学をたずねて」、『現代宗教新聞』六月二十五日付
・昭和三十八年
『朝日新聞』三月十一日夕刊「再建一年の皇学館大学」、『朝日ジャーナル』十二月一日「大学の庭　皇学館大学　神ながらの三代目」（橋川文三氏）
・以後、『現代の眼』昭和五十四年四月号「〃全学一体〃で護持する「皇国」の理念」、『朝日ジャーナル』昭和五十六年七月号「三〇〇万人の大学　皇學館大學　神道精神の再興と歴史への対峙」（池田芳一氏）、林雅行氏『教育に「日の丸」を』（汐文社、昭和五十九年七月）、『AERA』平成五年六月号「神社界の二大パワー国学院VS.皇学館」（尾木和晴氏）などが再興の経

緯にふれる。

五、再興後の教育体制・学風

ここまでは、大学再興に至るまでの多難な道のりと、それに関する資料について述べてきた。皇學館大學における「再興期」という場合、再興十周年を迎えた昭和四十七年頃までが範疇に含まれるものと考えるが（昭和四十八年、神社界と関わりの深い初代平田貫一学長・二代高原美忠学長の後を継ぎ、研究者である佐藤通次学長が就任。昭和五十年に教育学科、昭和五十二年に神道学科を設置。）、神宮皇學館大學より継承する理念をどのような形で教育研究の場で実現するか、すなわち教学体制の確立ということについては、再興十周年に刊行された『創立九十年再興十年皇學館大學史』（九十年史）において特に重点を置いて詳述されているところである。

よって、本報告で改めて詳しく採り上げることはしないが、大学の基本的な方向性の模索ということでいえば、開学に際しては、神道学科を設置すべきか否かという問題（この点についての議論は『神社新報』に掲載）につき、他学科の脱神道を憂慮して敢えて設置せず学風の確立を優先したという事がある。将来的に学部を増設すべきかどうかという問題も存した。なお、皇學館大學が再興された一九六〇年代は、大学紛争がさかんな時期であったが、皇學館大學においてはその学風から、学生運動は再興以来一度も起こっていない。昭和四十二年、吉田茂総長の逝去によって岸信介元首相が総長の職を継ぐが、岸総長の秘書役であった堀渉氏は後に次のように回想している。

……岸が総長に就任した頃は、大学紛争が全国で拡大激化していた。平素の授業にも支障を来し、入学式や卒業式がまことに行えない程荒廃した大学が多数あった。この様な嘆かわしい世相の中で、当時の皇學館大学の卒業式は体育館で行われていた。演壇の正面に堂々と日の丸を掲げ、君が代を斉唱し、式は厳粛且つ整然と行われ、参列した父母達の顔も喜びと感激に溢れていた。終戦以来初めて見る、自信と誇りに満ちた立派な卒業式に私は深く感銘し、式の終り頃に歌われる校歌の歌詞と旋律で胸が一杯になるのであった。……(19)

こうした事柄も、本学の学風の確立、ということを示す良い事例かと思われる。

他に、大学の立場から叙述された『九十年史』に対して、先に掲げたような新聞・雑誌の特集記事では、各々の執筆意図はともかくとして、開学まもない頃の教職員学生の志向や学生生活について、インタビューを交えて学外者の目で記録しており貴重である。

註

(1) 正井光張氏『倉田山日記抄　神宮皇学館大学発足から廃学までの六年』(正井光張君遺稿集編集世話人、昭和五十年七月)。ただし当時の日記を活字化したもの。

（2）この時の「決議文」が皇學館大学に所蔵されている。
（3）正井光張氏前掲註（1）書、後藤裕文氏「母校廃絶の経緯について」（『館友』三、昭和二十五年七月）。
（4）『伊勢新聞』昭和二十一年一月二十五日付。
（5）皇學館大学所蔵文書「学校問題ニ付テ・授業開始時日変更ニ付テ」（昭和二十一年一月十七日、神宮皇學館大學学生課発給）。
（6）西川順土氏「原田敏明」（『悠久』三〇、昭和六十二年七月）。
（7）長谷外余男氏「神宮皇學館の再興」（『神社新報』昭和二十九年一月四日付）等。
（8）杉谷房雄氏「大東亜戦争戦中戦後の神宮」（『神宮・明治百年史』中巻、神宮司庁、昭和四十四年三月）。この箇所は同行した植村芳男予科教授の談話にもとづき記述されている。なお、杉谷氏が学長事務取扱を「田中耕太郎」とするのは「田中義男」の誤り。他に、『伊勢新聞』昭和二十一年二月十五日付等も参照。
（9）正井光張氏前掲註（1）『倉田山日記抄』、後藤裕文氏前掲註（3）「母校廃絶の経緯について」。
（10）松田文夫氏『体験の昭和史』（私家版、平成四年二月）。ただし松田氏（当時、専門部学生）は学生大会に出席しておらず伝聞にもとづくもので、既述の通り学生代表が反対したというのは誤りである。
（11）新美忠之氏「清明寮最後の日の思い出」（『神宮皇学館大学専門部第一回生同窓会消息集』、昭和三十一年ヵ）。
（12）國學院大學校史資料課編『國學院大學百年史』下（國學院大學、平成六年三月）。

（13）浜田正昭氏「続倉陵の記（八）」（『館友』二二四、平成十一年三月。ただし当時の日記を活字化したもの）、神社新報社編『神道指令と戦後の神道』（神社新報社、昭和四十六年七月）等の記述に基づく理解。

（14）昭和三十七年の大学再興にあたっては神宮文庫の一部と旧神宮皇学館本を借用、昭和四十八年の附属図書館完成に際して多数譲渡。

（15）大学再興時は神宮からの借用地で旧神宮皇學館惟神道場跡地を使用、その後買い戻しをすすめて昭和四十三年に至りほぼ旧に復する。

（16）『朝日新聞』昭和二十九年十月五日付。

（17）葦津珍彦氏『神社新報編集室記録』（神社新報社、昭和三十一年五月）。

（18）吉田茂氏「私の〝人造り〟皇学館大学のこと」（『世界と日本』番町書房、昭和三十八年七月）。

（19）堀渉氏「皇學館大学への回顧と期待」（『皇學館百二十周年記念誌―群像と回顧・展望―』学校法人皇學館、平成十四年四月）。

六、皇學館大學の国立移管論

はじめに

戦前期において、大学はその基本法令である大学令に基づいて、帝国大学、官立大学、公立大学、私立大学に区分されていた。敗戦後の昭和二十二年三月、学校教育法制定に伴ってその大学令は廃止され、各帝国大学および官立大学の官制も、二十一年四月の帝国大学官制（二十二年九月に国立総合大学官制と改称）・官立大学官制・公立学校官制の制定を経て、二十四年五月に国立学校設置法が定められるに至り、旧制高等教育機関を統廃合して六九校の国立大学が設置されることになる。

戦前に二二校存在した帝国大学（九校）・官立大学（一三校）は、おおむね国立大学に移行することになったのであるが、その例に漏れるのが、戦勝国のもとでそれぞれ廃学となった外地の三校（京城・台北両帝国大学・旅順工科大学）および、昭和二十一年三月に「国家神道、神社神道に対する政府の保証、支援、保全、監督並に弘布の廃止に関する件」（いわゆる「神道指令」）。昭和二十年十二月発令）に基づいて廃学となった神宮皇學館大學の、あわせて四校である。これらは、同じ占領下で廃校になったとはいってもいわゆる戦後特設高等学校などとは性格的に異なるもので、とりわけ廃学・再興という道をたどった神宮皇學館大學の例は、極めて異例といってよい。神宮皇學館大學の廃学から私立皇學館大學の再興に至るまでの経緯については、『創立九十年再興十年皇學館大學史』において叙述され[1]、それを補足する意図をもって筆者も別に報告したところである[2]。その皇學館大學において、再興後まもなくは、国立移管論というものも存したけれども、大学として実際に取り組むには至らず、従って『皇學館大學史』にも記述がみられない。私立が国立に移管することが可能かどうかという問題に加え、私立として再興するにあたっても左派陣営からは批判的な意味合いで注目を浴びたことでもある[3]。国立移管の取り組みを実際に行った場合に果たして実現したか否かという仮定・推測の域を出ない問題関心は措いておくとしても、この国立移管論は皇學館大學が極めて特殊な道をたどった大学である故に遭遇した問題であるということができるであろうし、加えて仮に本格的に国立移管に取り組んだならば単に一大学の増設という問題にとどまらなかった大学再興に続いて大きな議論を呼んだことは疑いない。

本章においては、大学一般に当てはまらない事例ではあるが、この国立移管論がどのような認識に基づくものであるのか、また、国立移管に取り組むことなく私立のまま存続するに至った経緯および背景はどのようなものであったのかについて、検討することとしたい。

一、国立大学案の発現

（1）神宮皇學館大學の廃学から私立皇學館大學再興へ

ここでは、廃学・再興に至るまでの皇學館の歴史を振り返りたい。(4)

皇學館の歴史は、明治十五年四月、神宮祭主・久邇宮朝彦親王より皇學館設置の令達が下されたことにはじまる。当時は、文明開化・欧化政策を急ぐあまりに伝統軽視の風潮がみられた。そのような中、皇學館は、我が国の歴史・文化を究明し、これを発展・継承せしめるという大意の下に設立されたものであった。

明治三十六年八月には「神宮皇學館官制」が公布されて内務省所管の専門学校となり、昭和十五年四月には「神宮皇學館大學官制」が公布され、文部省に移管されて官立大学に昇格した。

しかし、昭和二十年に敗戦を迎えると、神宮皇學館大學は存続の危機に直面することになる。私立大学においては、東亜同文書院大学の学長であった本間喜一氏がその後継大学設立を働きかけ、東亜同文会（経営母体）や滬友会（同窓会）の賛同を得られなかったために断念したものの、その精神を受け継ぐ大学として昭和二十一年という早い時期に、愛知大学を設立している。(5)また、國學院大學は、私立の大学であったがゆえに、皇典講究所・大日本神祇会・神宮奉斎会の三団体の解散を余儀なくされたものの大学は存続をみた。(6)それでは、官立大学たる神宮皇學館大學はどうであったか。

はじめは学則・校名の変更により官立として存続する道が模索されたが、学長不在の中で学内の意思統一には至らず[7]、十二月にいわゆる「神道指令」が発令されるに及んで官立として存続する道が絶たれることとなった。次に神宮等に移管して私立に移行することが考えられたが[8]、やはり意見はまとまらず、神宮自体にも財政事情などがあって話が決まらない中、皇學館の存続は認められず、学生を転学せしめることは認め、教職員の転任は一切認めない、とするＧＨＱの意向が伝えられるに及ぶ[9]。

このような状況下、二月には名古屋帝国大学が神宮皇學館大學との合併を望んでいるという情報が伝えられ学生が田村春吉総長に面会するという活躍もあったが、田村総長は文部当局と度々折衝にあたったようであるものの予算削減の問題により文部当局の同意を得ることはできなかったという[10]。國學院大學との合併を望む神社界の声も存したが、皇學館側の教員学生にはこれをあまりよく受け止めない向きがあり、賛同する者についても吸収にならざるをえないとする國學院側の意向と一致せず、こちらは実現性に乏しかったようである[11]。

このように、いずれも意見はまとまることなく廃学は避けがたい情勢となり、二月二十日に離別式、三月三十一日をもって「神宮皇學館大學官制」は廃止、学生教職員は四散せざるを得なくなった。また、神宮皇學館大學の資産についても同様であった。この点は後にふれることとする。

長谷外余男氏によれば、「あの際逸早く学校の所管を文部省から神宮に移して、私立の形にでもすれば、或程度の存続は出来ぬこともなかつたらしい。現にこの点に関しては廃校後私が親しくGHQの関係要路の人々と話合つた折にも、極めてはつきりと、「総司令部としても、宗教は保護するし、又その必要も認めてゐる。従つて宗教々育を行ふ神宮皇學館も、私学として再興出来たら、した方がいい」とまで言つてくれた」というが、[12]実際にはそのように進まなかった。すなわち、廃学後まもなく、館友（皇學館の卒業生）を中心として教育機関経営を計画、二十一年九月に伊勢専門学館が私立学校令による各種学校として設立認可されたが、三重県軍政部の圧力に対し自然消滅に至り、二十二年三月設立認可された清明高等学院についても、館友では教職追放となる恐れがあり館友以外から神道学の教員を得ることもできず開校から一年で学生募集停止となった。このような経緯からすれば、例え学内意見が統一されていたとしても、神宮皇學館大學が私立として存続する道も極めて厳しいものであったと予想される。

廃学直後のこうした動きは挫折したが、米ソ冷戦の激化によって占領政策も転換をみせると、二十六年八月に同窓会である館友会を再組織して財団法人五十鈴会を設立、占領政策の終わりとともに母館再興も現実的なものとなり、二十七年八月には神宮皇學館大學再興期成会が結成され、神宮経営による短期大学を設置、将来大学に昇格せしめるという方針のもと活動が行われた。これは、戦前の神宮皇學館が、官立ではありながら神宮によって経営されていたという特殊な学校であって、その神宮との関係を考えれば、当然の方策である。しかし、三十年四月に神職養成機関としての「神宮皇學館」を開設するにとどまったため、[13]五十鈴会はここに神宮経営以外の方式で大学再興を目指すこととなり、三十四年七月、財団法人皇學館後援会が設立。後援会の会長には吉田茂元首相、副会長に池田勇人通産相、理事長に草葉隆円元厚相、また財界の有力者を理事に迎えて、[14]募財活動が始められた。

そうして、三十七年二月、大学設置が認可され、四月に私立皇學館大學は開学を迎えたのであった（総長：吉田茂氏、理事長：長谷外余男氏、学長：平田貫一氏）。

（2）国立大学論発現の時期

昭和三十七年に皇學館大學が再興されるに至るまでの経緯の中で、皇學館大學を国立大学として再興させようという声は表立ってはみられない。独立回復直後の大学再興にむけた動きの中、平田貫一氏（元神宮皇學館館長、当時近江神宮宮司。のち皇學館大學初代学長）は昭和二十八年二月十三日に開催された伊勢神宮式年遷宮奉賛会遷宮委員会の席上において、伊勢会館建設についての協議中[15]に特に発言を求め、次のように述べている。

……而して今日は官立的存在は許されませんので、昔に還り神宮司庁若くは外廓団体に依る維持経営をお願ひする外ないように思います。……国の若は公共団体の宗教法人への援助は許されないのではありますが、間接の御援助は技術的に如何様にも考慮され得るものではないかと思ひます。……[16]

これがこの時点における五十鈴会の公の見解に等しいものと考えてよいであろう。すなわち、占領下において神社神道も一つの宗教であると位置づけられたため、日本の独立回復後にあっても国立大学で神道教育を行うことがかなわないと認識されていた故のことと判断して間違いないものと思われる。

やがて、神宮の経営による大学再興を断念し、かつ昭和三十四年七月の財団法人皇學館後援会創立総会以降、大学再興がより具体化するようになる。皇學館後援会が政財界の有力者の協力を得て結成されたことを受けて、皇學館の動向に対する学外の関心も高まりをみせるようになる。新聞や週刊誌等には多く批判的に採り上げられるようになるが、その大半は神道の国家保護を危惧する論調である。特に国との関わりについて述べた文章の一例を掲げれば、次の通りである。

・とにかく、神道界の最近の攻勢は目をみはらせるものがある。神宮皇學館の復興運動もこの一連の動きとみられる。ただ、神道関係者が「かつてのように国家権力との結びつき」を夢みているとしたら、それは〝危険な思想〟というものではなかろうか。[17]

・もちろん、こんどはたとえ復活したとしても国立大学にはなれず、戦前のように国家予算の援助を頼みにするわけにはいかない。すべて、自弁だ。……たった六十人の学生（これほどの意気込みにもかかわらず、肝心の学生の集まりについては関係者はいずれも六十人前後と悲観的な見方をしている）のために、政、財界が一致協力の力コブを入れ、五億円もの巨費をつぎこもうとする――いったい、これはどういうことなのであろうか。……文字どおりの〝大理想〟だが、この〝大理想〟がいまの社会に素直に受入れられるかどうか。[18]

これらより判断するに、ジャーナリズムにおいては、神道に対する誤解や皇学の趣旨を誤って解釈する戦後の風潮にもとづいた理解[19]、あるいは国家による神道の保護に対する危惧が見受けられる。そこには「国家神道」への批判がみられるものの、皇學館大学が国立大学となることの可能性を認める傾向は皆無である。皇學館後援会設立の段階においてもやはり、関係者の中でそのようなことが語られておらず、したがって取材記事にも現れていないことが窺える。

やがて、皇學館大學再興実現の段階に至って、以下の叙述のように将来国立大学とすることを含んだ発言が関係者の間にみられる。

大学の復活について、推進力となった八十二歳の長谷（外余男）氏は端坐してこう語る。

「……吉田茂先生もたいへん共鳴してくださり、『なぜ国立大学にしないのか』と逆にはげまされました。が、国立になると束縛が多いのでいまのうちは私立として思いきって基礎をつくり、そのうえで国立移管の問題も考えたい、とお答えしたしだいです。……」[20]

これによると、国立大学とする案は吉田茂総長の意見であったことが窺える。より詳しくは、同じ長谷理事長の次のような談話によって明らかである。

最後に私学としての皇学館大学の将来であるが、私の気持ちでは将来、国立に移管することもありうると思つている。これについては吉田会長担ぎ出しのイキサツを語らねばならないが、吉田氏は皇学館が神道指令によつて廃校されたのは残念だと常に語つておりその事実は全く不本意極まるもので申訳けない、惜しいことだという気持を常に持つていたようだ。皇学館同窓生で五十鈴会を結成した時にも吉田氏は激励電報を寄せられ、金一封も寄せられた。これは戦後の思想混乱の時にこそ、皇学館のような学校の必要性を感じられたものと思う。

こうした関係で吉田氏とは時々お会いしたが、GHQの引上げたうえは皇学館を再建せよ、国立大学にした方がいいのではないかということであつた。しかし国立となると今の大学令によつて設立されることになり、われわれの構想も理念も生かし切れぬ心配があるため、一応私立で再建し、建学の精神をもりあげた特色ある大学に育てる。その後において国立大学とする方法もあるのではないかと私は返事したことであつた。経営面での資金のかさむ私立大学では今後とも大変であるが、すべての点で何かと力になつて頂けるものと思つている。(21)

また、西岡末雄氏によれば、「再興の先覚者吉田総長、長谷宮司、平田前学長等常に国立移管を唱道しつづけられてい」たといい、[22]関係者の後の発言をみると、次の田中卓氏(大学設立準備委員のメンバー。開学時、皇學館大學教授)の記述をはじめ、吉田総長が国立大学としての再建を望んでおられたことが多く語られている。[23]

はじめ、吉田総長は、本学を〝国立〟で再建しようと言われた。しかし、理事者および私ども教授は、あえて〝私学〟の道を選んだ。なぜなら、戦後、真に建学の精神を堅持し、それを発揚するためには、国立よりも私立の方が、よりふさわしいと考えたからである。[24]

これらによって、国立大学として再建する案は、吉田総長の強く推進するところであったが、まずは学風の確立をはかることを先としてその後に検討する、あるいは建学の精神を堅持するために私立が相応しいものと判断した、ということが述べられている。長谷氏の談話をみれば、将来の国立移管を視野に入れていたことが考えられるし、吉田総長のもとであればそれは実現不可能なものではないと認識されているようである。しかし開学直前に至るまでそのことが表立ってみられず、再興実現に対する配慮が窺える。

以上、概していえば、サンフランシスコ講和条約発効後まもなくは、神宮の経営による大学再興を第一義としており、また神道は宗教であるという占領下の政策によって国立大学として再興する道は絶たれているものと認識されていた。この神宮経営の大学設置が実現不可能となるとかわりに政財界の協力をえて財団法人皇學館後援会のもとで私立としての大学再興を推進するようになるが、吉田茂会長の強い意向もあって、将来的に国立大学に移管することも視野に入れられており、開学の段階に至って現実的な問題として表出するようになった、ということであろう。

（3）開学後の国立移管論

先に引用した長谷氏による談話からは、国立大学論の目的について明確に述べられていない。とはいえ、私立大学は経営面で運営に困難が伴うことに若干言及があることは注意される。より具体的な国立大学論は、開学後の昭和四十一年に提示され、具体的に議論されたことが窺える。まず、館友会（昭和四十年に五十鈴会より改称）の会誌『館友』誌上において主張された、当時、法人の常駐常任理事であった高松忠清氏（神宮皇學館本科第三十九回・昭和五年卒）および、西岡末雄氏（神宮皇學館本科第三十六回・昭和二年卒。当時、東山会館取締役支配人）・梅田義彦氏（神宮皇學館本科第三十八回・昭和四年卒。当時、文部省調査局宗教課勤務）の論によってその具体的な目的をみてみたい。(25)

高松氏は、後にも述べるような、倉田山中学校移転問題を背景として、廃学時に校地を「（大蔵省）財務局が神宮に対し若干の言質を与へて没収し去った」こと、「之を伊勢市に売却してゐる」こと、「豊かならざる伊勢市の財政が、今日倉田山の校地を財源として、中学の校舎を新築しようと」していることに関して前所有者（神宮）・縁故者（皇學館大學）の権利が無視されていることを批判され、その上で次のように述べられている。

そこで国立問題が想起されるのであるが、吉田茂総長は長谷会長に対し、可成速に国立にするようにと指示され、歴代理事長にこの御意向を御示しになってゐる。去る（昭和四十一年）四月二十五日高原新学長の就任御挨拶参上の際も国立問題の具体的施策に就いての宿題を課せられたと承ってゐる。

国立になれば問題はない。不動産関係は何なく処理されることは明である。……

そして、『館友』誌への国立論寄稿を呼びかける。これをうけて寄稿されたであろう論が、西岡・梅田両氏のものであった。

西岡氏の論点は次のとおりである。神宮皇學館大學と再興皇學館大學の特質を比較すると、「国立大学の時代と比較してほとんど遜色のない素晴らしいスタートを示し」たものの、「不況などが反映して募財も意に委せず、他方、施設の拡充費に多額の資金を要するのと、高等学校の附設、短大、大学院の新設等に成功を見ると共に旧大学の校地買収にこれ亦多額の予算を計上しなければならない」という現状である。これにより、「ここにマンモス大学に移行するきざしを示しはじめ」「いわゆる駅弁大学、各駅大学に顛落し、前掲の五大特色の大半は消え失せるであろうことは現今の私立大学共通のなやみから察知せられるところ」で、「この危急を救う道は唯一つ、即ち皇学館大学を国立大学へ移管することである」というものである。

さらに続けて、「国立大学であった神宮皇学館大学の再興であるならば当然国立大学として復活しなければ真の復活を意味しない」、「国立移管の資質としての施設の面では図書館さへ完備すれば足りるとのことである。広く天下に募財して再興された皇学館大学であるから誰一人として私利私欲のあろう筈はなく、国に移管するには最適の学校法人である。」としてその妥当性を主張される。また、「移管の時期であるが、今日を逸しては永久に来ないのではなかろうか。吉田元首相、長谷宮司のご健在のうちに実現しなければならない事は何人も首肯せられることと思う。」と述べておられる。

次に梅田氏の論は、大学の歴史と建学の精神から、「雨後の筍の如くできた文化大学とその選を異にする」もので、「故に、この特色ある精神文化教育を施す皇学館大学を、その歴史と伝統とに鑑み国立に移管して、経営し益々その特色を涵養して、国家扶持の人材を育成することは、国家に取って絶大な価値を齎す所以となる」という趣旨によって、具体的に現憲法に照らした上でその実現の可なることを述べたものである。その内容は、「現憲法下に在っても、神社神道に対する特別法を制定し、これに然るべき国家的処遇を与えることはできる」とされるものである。ただしこれは憲法についての公的解釈が一定し、且つ神社法が特別法として立制されることを前提としているので、百歩譲って現行憲法下であっても、東京大学では宗教が学問的に研究されているのだから、国立大学において神道を研究することは差し支えない。神職養成は財団法人神道研究所というようなものを設置して資格を得させることにすればよい、という考である。(26)

以上、三氏の論をみれば、国立大学移管論の目的は官立大学としての伝統と財政的事情あるいは旧地回復を促進することにあったことが理解される。学風の確立を優先すべきとされた長谷氏や田中氏の論調がある一方で、マンモス大学に移行して特色が失われるとする西岡氏の対照的な意見もあり、ここでは国立大学において神道教育が許されるのかどうかという理解の相違も認められる。

以上が『館友』誌上における主張の主なものであるが、この他に、昭和四十一年八月十一日に議せられた「皇大基本問題協議事項」という文書があげられる。これは、「財団法人皇學館後援会東京事務局文書(27)」中の資料として残されたものであるので、皇學館後援会における協議事項であろう。

その第一の議題として事項書には「一、経営主体の件　国立、神宮立、私立」とみえ、参考資料として「国立皇學館大學創立の私案（高原学長案）」・「皇學館大學を国立移管についての私見（皇大事務局）」・「皇學館大學の国立移管に関する参考資料（平田（前）学長の松本（米治）教授をして立案せしめしもの）」の三点が付されている。しかし、その他にこの協議のことをうかがい知る資料は今のところ見出せておらず、出席者、あるいは当日の議事進行の様子等、詳細は不明である。

まず高原美忠学長の案であるが、前掲のとおり「高原新学長の就任御挨拶参上の際も国立問題の具体的施策に就いての宿題を課せられた」というが、高原学長は、国立皇學館大學の組織・研究目標・卒業生の活動分野・神職に関する資格・創立の事務を記した後に付して、「ここに書いた考は実現困難に思はれるが、かういふ考を実現さすにはどうすればよいか。国立大学でなくても実現さすことは出来る筈であるが、これもむつかしい問題である。一応研究のための参考資料として提出する。」と締めくくっている。

皇大事務局案は、「憲法及び教育基本法を改正せない限り皇學館大學を国立移管する場合元の神宮皇學館大學の神職養成の特色を消して唯単なる文学部でやらなければならない。そうなれば皇學館大學の意義をなさないことになる」、「普通の文学部だけ」あるいは「法科経済等他の学科の設置を希望して綜合大学になすよをなことを言へば……国立の三重大学へ吸収されて津市へ併置される公算が大きい」、「若し皇學館大學が国立に移管されるとしても短大と高等学校を附属学校として認められることは至難」、という、実現性は極めて乏しいとの見通しを示したもので、「むしろ時期を見て神宮所管にして戴くよを働きかけるべきではないか」と結論する。

最後に平田貫一前学長の見解は、その実現性について、皇學館大學は「一宗教としての神道によって立ち、一宗教としての神道の実践によることを使命とし、またこれを教育の本旨としているのではな」く「神道を道義の根幹いな道義そのものとして、これを遵びこれを重んずる」のであって、「皇學館大學をこのまゝ国立大学とするも、憲法に反することなく、また教育基本法に矛盾するものでもない」と断じられている。

大学再興実現後の議論については、現憲法下では可能か否か双方の意見があって一致をみない。第一回卒業生を送り出したその年に集中的に主張・議論がなされていること、そして、常駐常任理事であった高松氏の発言を踏まえれば、推進者にとって吉田総長の存在がこの時点でも変わらず大きかったと窺えることもあわせて注目すべきであろう。

二、国立移管論の背景

(1) 旧地回復の問題

国立移管論の背景に、特に館友にとっては、官立としての神宮皇學館大學の伝統、誇りが強く存していたであろうことは先にも言及したところであり、そのこと自体は想像に難くない。しかしそれに加えて、現実的な問題として、旧地回復の問題が、昭和四十一年時点において国立移管論の大きな背景にあったことは、先の高松氏の言に明らかであり、西岡氏も同種の発言をされていることからこれは特異な意見でなかったことが判明する。そこで本節では、この旧地回復の問題について整理したい。

昭和十五年に文部省所管の神宮皇學館大學への昇格を果たすと、内務省所管で神宮により経営されていた神宮皇學館の財産は、文部省に移管された。しかし、敗戦に伴って、そのほとんどは神宮に返還されることなく、四散することとなる。職員については、希望調査を取り、その上で転任が斡旋されたという。(28) 廃学時における学生への対処、あるいは資産の処分については、二十一年に設置された神宮皇學館大學残務整理事務所に勤めた佐藤虎雄氏（元神宮皇學館大學附属専門部教授）が詳しく回想に記しているので、長文となるが参考として以下に引用する。

昭和二〇年八月終戦、神宮皇学館大学は翌二一年三月三一日を以て廃学の已むなきに至った。私も廃官の憂目にあったが、翌四月一日に文部省から学校教育局事務を嘱託せられた。さらに同月二〇日に、はじめて文部事務官に任ぜられて、学校教育局勤務・大臣官房会計課兼勤神宮皇学館大学残務整理事務所勤務を命ぜられた。この目まぐるしい辞令の中で、実際に勤務したのは最後の皇大残務整理事務であった。

残務整理事務所はグラウンドに面した旧教室で明かるく、高橋（美登）事務官をはじめ、町田（久一郎）先生・江田（吉太郎）書記と私とが主要事務を分担した。酒井先生にも初めの間、手伝って戴いたが、その後まもなくやめられた。この残務の重要なのは第一に旧在学生を他校へ転入学せしめることであり、第二に旧皇大の土地・財産など一切を他の学校・官衙などに保管転換せしめることであった。

転入学は廃学の事情已むを得ないものとして文部省から命令的であるが、残務整理のうちで最も困難であった。三人で学校の種類や所在地によって分担した。大体において大学生は大学へ、予科生は高校（旧制）へ、専門部学生は高師・師範・その他専門学校へそれぞれ考慮して入学を交渉した。学生は本人が事務所へ出頭してくる場合があり、手紙で依頼してくる場合もある。なかには復員して直に事務所にかけつけるという熱心な人もあった。

何れにしても、できるだけ面接して本人の希望を聞いて、転入学依頼を書いて、前学長田中耕太郎の職名印を捺して、それぞれ各地大学・高校・専門学校の学長・校長のもとへ発送して、その許可を待った。これに対して先方では好意を以て許可して下さる学校もあれば、厳正な試験を課する所もあった。しかし戦災を受けて教室狭隘・収容能力不足・施設不備などを理由にして、入学を拒否して来た学校もあった。これも先方の申出る理由已むを得ないと認める場合もあるが、一人や二人を収容するのは可能だと思われる。

転入学困難と思われる学校に対しては、当方三人で分担して出張し、校長に会い皇大廃学の事情を説明し転入学を歎願した。ある学校では口を酢ぱくして同じことを三回もくりかえして云ったが頑として受容せられなかった。ある学生は私の出張に随行して校長との談判を校庭で待機すると云う場合もあった。いつも週末・月末には転入学の統計表を作って掲げ、これを見て或は胸をなでおろし、或は努力足らずとあきらめる場合もあった。その後本人の努力で、三次乃至五次も交渉運動して入学を許可せられた場合もあり、総体において、いま統計資料がないが三分の二以上は入学なし得たものと思われる。学生のうちには、家庭の事情などで転入学を断念した者も相当ある。

土地・財産については、主として高橋事務官の管理で私達はその一部を手伝ったに過ぎない。

備品・消耗品にわたって一々目録を作り、連日会議を開き、諸品目を評価し、それぞれ受容側を考慮した。例えば学生使用の机や椅子の如きは当時の山田中学にふり当てて先方の希望にも副うように適正を期した。皇学館普通科存在のころの物理・化学の実験に供した精巧な機械もあって評価に困ったこともある。

次に頭をなやましたのは付属図書館の図書であった。各地の大学付属図書館や公私立図書館など受容を希望申入れするもの多く、しのぎをけずった。この最初に親書を戴いたのは京大付属図書館長澤瀉（久孝）先生からであった。しかしこの申入れは実現しなかった。また文部省からは教科書編纂の係官二人が出張して来られ、編纂に必要と称して十数冊文部省へ移管を指定して引上げられたこともあった。終には名古屋大学に落ちつく話が成立した。また神道関係の図書で辛じて神宮文庫に保存されるものもあった。……(29)

記述の正確を期すると、神宮皇學館大學の図書館蔵書は、神宮皇學館から移管された七万二〇〇〇余冊を母体とし、これに加えて大学昇格から廃学に至るまでの受入図書が戦火により焼失したものを除いて二万四一八五冊あった。後者は名古屋大学に移管され、神宮皇學館より引き継ぎ文部省に移管された前者は神宮に返還された。皇學館後援会が設立されると、名古屋大学に対して図書の返還交渉を行ったが名古屋大学はその要請に応じず、移管本のうち準貴重書に指定した古書一万四二九五冊を「神宮皇学館文庫」として整理。皇學館大學再興後も返還交渉をすすめるべきとの意見が幾度か出されたが目的は達せられずに至った。皇學館大学では、平成十六年度に「神宮皇学館文庫」のうち一六〇〇点をマイクロフィルム化して皇學館大学附属図書館に収蔵した(30)。

他に、考古資料が三重大学に移管され、こちらも三重大学所蔵のまま今日に至っている(31)。また、廃学後の事務が名古屋帝国大学によって代行された関係から、学籍簿および学務文書等は名古屋大学に保管されてきたが、昭和四十二年六月と四十五年五月の二度にわたって、その大半が皇學館大学に返還された。

次に校地の問題である。皇學館後援会は、大学再興の準備を進めるに際して、校地を確保するためにまずその調査を行っている。旧神宮皇學館の敷地は、大学昇格にともなって、昭和十七年度までに総面積八万三八〇六坪が神宮から政府に管理換され、この他に神宮所有のままとされた土地が四二六九坪（旧惟神道場敷地）あった。報告書（昭和三十四年八月二十日付）(32)によれば、調査の時点において、政府に管理換された土地の所有権者は次の通りであった。

（イ）旧神宮皇学館本館及び運動場を含む土地

　合計　一万四九一八坪強（伊勢市所有、倉田山中学校敷地）

（ロ）旧神宮皇学館大学精華寮用地

　合計　一万二二四四坪強（伊勢市所有、四郷中学校敷地）

（ハ）旧校有地（伊勢市浜郷久志本所在）

　合計　一万七一二九坪強（伊勢市所有、伊勢高等学校敷地）

（ニ）旧皇学館大学清明寮土地

　合計　　二二三三坪強（大蔵省所有）

（ホ）旧神宮皇学館大学運動場土地

　合計　一万三五二二坪（内務省所有→大蔵省管理）

（ヘ）旧神宮皇学館大学予科敷地

　合計　二万三八七一坪（内務省所有→大蔵省管理）

惟神道場敷地四二六九坪は、土地の中央に農業用作道があったゆえに政府への管理換手続きから除外され、そのまま終戦を迎えて神宮の所有地となったものである。

報告書では、（イ）（ロ）（ハ）は伊勢高等学校・倉田山中学校・四郷中学校に使用中であるが、いずれかの土地を譲り受ける交渉を伊勢市当局と重ねてきており、その実現は不可能ではないと思われるものの多額の代償を覚悟しなければならず、現段階では他案に焦点を置くべきであると判断されている。（ホ）（へ）については、敷地とするに充分な広さがある事を確認するものの、官有地であっても地元民が耕作しているため解決は容易でないとの判断が下される。

従って、報告書では、

イ、昭和三十年に設置された各種学校神宮皇學館の寄付を受けて皇學館大學に拡大育成する案

ロ、現在神宮の所有である旧惟神道場敷地、および現在は大蔵省所有であるが神宮に払い下げの予約がなされている（ニ）の寄付を受ける案

の二案いずれかについて、神宮当局と交渉したところ異議はなく、後援会設立許可後に具体的な協議に入ることが申し合わされていることから、早急に後援会設立許可を受ける努力を払い、許可後すぐに神宮と具体的交渉に入ること、またそれだけでは大学敷地としてなお不充分であるので内務省所有の（ホ）（へ）についても払い下げ申請を当局に提出する、という結論が述べられる。

以上が、皇學館後援会設立時点の概要および構想であった。上記の交渉の結果は次のとおりである。(33)

・伊勢市との折衝

倉田山中学校一帯の地の返還について申し入れをしてきたが、後援会の希望する時期（三十七年四月開学準備のため三十六年四月頃まで）に返還することは困難である旨の正式回答を受ける。

・神宮との折衝

伊勢市との交渉結果を受けて、後援会は宇治の神宮大麻課分室用地の貸与を神宮に願い出たが、困難であるとの回答を受け、神宮では惟神道場一帯（惟神道場および神宮徴古館・農業館附属地）の貸与を考慮して責任役員会で協議、同意を得た。よって、後援会は正式な願い出を神宮当局へ提出。

こうして、旧惟神道場一帯の無償貸与を受け、昭和三十七年四月に大学が開設されるに至る。その後の校地取得に関しては、『皇學館大學史』に取得年月日・面積等の一覧表が掲載されているが（四一二頁～四一三頁）、これと『館友』誌等(34)を参照して整理すると以下のごとくになる。

昭和三十八年　一月二十八日　市有地であった旧精華寮（四郷中学校。倉田山中学校に吸収）敷地九七五一坪の無償貸与が承認される。十二月三日に皇學館高等学校を仮校舎から移転。

昭和三十八年　二月　一日　神宮より貸与中であった惟神道場一帯九二二七坪（実測一万二五九三坪）、伊勢市より旧清明寮跡地二三二四坪の無償譲渡を受ける。

昭和三十八年　四月　三十日　国有地であった沈殿地一五六坪を三一万七〇〇〇円で払い下げ。
昭和三十八年　六月二十七日・八月八日　国有地であった旧運動場敷地七四三八坪を七八四万三九五〇円で払い下げを受け、学生寮建設。（このうち五三〇坪は昭和四十六年に伊勢実業高校のため売渡）
昭和四十一年　三月三十一日　倉田山中学校の一部（四郷・進修・修道地区。五十鈴中学校）が分離するため、倉田山中学校の敷地のうち六八四〇坪を取得。この四月に開設された皇學館女子短期大学に校地校舎を利用。
昭和四十三年十二月　二日　倉田山中学校の残部（明倫・有緝地区。倉田山中学校）の移転に伴い、市有地であった倉田山中学校の敷地の残部四三九二坪を取得。四十四年十二月十五日に倉田山中学校の移転完了。これにより、大学敷地はほぼ内務省時代に復する。

特に、約二〇〇〇名の生徒を抱えていた倉田山中学校の分離移転問題をめぐる動向は、高松氏が指摘されるごとく留意されるところである。[35]当局との交渉は皇學館後援会設立前の段階ですでに重ねてきていたことで、遡れば、神宮と宇治山田市・伊勢市との間では一度ならず競願がなれているように複雑で、[36]「元所有者」たる神宮がその返還を求めても実現に至らなかったことでもある。ベビーブームに伴う生徒数急増、またその立地から市街地への移転が望まれていた倉田山中学校の分離の問題に際会して、旧地回復を速やかに間違いなく解決したいとする心理が存したことは当然ながら想起される。

このような中、昭和四十一年五月、神宮皇學館の象徴的な建物でもある旧講堂が倉田山中学校所有のまま失火のため焼失するという事件もあった。昭和四十一年当時、「開校時五億円募金の目標が三年経って二億前後の成績」であるといい(37)、また、初代学長平田貫一氏（近江神宮宮司）・二代学長高原美忠氏（八坂神社宮司）がいずれも宮司との兼任であったのは、経済的事情にもよるという(38)。倉田山中学校校地校舎の一部を取得し残部についても交渉が進んでいたとはいっても当時は不況で楽観できないところがあった。実際、『中日新聞』昭和四十三年六月十六日付によると、「伊勢市が皇學館大に倉田山中の用地二万二千四百四十平方メートルと建て物千九百八十平方メートルを売ったのは四十一年三月。売却費約一億五千万円。皇學館大は女子短大の校舎を造るため市としても学園都市建設の立ち場から喜んで協力した。売却費約一億五千万円のうち、五千四百万円は五十鈴中が倉田山中から分離、独立したさい支払われたが、残り九千六百万円は未払い。契約では倉田山中が新設されるさい支払われることになって」いるが、倉田山中学校の校舎建設にはいれず市と大学で支払時期など話し合いが持たれたという記事がみられる。

国立大学ということは吉田総長の意向によるところが少なくなかったものの、このような情勢下、国立へ移管することが財政的にもこれを速やかに解決する一案であるとして、そのことを主張する声が強まったことは理解されることである。

（２）国立大学移管論の沈静

これまでみてきたように、国立大学として再建する論は、吉田総長が強く推進され、理事長なども学風確立の後の問題、先の問題としつつも大いに含みをもたせていた。とりわけ、旧地回復にあってはこれを解決する方策と捉えられ、今これに取り組むべしとする意見も表出する。しかし、『館友』誌上においてその後、この問題が大きく採り上げられることはない。

高松氏が『館友』誌に報告・主張された後まもなくして旧地回復が達成されたことはその大きな転機の一つとなったことであろう。また、学籍簿および重要な学務文書が名古屋大学より返還されたのも四十二年のことであり、このことは、「皇學館大學が神宮皇學館大學の復興であると云ふ事実を理解した段階」に至って引き渡されたものであると評されている。[39] 図書の返還の問題などは、大学を国立に移管することによって何らかの変化を生む可能性はあったが、土地や在籍学生の基本台帳たる資料の問題が決着したことから生まれた安堵感についても少なからざるものがあったと推察される。開学後、学生の間においては施設の充実が関心事となっていたし、[40] また大学としても、旧地回復の後は、昭和四十七年に控えた創立九十周年再興十周年にむけた施設拡充計画へと進んでいくことになる。

このことに加えて、昭和四十二年に吉田茂総長が逝去されたことも影響を少なしとしないものと思われる。九州にあって、志田一夫氏（神宮皇學館本科三十一回・大正十一年卒。大村市文化財審議委員など歴任）が述べられた次の文章は、象徴的である。

故池田首相が骨折られ、吉田総長が「おれの時に潰れた学校だから再建してやる」と言われたにもかかわらず、寄附金の集りや国立への移管は進展せず、東京の事務局が閉鎖になったと聞いて長崎県での集団的な募金の好結果を参考にと書いて送ったのだが、母館の人々が最も頼みにして居た吉田総長が思いがけなく長逝されたのではもう私にも書く気力もなく学校の当局に進言する勇気もない。(41)

吉田総長のあとをうけた岸信介総長が国立移管を主張された形跡は認められない。

さらに根本的には、開学にあたって大学の基礎、学風の確立が何より重要視されていたことがいえよう。そして、その成果は着実に稔りつつあると感じられていた。開学後十周年において刊行された『皇學館大學史』には、「学生訓育の確立」の章に、

もとより理想とする本来の目標にはなほ程遠く、今後一段と改善充実の努力が必要とされるのではあるが、現代の社会一般の風潮の中にあつては、目ざましい成果を収めてきたとして、決して過言ではなからう。(42)

とあり、啓蒙に関しても「研究と出版と啓蒙」の章の中で、

本学では、教員も学生も政治的中立を保つてゐるが、建学の精神に則つて、日本の伝統を護持し、大学の機能を堅持するためには、態度を明確にしてきた。

として、建国記念の日の制定について二月十一日に決定されることを要望した声明を、大学紛争に対して政府の「大学運営に関する臨時立法」を支持する声明を、それぞれ教授会として作成、公表あるいは提出したことを記述している。[43]

『皇學館大學史』における「学生訓育の確立」の章は、上記の文章に続けて「全国の大学の多くが、紛争混乱に陥つて卒業式など満足に行なふことのできなかつた昭和四十二年三月、皇學館大學では第二回卒業式が厳粛に挙行された」ことを記し、卒業式の様子を伝えている。教授会声明（「大学運営に関する臨時立法支持声明」昭和四十四年六月二十六日）にみえる「近時の大学紛争をみれば、かかる大学の自治と自由とは暴力革命をめざす過激なる一部学生集団の力によつて全面的に失はれつつあ」り、「多くの大学は占拠され、真理探究の場は破壊され、師弟和熟の教育の場は封鎖され、その国家社会に対して果すべき機能はほとんど停止するといふ異常な状態を招きつつあ」り、「大学は一部の不当な支配に屈し、国民全体への責任を失ふのみならず、学問は荒廃し、教育は衰微し、つゐに国家の運命は危殆に瀕するに至るであらう」という認識と、厳粛に行われた卒業式の様子を比較すれば、「現代の社会一般の風潮の中にあつては、目ざましい成果を収めてきた」（前掲）とする自覚の意味するところは明白である。また紀元節と大学紛争という二つの問題に限らず、国体や教育に関わる諸問題に関しては、大学教員も積極的に発言をし、また研究が行われていた。開学後まもない時期に掲載された雑誌・週刊誌等の教員に対するインタビュー記事[44]などをみても、皇學館の教育に対する強い想い、それに裏付けられた自負が認められる。

再興された皇學館大學において、第一に学風の確立が優先されたことは、開学時の学科構成からも窺い知ることができる。すなわち、文学部国文学科・国史学科の二学科で発足し神道学科を設置しなかったことは、他学科の脱神道を憂慮したために学風の確立を優先したということが理由の一つとしてあげられ、再興後十五年を経た昭和五十二年に増設されたものであった[45]。

大学の財政は必ずしも潤沢といえなかったことが『館友』誌に掲載された館友会全国大会における報告をはじめいくつかの発言によってうかがえ、また国立移管の実現性についても賛否両論があったが、着実に教育・研究の成果をあげつつあることが目に見えて感じられていたとすれば、このような段階において私立から国立に移管する運動を起こすことが果たしてよしとされたかどうか[46]。私立大学として発足した皇學館大學は、学風の確立、教育・研究・啓蒙に関して着実に成果をあげつつあり、またその果たすべき使命は極めて重いものと受け止められ、そうした中、財政的な面を差し引いた場合に新たに国立移管に取り組む必要性は見出されなかったのではなかろうか。

おわりに

本章では、皇學館大學再興にあたって国立大学として再建する論、あるいは再興後国立に移管すべきとする論について、その時期および背景を検討した。

すなわち、再興前の早い段階において国立大学論が表立ってみられないことは、占領下の神道に対する政策の影響とみてよい。しかし政財界の支援を得て大学再興が現実化し、特に皇學館後援会の会長（のち大学総長）に就任した吉田茂氏がそのことを強く推進されることにより、理事者等の間に将来の国立移管のことが考慮されるようになった。その目的は、官立大学としての伝統と財政的事情にあり、開学を迎えて実際に表立って発言がみられるようになった。さらに、倉田山中学校の分離移転問題に際してはこれを速やかに解決する方策としても、『館友』誌上において早急の取り組みが主張されるようになったものと考えられる。

その実現性については、これを推進する吉田茂総長のもと、絶望的ともみられていなかった。それが、私立のまま旧地回復等の問題のいくつかが解決され、また大学の基礎、学風の確立といったことが順調に進んだことにより、あるいは吉田茂総長の逝去も相まって、最終的にはむしろ建学の精神の堅持ということを考慮して私立として存続することが相応しい、という考えが優先されたものと推測する。

国立に移管することは困難であると考える場合の根拠は、明治憲法に返すあるいは自主憲法を制定すべきとする皇學館大學教員の主張からすれば極めて不当なものであったかもしれない。もとより憲法改正の問題は、国体を重んじる立場からの発言であって皇學館大學の国立移管とは次元の異なるものではあるが、国立移管の問題を現憲法に照らし合わせた意見をみると、現実的な問題として占領下の影響が払拭されていない中で、国立大学となることに実現性が存したとしてもそれでは「建学の精神」や大学の独自性は充分に発揮しえないという理解を抱かざるをえなかったことであろう。

大学として国立移管を実際に働きかけることがなかったため、この案については大きく採り上げられることがない。しかし、その背景は再興された皇學館大學の抱えた課題と大きく関わる問題でもあり、その決着は、一方においては残念ながら神道に対する占領政策の理解が定着していることを示し、また一方では私立大学として皇學館大學は発展期を迎えようとしていたことも示すものと考える。

註

（1）『創立九十年再興十年皇學館大學史』（皇學館大學、昭和四十七年十月）。
（2）拙稿「皇學館大學の再興とその資料」（本書第二部四）。

（3）私立から国立に移管された学校として、梅田義彦氏「皇學館大學国立移管論」（『館友』七四、昭和四十二年三月）は高知工業高等専門学校の例を掲げる。高知高専は、高知県における高専誘致の要望の中、昭和三十六年に吉田茂元首相を会長に「国立工業高等専門学校誘致期成同盟会」も結成されて県をあげて学校誘致を進められたが、四国では愛媛・香川両県が早くから名乗りをあげており、そこで県とは別個の計画として工業高校の高専昇格を目指していた高知学園に対し私立高専を次年度以降国立に移管することを要請、学園側は学園の強化発展のための援助方法につき条件をつけてこれを承認、三十七年に私立高専発足、翌三十八年に国立に移管されたものであった（高知工業高等専門学校二十年史編集委員会編『高知高専二十年史』高知工業高等専門学校、昭和五十八年十一月、参照）。

（4）詳細は、前掲註（1）『創立九十年再興十年皇學館大學史』の他、渡辺寛氏「皇學館の来歴」（皇學館学園報『K—らいふ』一四〇、平成十七年六月、より連載中）、前掲註（2）拙稿等参照されたい。

（5）愛知大学五十年史編纂委員会編『愛知大学五十年史　通史編』（愛知大学、平成十二年九月）等に詳しい。

（6）國學院大學校史資料課編『國學院大學百年史　下巻』（國學院大學、平成六年三月）等に詳しい。

（7）『朝日新聞』昭和二十年十一月十一日付、正井光張氏『倉田山日記抄　神宮皇學館大學発足から廃学までの六年』（正井光張君遺稿集編集世話人、昭和五十年七月）等。

（8）実際に、昭和二十一年一月十七日には学生課より学生生徒に対して「一、本学ハ本年三月中迄ニ廃止ノ見込」、「一、新タニ神宮経営等ノ民営事業ニ移ル見込」、「一、学生ノ中志望者ハ他官公私立諸学校

（但シ同系統）ニ転入シ得ル見込」、「一、他ハ新大学ニ引継キ在学セシムルコト」とする文書が通知された（「学校問題ニ付テ・授業開始時日変更ニ付テ」皇學館大学所蔵）。

（9）杉谷房雄氏「大東亜戦争戦中戦後の神宮」（『神宮・明治百年史　中巻』神宮司庁、昭和四十四年三月）、『伊勢新聞』昭和二十一年二月十五日付等。

（10）後藤裕文氏「母校廃絶の経緯について」（『館友』三、昭和二十五年七月）、正井光張氏前掲註（7）『倉田山日記抄』。

（11）浜田正昭氏「続倉陵の記（8）」（『館友』二二四、平成十一年三月）、神社新報社編『神道指令と戦後の神道』（神社新報社、昭和四十六年七月）等の記述に基づく理解。

（12）長谷外余男氏「神宮皇學館の再興」（『神社新報』昭和二十九年一月四日付）。

（13）これは、神社本庁より神宮司庁に対する通達の中に六項目よりなる希望意見が付され、そこに「神務実習の堂上たることに主眼をお」く、「大学としての機構に迄拡充することは、次の御遷宮にも影響する懸念があるのみならず、種々の問題を派生することが予想されるので組織は原案の程度ですま」す、という二項目が含まれていた結果である。その背景には、大学にまで拡充させることは次の神宮式年遷宮に対しても財政的に悪影響を与えかねないとする意見が主として院友（國學院の卒業生）から主張され、館友（皇學館の卒業生）側はこれに対し皇學館の将来を制約する目的で加えられた重圧であると反論した経緯が認められる。『朝日新聞』昭和二十九年十月五日付、葦津珍彦氏『神社新報編集室記録』（神社新報社、昭和三十一年五月）参照。

館友からの反論として、藤原三代治氏「神宮皇學館復活問題後書」（『館友』二五、昭和三十年一月）、篠田康雄氏「本庁から希望意見皇學館問題六ヶ条を神宮へ」（『館友』二六、昭和三十年四月。のちに『緑陰隻語』熱田神宮宮庁、昭和六十年六月、に再録）等があり、斯界に二つの大学は不要とする説に反駁している。藤原氏は、皇學館は神宮を背景とする経営の安定性が約束された反面教授陣に聊か寂寥を禁じ得ず、國學院は都心にあって学問研鑽の便益を有ちながら常に財政的困難に直面、明治中期には院館合併論が採り上げられたが実現を見ず、派閥的伝説はよくないが朋党比周の弊に陥ることなくお互いの長短を相補って社会風致に益するところあれば多少の葛藤はやむを得ないと述べる。篠田氏も、異なる伝統と環境においてそれぞれの方面から研究を深め切磋琢磨する必要性を述べ、これは前掲註（12）長谷外余男氏「神宮皇學館の再興」などにも言及されている。

（14）昭和三十四年七月の設立総会時の役員は次のとおり（『財団法人皇學館後援会時報』第一号、昭和三十四年八月）。

会　長　吉田　茂（元首相）
副会長　池田勇人（通産相）
理事長　草葉隆円（元厚相）
常務理事　長谷外余男（五十鈴会会長・熱田神宮宮司）

理　事　石坂泰三（経団連会長）・足立正（日商会頭）・小林中（前開発銀行総裁）・杉道助（大阪商工会議所会頭）・太田垣士郎（関西電力会長）・佐々部晩穂（名古屋商工会議所会頭）・九鬼紋七（四日市商工会議所会頭）・平田貫一（近江神宮宮司）

監　事　池田良八（靖國神社権宮司）・篠田康雄（熱田神宮権宮司）

(15) これより先、昭和二十七年八月九日、五十鈴会全国大会において神宮皇學館大學再興期成会が結成され、同会においては神宮皇學館大學再興をはかり、そのためにまず伊勢の地に日本文化研究所を設立することが目標とされた。同年十二月五日には、神宮評議員会において神宮皇學館大學の復興案が可決されて昭和二十八年の神宮式年遷宮後の復興を目指すことが確認されている。

(16) 平田貫一氏「遷宮委員会に於て神宮皇學館大學再興に就いて所懐を述ぶ」（速記）（『館友』一六、昭和二十八年三月）。

(17)「時の動き　神宮皇學館の復活運動」（『朝日ジャーナル』昭和三十四年七月十九日号）。

(18)「六十人のための五億円」（『週刊読売』昭和三十四年七月二十六日号）。

(19) 木本正次氏（神宮皇學館本科第四十二回・昭和八年卒、作家・毎日新聞社出版局参与）「そんなじゃなかった皇學館」（『文藝春秋』昭和三十七年七月特別号）は、皇學館大學に反共の防波堤たることを求めることへの反論であるが、同時に神宮皇學館・神宮皇學館大學における教育が超国家主義的なものと無縁であったことの論証でもある。また、神宮皇學館・神宮皇學館大學・皇學館大學において「皇学」の概念がどのように捉えられていたかについては、渡辺寛氏「皇学の府の成立と展開―皇學館・神宮皇學館・神宮皇學館大學・皇學館大學の来歴―」（第一回皇學館大學人文學會大会における記念講演、平成二十年十二月二十一日、於皇學館大学）を参照。同様に、国史学科の教授陣が主として東大出身者で平泉澄博士門下であることに対し世間が抱いている誤解については、田中卓氏「日本人の育成―歴史教育についての私見―」（『文化時報』昭和三十七年四月八日付）等参照。

(20)「伊勢路の春・神々の復活」（『週刊朝日』昭和三十七年三月三十日号）。

(21) 長谷外余男氏談「皇学館大学　建学の精神」（『文化時報』昭和三十七年四月八日付）。

(22) 西岡末雄氏「国立移転への問題点」（『館友』七二、昭和四十一年十月）。

(23) 他に、林栄治氏「故吉田総長閣下を慕いて」（『館友』七八、昭和四十二年十一月）、藤原佐之吉氏「吉田総長を偲んで」（同）等。

(24) 田中卓氏「本学はなぜ〝私学〟の道を選んだか―それは、建学の精神を堅持したいためである―」（『大学要覧　昭和六十一年度』。のち、『歴史と伝統―この大学を見よ―』皇學館大學出版部、昭和六十三年八月、に再録）。

(25) 高松忠清氏「報告と随想」（『館友』七〇、昭和四十一年四月）、西岡末雄氏前掲注（22）、梅田義彦氏前掲注（3）。

(26) なお、館友ではない楠皐氏（三重県立高校教員を歴任）も、宗教の研究と宗教の保護は異なるというように梅田氏の論と同様の考えを述べている（「皇大学生に願う」『皇學館大學新聞』六号、昭和四十年四月）。

(27) 皇學館大学所蔵。
(28) 前掲註(1)『皇學館大學史』二二三頁。
(29) 佐藤虎雄氏「皇大残務整理」(『館友』一〇〇、昭和四十六年七月)。
(30) 伴五十嗣郎氏「神宮皇学館文庫のマイクロ化収蔵に万感の想い」(『皇學館学園報』二、平成十六年十二月)。
(31) 三重大学に移管された考古資料については、岡田登氏「神宮皇學館と考古学(上)—鈴木敏雄氏遺稿資料を中心として—」(『皇學館大学史料編纂所報 史料』九三、昭和六十三年二月)参照。
(32) 皇學館大学所蔵「財団法人皇學館後援会認可証綴」、および、国立公文書館つくば分館所蔵「皇学館後援会(設立)S34年度」に所収。
(33) 「本部だより」(『館友』五〇、昭和三十六年四月)。
(34) 「昭和三十八年度 五十鈴会全国大会の記」(昭和三十八年八月十八日開催。『館友』六〇、昭和三十八年十月、掲載)、「募財総局第一回総務会」(昭和三十八年十一月十九日開催。『館友』六二、昭和三十九年四月、掲載)、「倉田山だより」(皇學館大學理事会、第一号議案。昭和四十年十月二十八日開催。『館友』六九、昭和四十一年一月、掲載)、高松忠清氏前掲注(25)「報告と随想」、「(昭和四十三年度)館友全国大会の記」(昭和四十三年八月四日開催。『館友』八三、昭和四十三年九月、掲載)、「皇大キャンパス拡大 元倉中跡に各種移転」(『皇學館大學新聞』二七号、昭和四十五年三月)等。
(35) 高松忠清氏前掲注(25)「報告と随想」の他、『伊勢市史』(伊勢市役所、昭和四十三年三月)等も参照。

(36)『神社新報』昭和二十二年五月十二日付によれば、宇治山田市はここに大グラウンドを計画し無償貸与方を文部省に申請、神宮司庁も農業実習大学を計画して返還を申請していた。昭和二十四年以後は伊勢市に譲渡され倉田山中学校に利用する結果となったが、清明寮跡地をめぐっても、『朝日新聞』(中部版)昭和三十一年二月十五日付によれば、二年前に神宮は払い下げ申請、伊勢市も市営住宅建設候補地として請願書を提出したが、大蔵省からなんの音沙汰もなかった。さらに同じ清明寮跡地をめぐり、昭和三十一年の伊勢高等学校新設にあたっても、引き続き払い下げを働きかけた神宮と当地を伊勢高校敷地として最適とする伊勢市の間で競願がなされ、両者の交渉があった。後者については『伊勢高等学校五十年史』(伊勢高等学校五十周年記念事業実行委員会、平成十八年十一月)等も参照。

(37)高松忠清氏前掲注(25)「報告と随想」。

(38)田中卓氏「日本国家の成立と伊勢の神宮」(皇學館大學編『伊勢国の歴史』皇學館大學出版部、昭和六十年十一月)。

(39)前掲註(1)『皇學館大學史』二二三頁。

(40)『皇學館大學新聞』には、学生寮や図書館の整備などのことがもっぱら採り上げられている。

(41)志田一夫氏「館友の随想(四)」(『館友』八三、昭和四十三年九月)。

(42)前掲註(1)『皇學館大學史』五四六頁。

(43)前掲註(1)『皇學館大學史』五七五頁。

(44) 今ここにそれらを掲げることは割愛するが、主なものについては本書第二部四に列挙した。

(45) 櫻井勝之進氏「皇学館大学私見聞」(『神社新報』昭和三十七年一月二十日付)、田中卓氏「皇学館大学と神道学科―小林健三氏にお答へする私見―」(『同』昭和三十七年三月十日付)、同「神道学科の増設について」(『皇學館大學新聞』秋季号、昭和五十一年九月。のちに前掲註(24)『歴史と伝統』に再録)、岡田重精氏「神道学科の創設と展開をめぐって」(『神道学会会報』二七、皇學館大学神道学会、平成二十年三月)等参照。

(46) 田中卓氏前掲註(24)「本学はなぜ〝私学〟の道を選んだか―それは、建学の精神を堅持したいためである―」の中で、「戦後、真に建学の精神を堅持し、それを発揚するためには、国立よりも私立の方が、よりふさわしいと考えたからである。」(前掲)という理解が示されていることを念頭に置くべきであろう。なお、国立大学と「建学の精神」をめぐっては、菅真城氏「国立大学に建学の精神はあるのか?―広島大学、大阪大学の場合―」(『広島大学文書館紀要』一〇、平成二十年三月)のような見解もある。

七、皇學館史人物寸描

1　神宮皇學館第一回卒業生　中西健郎履歴史料

明治二十三年（一八九〇）五月二十一日、神宮皇學館の第一回卒業証書授与式が挙行された。卒業生は中西健郎・泉館家理の二名。このうち、中西健郎の履歴史料が中西和夫氏より寄贈され皇學館大学佐川記念神道博物館に所蔵されている。

中西和夫氏から本学へは二回に亘って資料を寄贈いただいており、一回目の際には、昭和六十一年四月十六日付で「中西家寄贈品仮目録」が皇學館大学名で作成されている。それによると、点数は五五件六一四点に及び、神職の装束等二二件が祭式教室に、それ以外が神道学科研究室に保管されたとある。その後平成元年に神道博物館が設置されてからはその大半が同館に移管された。同資料については、同館図録に次のような解説がある(1)。

中西家関係資料（中西和夫氏寄贈）

中西家ゆかりの資料で、朱塗唐櫃をはじめ冠・袍・下襲・単・表袴・石帯・明衣・紫指貫・襪・桧扇・笏等の装束類一式他文献類も多数含まれている。

追加の資料寄贈があったのは平成三十年三月（受領書は五月十五日付）で、「御装束裂帖」をはじめ二一件二八点（『皇學館大学研究開発推進センター年報』第六号の受贈資料欄に資料名一覧を掲載予定）。

この中西家関係資料は、神宮の装束や式年遷宮関係資料など、神道学や神社祭式の貴重な資料であることは言を俟たない。加えて、神宮皇學館第一回卒業生である中西健郎の履歴史料は、皇學館史の資料として第一級のものといって差し支えない。

そこで本資料紹介では、中西家関係資料のうち、中西健郎の履歴に関する史料(2)を年譜形式で一覧にし、一部は写真版を掲載する。年譜は、発令年月日、本文、発令者の順に記した。

なお、中西健郎が在校した当時、浦田町時代の皇學館は、学校の規模も小さく、生徒数もきわめて少なかった。皇學館が教育機関としての活動を実際に始めたのは明治十八年のことで、その後の発展を、校舎の所在地によって大まかに時期区分すれば、

林崎文庫時代　明治十五年四月～（実際の教育活動は行われず）
浦田町時代　明治十八年一月～
館町時代　明治二十九年十二月～
倉田山時代　大正七年一月～

となる。その浦田町時代の入学資格や学生数は次のようであった。

明治十八年一月十七日
　生徒募集を行う。
明治十八年一月二十日
「皇學館仮規則」制定。生徒の資格は神宮職員出仕および旧神官の子弟と限る。小学生も放課後（三時以降）受け入れる。定員五十名。
明治十八年一月二十一日
「仮規則」を改訂する。神宮職員等の子弟という条件を除く。定員百名。
※最初の学生は神宮に縁故ある六・七人に過ぎなかった（上野重疆氏「今昔の感」）、学生は神官の子弟を促し集めてわずかに十数名に過ぎなかった（孫福弘坦氏「本舘沿革一班」）。
明治十九年十二月二十五日
　皇學館生徒のうち、小学生の通学を以後認めない。
※明治二十年二月、生徒が増加し学力に差が出たため、試験を実施して学級を選定する。試験名簿によれば、尋常科二年九名、一年二十六名。他に別科三名、予科二名、その他。（中西健郎氏「我が入学当時の皇學館」）
明治二十年四月二十日

「神宮皇學館規則」制定。
高等科（四年）
本館尋常科を卒業した者
尋常科（四年）
十二歳以上で小学校尋常科を卒業した者
定員百名
明治二十年十一月二十二日
尋常科の入学資格を満十五歳以上二十歳以下。
明治二十一年五月十八日
入学資格を満十四歳以上、小学校高等科卒業程度。
明治二十三年五月二十一日
第一回卒業証書授与式。卒業生二名（中西健郎・泉館家理）。
明治二十三年八月三十日
本科四年・予科一年、他に撰科を置く。入学資格は小学高等科卒業もしくは十五歳以上。定員百名。
明治二十六年九月十八日

撰科を廃止し研究科・専科を置く。各二年。
明治二十七年七月二十日
本科四年・予科三年・専科二年とする。入学資格は小学高等科卒業もしくは十五歳以上。定員百名。
※明治二十七年現在、本科生十七名、予科・専科生四十三名、合わせて六十名。（『同窓会雑誌』）
※明治二十八年三月現在、本科生は十六名（四年一名、三年三名、二年三名、一年九名）。（高松四郎氏「母館の思出」）
明治二十九年二月二十二日
本科（四年、定員二百名）
本館予科または尋常中学卒業もしくは満十八歳以上
予科（五年、定員三百名）
高等小学二年以上修了もしくは満十四歳以上
専科（二年、定員百名）
本館予科三年または尋常中学三年以上を修了もしくは満十六歳以上
※明治二十九年頃、本科・予科・専科生の合計が一一六名。（『同窓会雑誌』）
※明治三十年五月現在、本科生は十九名。（高松四郎氏「母館の思出」）

以上のような規模であったので、卒業生もわずかで、

明治二十三年　二名
　二十四年　〇名
　二十五年　六名
　二十六年　六名
　二十七年　〇名
　二十八年　本科二名・専科五名
　二十九年　本科三名・専科二名
　三十年　　本科三名・専科九名

といった具合である。

その第一回卒業生である中西健郎が明治二十三年五月二十一日に授与されたのが、写真5の卒業証書である。

中西健郎は、明治三年生まれ。明治十九年十月、度会郡公立中学校に通学していたが、同校が廃校となったため、十五歳で皇學館に入学した。写真5は十九歳にて神宮皇學館尋常科卒業のもの。卒業時は高等科・尋常科の制度であったのでまだ本科がなく、三ヶ月後に本科・予科の制度

となる。卒業生の名簿（『神宮皇學館一覧』等）では第一回本科卒業生として掲載されている。書式も、教頭（東吉貞）の証明により、神宮宮司（鹿島則文）・館長（中田正朔）名で授与されている。

註

（1）『皇學館大學神道博物館』（同館、平成四年十月）。

（2）「中西家寄贈品仮目録」のうち、次の史料。

四四　中西健郎氏卒業証書・賞状等　一束四二枚

四五　中西健郎氏辞令　一束九〇枚

四六　中西健郎氏勲六等瑞宝章証書　一枚

四七　中西健郎氏勲五等瑞宝章証書　一枚

四九　中西健郎氏神宮皇學館在職二十五年表彰状　一枚

〔附記〕

貴重な史料をご寄贈いただき、また掲載をご許可くださいました中西和夫氏に感謝申し上げます。なお本章の初出は、「皇學館大学研究開発推進センター館史編纂」名義で発表したものであり、これに未発表の文章を挿入して本書に収録した。

中西健郎（明治三年、三重県生まれ）

明治　十年　十二月　十八日　下等小学第八級／卒業候事（豊川学校）

明治　十一年　五月二十六日　下等小学第七級／卒業候事（豊川学校）

〃　十二月　十三日　下等小学第六級／卒業候事（豊川学校）

明治　十二年　四月　十五日　三等賞／一　筆二本　半紙五折／定期試験優等ニ付為其／賞

頭書之通下賜候事（三重県）

〃　六月　十八日　下等小学第五級／卒業候事（豊川学校）

〃　九月二十四日　三等賞／一　筆二本　半紙五折／定期試験優等ニ付為其／賞

頭書之通下賜候事（三重県）

〃　十一月二十九日　下等小学第四級／卒業候事（豊川学校）

明治　十三年　五月　十日　下等小学第三級／卒業候事（豊川小学校）

〃　七月　十三日　三等賞／一　筆二本　半紙五折／定期試験優等ニ付為其／賞

頭書之通下賜候事（三重県）

〃　十一月　一日　下等小学第貳級／卒業候事（豊川小学校）

明治　十四年　二月二十五日　三等賞／一　半紙五折　鉛筆二本／定期試験優等ニ付／頭書之通賞与候事（度会郡役所）

〃　　　　五月二十八日　下等小学教科／卒業候事（豊川学校）**写真1**

〃　　　　五月二十八日　一　節□訓蒙三冊／下等教科卒業ニ付為其／賞頭書之通下賜候事（三重県）

〃　　　　十月　八日　上等小学第八級／卒業候事（暢発学校）

明治　十五年　三月三十一日　上等小学第七級／卒業候事（暢発学校）

〃　　　　十月　八日　上等小学第六級／卒業候事（暢発学校）

明治　十六年　十一月　七日　小学中等科卒業／候事（暢発学校長中村七五郎）**写真2**

〃　　　　十一月　七日　一　小学本注壱部／小学中等科卒業ニ付為其／賞頭書之通下賜候事（三重県）

明治　十七年　四月　十二日　中学初等科第八級卒業／候事（宇治山田公立中学校）

〃　　　　十一月二十二日　中学初等科第七級卒業／候事（宇治山田公立中学校）

明治　十八年　六月　一日　中学初等科第六級卒業／候事（宇治山田公立中学校）

〃　　　　十二月二十一日　初等中学第五級卒業／候事（度会郡公立中学校）

明治　十九年　六月　十六日　初等中学第四級卒業／候事（度会郡公立中学校）**写真3**

〃　十月　十一日　書面願之趣聞届候条本月十三日午前第九時登館可致事
（神宮司庁皇學館）
（「我が入学当時の皇學館」『勢陽学報』八、大正九年二月、による）

明治二十一年　三月　十九日　右ハ尋常第二年後／期ノ教科ヲ履修シ成／規ノ試業ヲ完了セルヲ／以テ此証書ヲ授与ス（神宮皇學館）

〃　十一月　十六日　右ハ尋常第三年前／期ノ教科ヲ履修シ成／規ノ試業ヲ完了セルヲ／以テ此証書ヲ授与ス（神宮皇學館）

〃　十一月　十六日　一　校訂日本紀　壱帙／右廿一年十一月定／期試験優等ニ付／賞与ス（神宮皇學館）

明治二十二年　五月　十三日　右ハ尋常第三年後期／ノ教科ヲ履修シ成規ノ／試業ヲ完了セルヲ以テ此／証書ヲ授与ス（神宮皇學館）

〃　五月　十三日　一　半紙　貳百枚／右廿二年五月定期／試験優等ニ付賞与ス
（神宮皇學館）

〃　十二月二十六日　右ハ尋常第四年前期ノ／教科ヲ履修シ成規ノ試／業ヲ完了セルヲ以テ此／証書ヲ授与ス（神宮皇學館）

〃　十二月二十六日　一　半紙　貳百枚／右廿二年十二月定期試／驗優等ニ付賞与ス（神宮皇學館）

明治二十三年　四月　十四日　皇學館入校中学業勉／励ニ付四年学期卒業之上ハ／学術研究ノ為六ヶ月間特別／館費ヲ以テ東京出張ヲ命ス（神宮司庁）**写真4**

〃　五月二十一日　右ハ本館尋常科卒業試験ニ／及第セリ依テ該科程ノ学力ヲ有／スル事ヲ保証スルモノ也（神宮皇學館教頭神宮祢宜正七位東吉貞）

右皇學館教頭ノ証明ニヨリ此証書ヲ授／与ス（神宮宮司従五位鹿島則文、神宮皇學館長神宮祢宜正七位中田正朔）**写真5**

〃　十一月　十七日　東京留学満期ノ処／猶六ヶ月延期滞在ヲ命ス（神宮司庁）

明治二十四年　六月　二日　東京留学満期之処／猶三ヶ月間延期滞留／ヲ命ス（神宮司庁）

〃　七月　仮証／本科ヲ卒業ノ証／トメ之ヲ贈与ス（日本英学院）

〃　七月　仮証／高等科卒業ノ証／トシテ之ヲ贈与ス（日本英学院）**写真6**

（裏面貼紙）但此証ハ仮免状ニ付来九月卒業／証書授与式之

節本免状ト交換スベシ

〃　七月二十九日　留学ヲ解キ帰庁／ヲ命ス（神宮司庁）

〃　九月　三日　当庁出仕申付／但四等給差遣（神宮司庁）**写真7**

〃　九月　三日　皇學館助教授／ヲ命ス（神宮司庁）**写真8**

明治二十五年　九月　二日　皇學館生徒寄宿舎／長心得兼勤ヲ命ス（神宮司庁）

明治二十六年　九月　十五日　皇學館生徒寄宿／舎長兼勤ヲ命ス（神宮司庁）**写真9**

〃　十二月　四日　三等給差遣（神宮司庁）

明治二十七年　一月二十九日　任神宮々掌（内務省）**写真10**

〃　一月三十一日　皇學館助教授／ヲ命ス（神宮司庁）**写真11**

明治二十九年　一月　十日　会計係ヲ命ス（神宮皇學館）

〃　三月三十一日　神宮皇學館助／教授ヲ命ス（神宮司庁）**写真12**

〃　三月三十一日　七級俸相当（神宮司庁）

〃　三月三十一日　会計係ヲ命ス（神宮皇學館）

〃　十二月　三日　教務係兼図書係ヲ／命ス（神宮皇學館）

明治　三十年　三月三十一日　五級俸相当（神宮皇學館）

〃　四月　三十日　爰ニ中西健郎氏／本社忠愛ノ主旨ニ協同／セラル、ヲ以テ社

則ニ／照シテ締盟シテ正社／員ニ列ス（日本赤十字社総裁大勲位功二級彰仁親王、日本赤十字社長従二位勲一等伯爵佐野常民）

〃　六月　一日　明治二十七八年戦役ノ際／軍資金ノ内へ金壱圓余／献納候段奇特ニ候事（三重県知事正四位勲四等田辺輝実）

明治三十一年　三月三十一日　四級俸相当（神宮皇學館）

明治三十二年　一月　十二日　神宮皇學館／助教授ヲ命ス（神宮司庁）**写真13**

〃　一月　十二日　四級俸ヲ給ス（神宮皇學館）

〃　一月　十二日　学生監心得兼務ヲ／命ス（神宮司庁）**写真14**

〃　三月　一日　学生監心得兼務ヲ／解ク（神宮司庁）

〃　四月　十三日　依願免本官【神宮々掌】（内務省）**写真15**

〃　四月　十七日　依願免本職【神宮皇學館助教授】（神宮司庁）**写真16**

〃　四月　十八日　多年奉職ニ付為慰労／金七圓八銭参厘給与ス（神宮司庁）

〃　四月　十八日　満五年以上奉職ニ付／金七圓八銭参厘給与ス（神宮司庁）

〃　五月　三日　愛媛県宇和島中学校／教諭心得ヲ命ス（愛媛県）**写真17**

〃　五月　三日　月俸参拾圓下賜（愛媛県）

〃　十二月二十三日　月俸参拾五圓下賜（愛媛県）

明治三十三年　六月　五日　依願退職ヲ命ス（愛媛県）**写真18**

〃　六月　十四日　神宮皇學館助教／授ヲ命ス（神宮司庁）**写真19**

〃　六月　十四日　一級俸ヲ給ス（神宮皇學館）

〃　六月　十四日　一ヶ年手当トシテ金七／拾圓ヲ給ス（神宮皇學館）

〃　七月　一日　当分神宮皇學館／書記兼務ヲ命ス（神宮司庁）**写真20**

〃　十月二十七日　一箇年手当トシテ金／百参拾圓ヲ給ス（神宮皇學館）

〃　十二月　八日　神宮皇學館書記兼／務ヲ解ク（神宮司庁）**写真21**

明治三十五年　四月　十七日　神宮皇學館教授／ヲ命ス（神宮司庁）**写真22**

〃　四月　十七日　六級下俸ヲ給ス（神宮皇學館）

明治三十六年　三月　十日　証／一金拾圓也／右本会設立ノ主旨ヲ賛成セラレ書面ノ金員／御寄附相成候段領承本会規則ニ照シ／事業拡張ノ資ニ供スヘク候依テ総裁／威仁親王殿下ノ令旨ヲ奉シ会員証牌／及御交付候也（神苑会々頭従三位勲一等男爵花房義質）

〃　七月　三日　臨時講習会講師ヲ／嘱託ス（神宮皇學館長伯爵冷泉為紀）

〃　十一月　十八日　任神宮皇學館教授／叙高等官八等（内閣総理大臣従二位勲一

等功三級伯爵桂太郎宣）　写真23

〃　十一月　十八日　一級俸下賜（内務省）

〃　十二月　三日　教務係勤務ヲ命ス（神宮皇學館）

〃　十二月二十五日　叙正八位（宮内大臣従二位勲一等子爵田中光顕宣）　写真24

明治三十九年　五月　十五日　明治三十七八年戦役ノ際軍需／品トシテ毛布壱枚献納候段／奇特ニ候事（三重県知事正五位勲四等有松英義）

〃　十一月　十日　三重県宇治山田市立淑徳女／学校外参校へ参考用書トシ／テ家庭及教育四冊寄附候／段奇特ニ付為其賞木杯壱個／下賜候事（三重県知事正五位勲四等有松英義）　※三重県宇治山田市池田敬八外七十六名代表者として森田実と連名にて

明治　四十年　三月　十三日　陞叙高等官七等（内閣総理大臣正二位勲一等侯爵西園寺公望宣）　写真25

〃　三月　十三日　四級俸下賜（内務省）

〃　五月　二十日　叙従七位（宮内大臣正二位勲一等子爵田中光顕宣）　写真26

明治四十一年　七月　六日　度会郡宇治山田市神職志望者臨時講習／会講師ヲ嘱託ス（三重県神職管理所長　従五位勲五等高橋要治郎）

明治四十二年　八月　十九日　三級俸下賜（内務省）
明治四十三年　四月　一日　十一級俸下賜（内務省）
明治四十四年　四月　十四日　本会ノ主旨ヲ翼賛セ／ラル、ヲ以テ定款ニ照シ／通常会員ニ列ス（日本海員掖済会総裁大勲位功三級威仁親王、日本海員掖済会副総裁正二位勲一等功二級伯爵樺山資紀、日本海員掖済会理事会長正四位勲二等功四級男爵内田正敏）
〃　九月二十七日　陞叙高等官六等（内閣総理大臣正二位勲一等侯爵西園寺公望宣）**写真27**
明治四十五年　三月　十一日　叙正七位（宮内大臣従二位勲一等伯爵渡邊千秋宣）**写真28**
〃　七月　十七日　三重県皇典講究分所／試験委員及嘱託候也（皇典講究所長正二位勲一等侯爵鍋島直大）
大正　二年　一月三十一日　十級俸下賜（内務省）
〃　四月二十四日　教務部勤務ヲ命ス（神宮皇學館）
〃　九月　六日　九級俸下賜（内務省）
〃　十一月　十七日　任神宮禰宜／叙高等官七等（内閣総理大臣正二位勲一等功一級伯爵山本権兵衛宣）**写真29**

〃　十一月　十七日　年俸六百五拾圓下賜（内務省）
〃　十一月　十九日　宿衛ヲ命ス（神宮司庁）
〃　十一月　十九日　神宮皇學館講師ヲ嘱託ス（神宮皇學館）写真30
〃　十二月二十六日　儀式課兼務ヲ命ス（神宮司庁）
大正　三年　二月　十日　本会ノ事業ヲ翼賛シ／金参拾九圓余ヲ寄贈セラル／仍テ／総裁貞愛親王殿下ノ／御沙汰ニ依リ敬テ謝意ヲ表ス（恩賜財団済生会会長正二位勲一等公爵徳川家達）
大正　四年　四月　十一日　願ニ依リ神宮皇學館講師／嘱託ヲ解ク（神宮皇學館）写真31
〃　九月　二十日　行幸啓事務委員ヲ命ス（神宮司庁）
大正　五年　六月　五日　儀式課兼務ヲ解ク（神宮司庁）
〃　六月二十九日　陞叙高等官六等（内閣総理大臣正二位勲一等伯爵大隈重信宣）写真32
〃　六月二十九日　年俸七百五拾圓下賜（内務省）
大正　六年　三月　六日　本会評議員及嘱託候也（全国神職会長侯爵鍋島直大）
〃　四月　十日　叙従六位（宮内大臣従二位勲一等男爵波多野敬直宣）写真33
〃　十一月二十七日　天佑ヲ保有シ万世一系ノ帝祚ヲ践タル／日本国皇帝ハ従六位

中西健郎／ヲ明治勲章ノ勲六等ニ叙シ瑞宝章ヲ／授与ス即チ此位ニ属スル礼遇及ヒ特権／ヲ有セシム／神武天皇即位紀元二千五百七十七年／大正六年十一月二十七日東京帝宮ニ於テ／璽ヲ鈐セシム（賞勲局総裁従二位勲二等伯爵正親町実正）
此証ヲ勘査シ第四十八万六千九百四十三／号ヲ以テ勲等簿冊ニ記入ス（賞勲局書記官従五位諏訪忠久）**写真34**

大正　七年　一月　四日　特旨ヲ以テ位一級／被進（宮内省）**写真35**

〃　一月　四日　叙正六位（宮内大臣従二位勲一等男爵波多野敬直宣）**写真36**

〃　十二月二十六日　年俸八百圓下賜（内務省）

大正　十一年　三月　八日　陞叙高等官五等（内閣総理大臣従三位勲一等子爵高橋是清宣）**写真37**

〃　十一月　十三日　儀式課兼務ヲ命ス

（『明治四年以降神宮職員年表』神宮文庫、平成三年、による）

大正　十二年　一月三十一日　本省主催第三回神職／講習会ニ於テ講習ヲ／了シタルコトヲ証ス（内務省）

大正　十三年　四月　三十日　天佑ヲ保有シ万世一系ノ帝祚ヲ践タル／日本国皇帝ハ正六位中西健郎／ヲ明治勲章ノ勲五等ニ叙シ瑞宝章ヲ／授与ス即チ此位ニ属スル礼遇及ヒ特権／ヲ有セシム／神武天皇即位紀元二千五百八十四年／大正十三年四月三十日東京帝宮ニ於テ／璽ヲ鈐セシム（賞勲局総裁従三位勲三等子爵仙石政敬）此証ヲ勘査シ第六十五万三百三十一／号ヲ以テ勲等簿冊ニ記入ス（賞勲局書記官従五位勲六等尾崎帀一、賞勲局書記官従六位伊手衡）**写真38**

〃　十二月　二日　儀式課兼務ヲ解ク（神宮司庁）

〃　十二月　二日　宿衛兼官房勤務ヲ命ス（神宮司庁）

〃　十二月　二日　宮域監察ヲ命ス（神宮司庁）

大正　十四年　二月　十三日　儀式課長ヲ命ス（神宮司庁）**写真39**

〃　三月　三日　御装束神宝調査ヲ嘱託ス（造神宮使庁）**写真40**

〃　三月　十六日　叙従五位（宮内大臣従二位勲一等子爵牧野伸顕宣）**写真41**

〃　七月　十三日　陞叙高等官四等（内閣）**写真42**

〃　十二月　十二日　十一月三十日付内務省／三級俸下賜／右昇給通知（神宮司庁

官房）

大正　十五年　七月　七日　宿衛ヲ命ス（神宮司庁）

〃　七月三十一日　囑託ヲ解ク（造神宮使庁）**写真43**

昭和　四年　一月　十五日　特旨ヲ以テ位一級／被進（宮内省）**写真44**

〃　一月　十五日　叙正五位（宮内大臣従二位勲一等一木喜徳郎宣）**写真45**

〃　七月　二日　六月三十日付内務省／二級俸下賜／右昇給通知（神宮司庁官房）

〃　八月三十一日　臨時儀式課兼務ヲ命ス（神宮司庁）

昭和　五年　一月　十五日　臨時儀式課兼務ヲ免ス（神宮司庁）

〃　三月二十九日　陞叙高等官三等（内閣）**写真46**

〃　三月二十九日　特旨ヲ以テ位一級／被進（宮内省）**写真47**

〃　三月三十一日　叙従四位（宮内大臣従二位勲一等一木喜徳郎奉）**写真48**

〃　三月三十一日　依願免本官（内閣総理大臣浜口雄幸宣）**写真49**

〃　三月三十一日　三月三十一日付内務省／一級俸下賜／右通知（神宮司庁官房）

〃　四月　十日　神宮皇學館講師ヲ嘱託ス／年手当七百圓給与（神宮皇學館）

昭和　七年　五月　一日

写真50
本館ニ在職スルコト二十五年／其ノ功績不尠仍テ創立／五十周年記念式典ニ当リ／別紙目録ノ通リ記念品ヲ／贈呈シ之ヲ表彰ス（神宮皇學館長平田貫一）**写真51**
目録／宣徳火鉢　壱対

昭和　十七年　五月　三十日

本館ニ在職スルコト三十五／年其ノ功績不尠仍テ／大學昇格創立六十周年記念式典ニ当／リ目録ノ通贈呈シ之ヲ／表彰ス（神宮皇學館大學長兼神宮皇學館長文学博士山田孝雄）**写真52**
目録／記念品料　金壱封

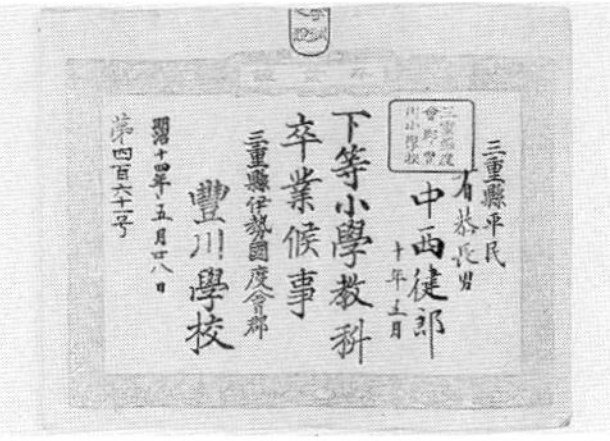
三重縣平民
有恭長男
中西健郎
十年五月
下等小學教科
卒業候事
三重縣伊勢國度會郡
豐川學校
明治十四年五月廿八日
第四百六十一号

写真1

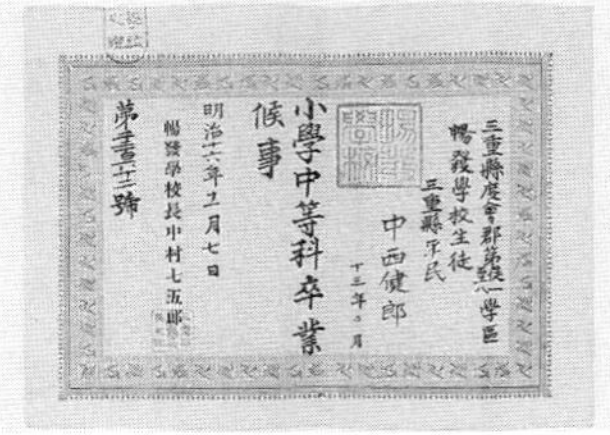
三重縣度會郡第壹學區
暢發學校生徒
三重縣平民
中西健郎
十三年　月
小學中等科卒業
候事
明治十六年二月七日
暢發學校長中村七五郎
第壹百十三號

写真2

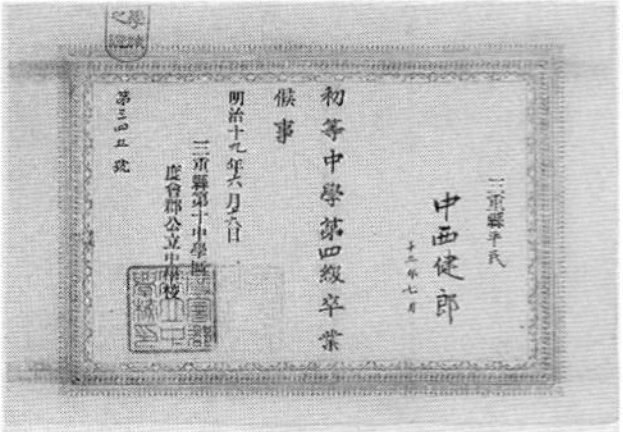
三重縣平民
中西健郎
十二年七月
初等中學第四級卒業
候事
明治十九年六月六日
三重縣第十中學區
度會郡公立中學校
第三四五號

写真3

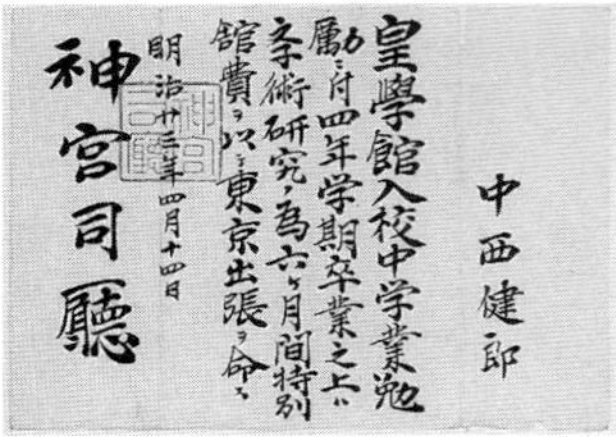
中西健郎
皇學館入校中学業勉
勵ニ付四年学期卒業之上ハ
学術研究ノ為六ヶ月間特別
館費ヲ以テ東京出張ヲ命ス
明治廿三年四月十四日
神宮司廳

写真4

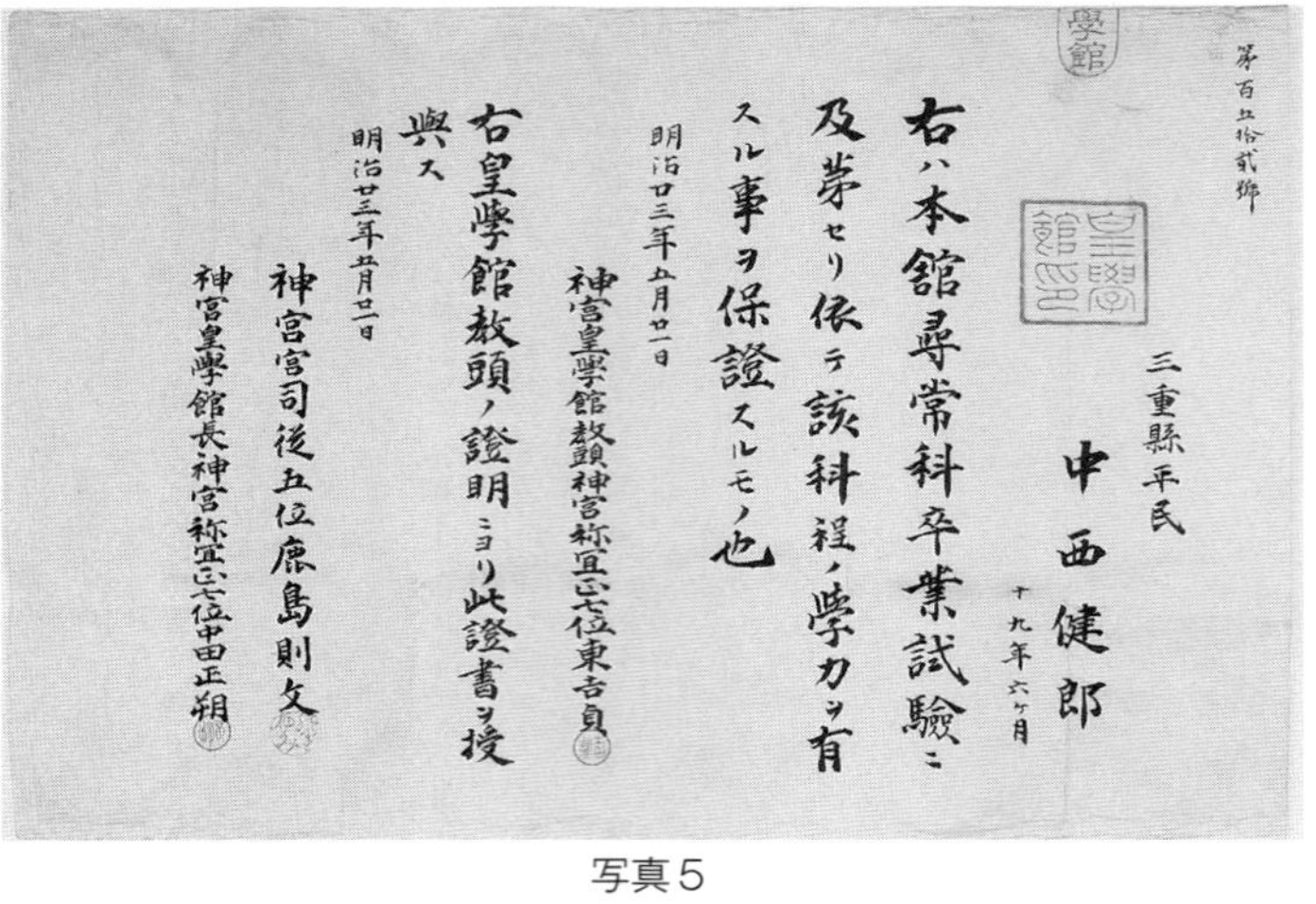
第百五拾貳號
三重縣平民
中西健郎
十九年六ヶ月
右ハ本館尋常科卒業試驗ニ
及第セリ依テ該科程ノ學力ヲ有
スル事ヲ保證スルモノ也
明治廿三年五月廿一日
神宮皇學館教頭神宮禰宜正七位東吉貞
右皇學館教頭ノ證明ニヨリ此證書ヲ授
與ス
明治廿三年五月廿一日
神宮宮司從五位鹿島則文
神宮皇學館長神宮禰宜正七位中田正朔

写真5

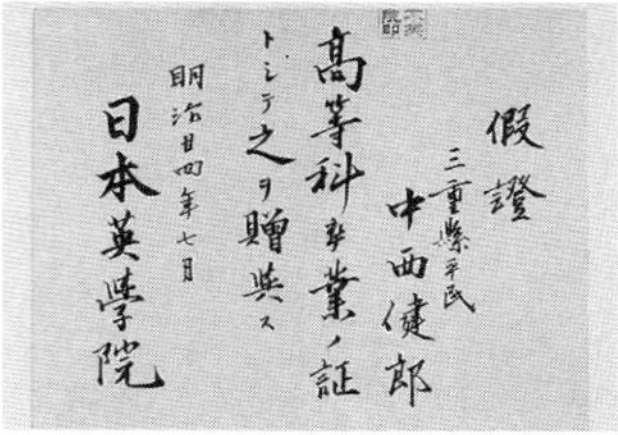
假證
三重縣平民
中西健郎
高等科卒業ノ証トシテ之ヲ贈與ス
明治廿四年七月
日本英學院

写真6

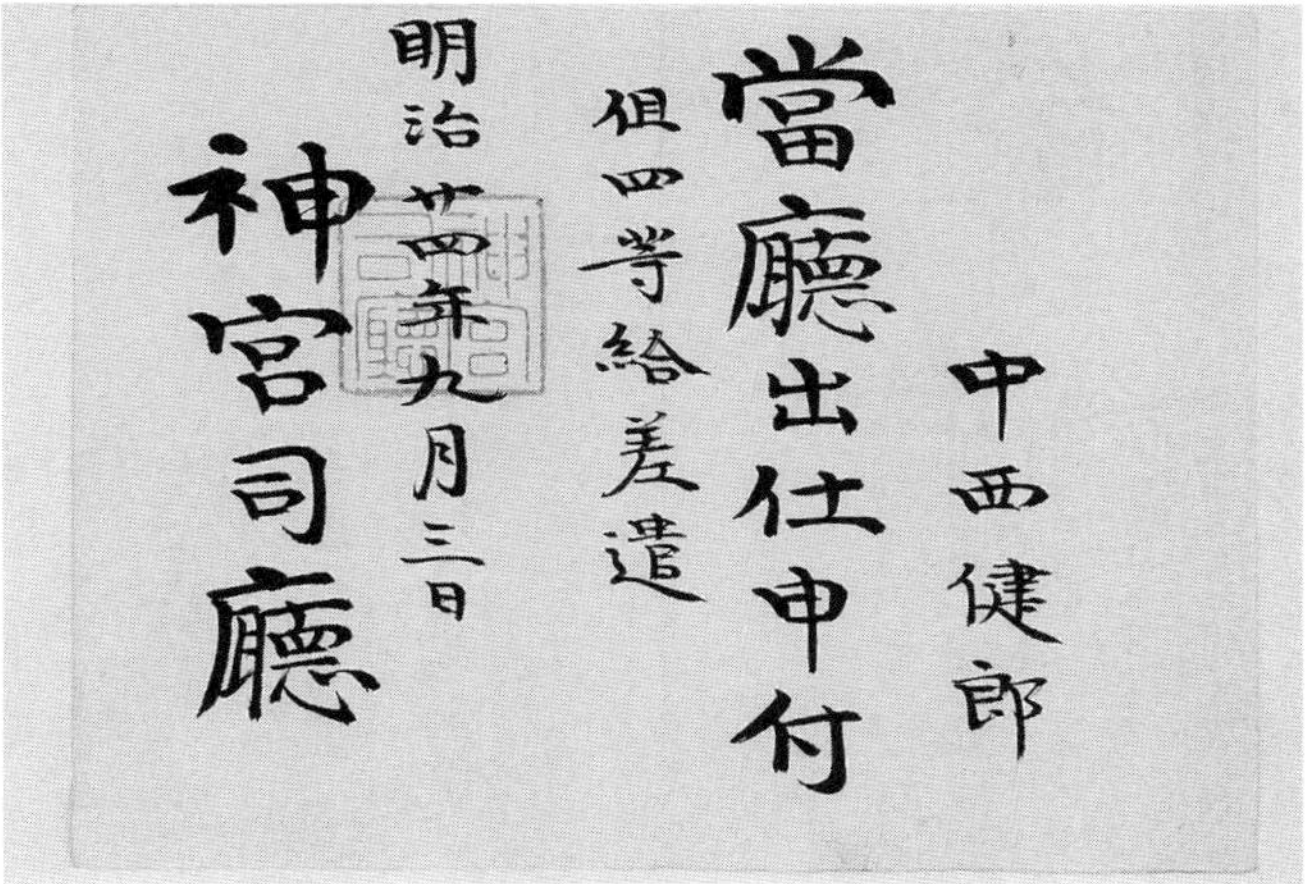
中西健郎
當廳出仕申付
但四等給差遣
明治廿四年九月三日
神宮司廳

写真7

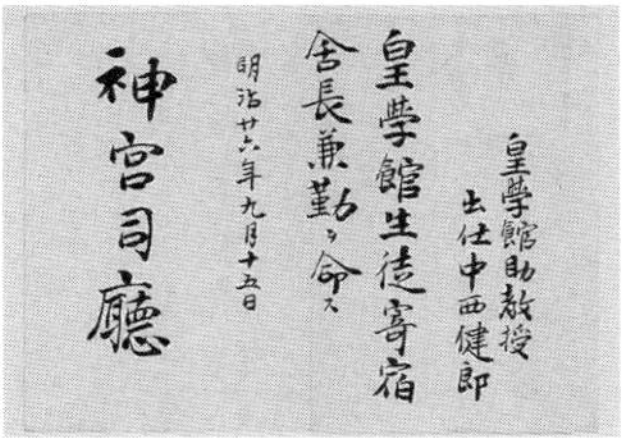
皇學館助教授
出仕中西健郎
皇學館生徒寄宿舍長兼勤ヲ命ス
明治廿六年九月十五日
神宮司廳

写真9

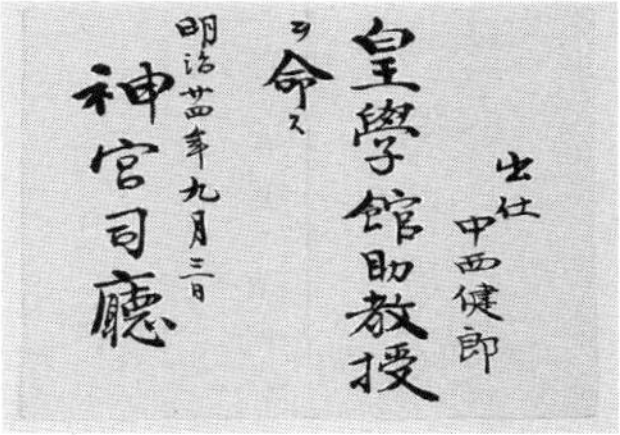
出仕
中西健郎
皇學館助教授ヲ命ス
明治廿四年九月三日
神宮司廳

写真8

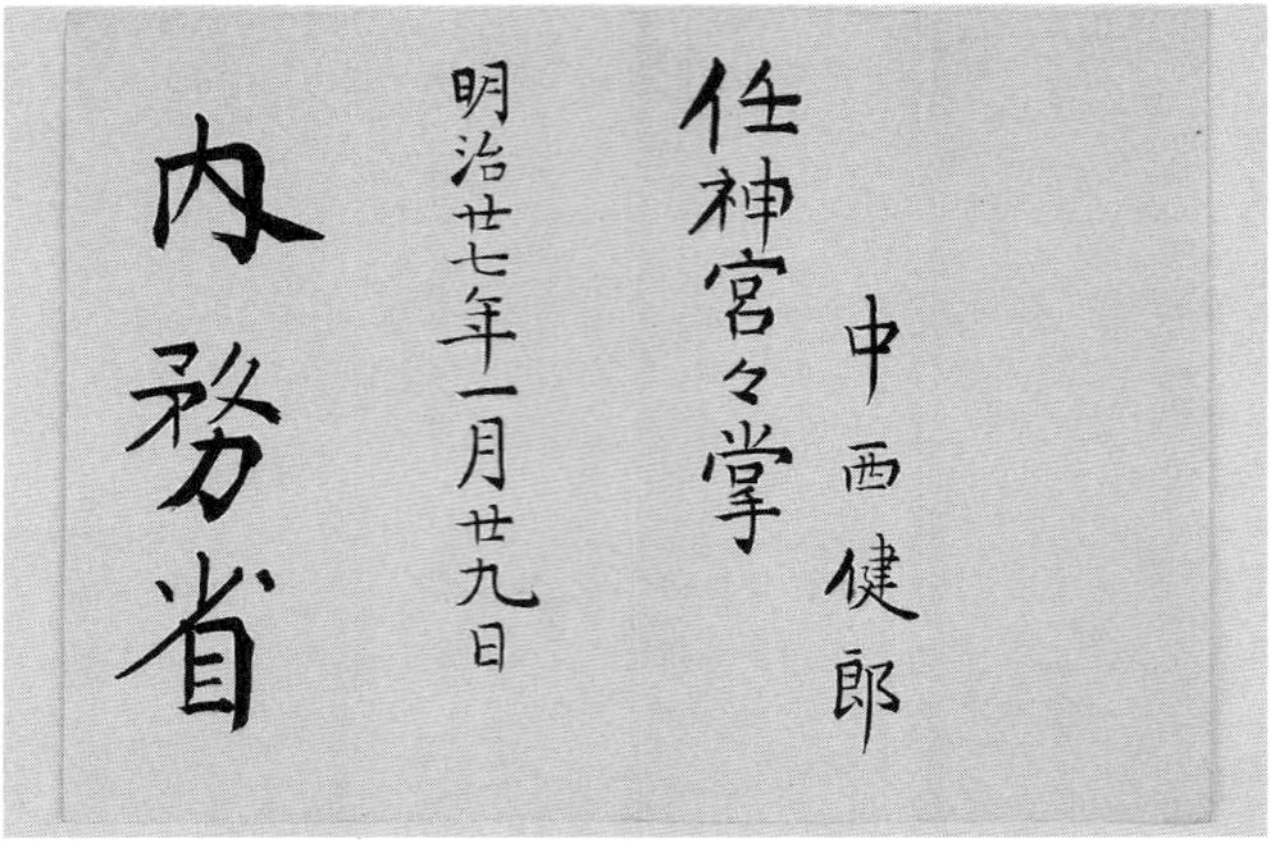
中西健郎
任神宮々掌
明治廿七年一月廿九日
内務省

写真10

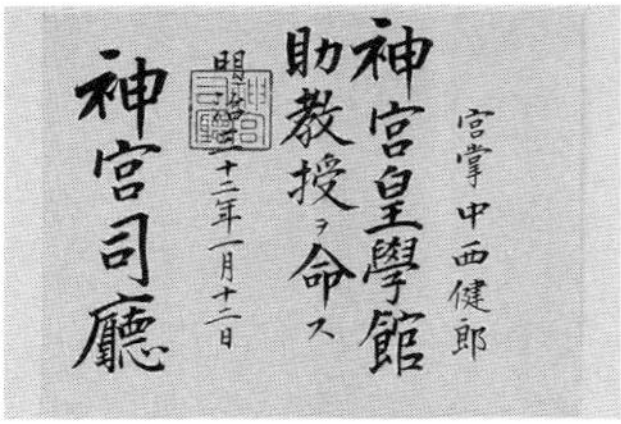
宮掌中西健郎
神宮皇學館助教授ヲ命ス
明治三十二年一月十二日
神宮司廳

写真13

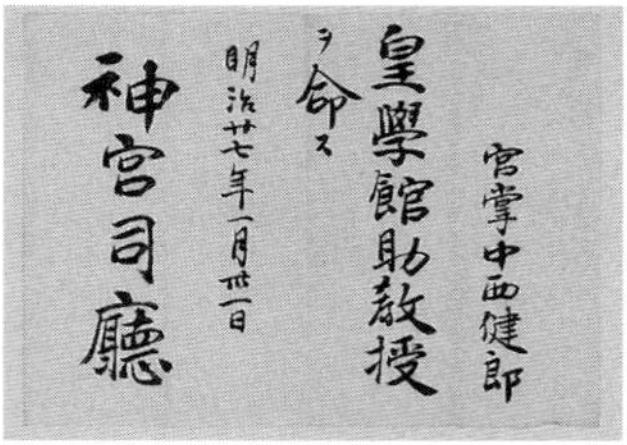
宮掌中西健郎
皇學館助教授ヲ命ス
明治廿七年一月卅一日
神宮司廳

写真11

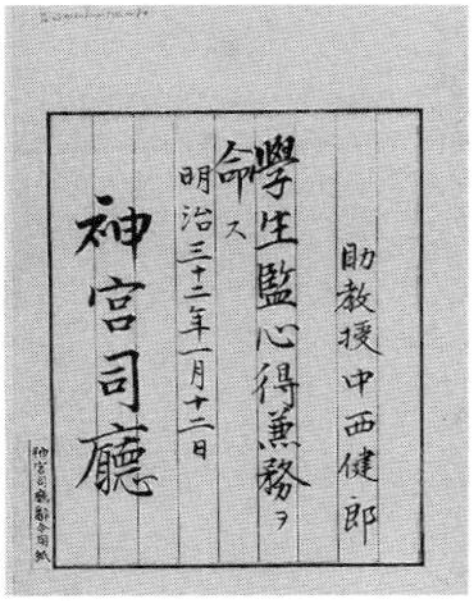
助教授中西健郎
學生監心得兼務ヲ命ス
明治三十二年一月十二日
神宮司廳

写真14

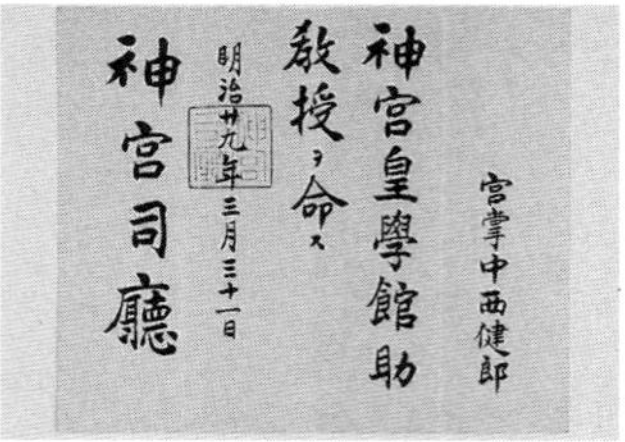
宮掌中西健郎
神宮皇學館助教授ヲ命ス
明治廿九年三月三十一日
神宮司廳

写真12

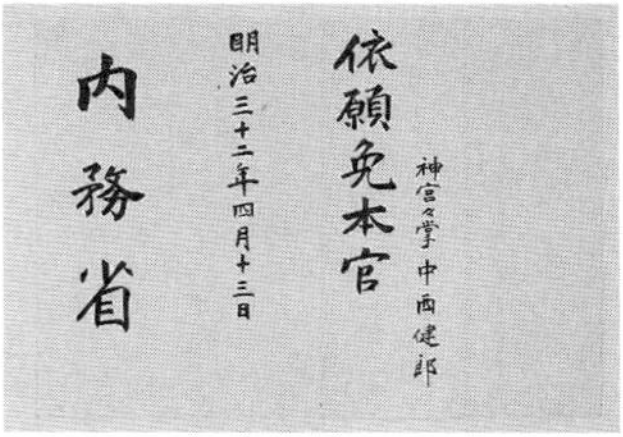
神宮々學 中西健郎
依願免本官
明治三十二年四月十三日
内務省

写真15

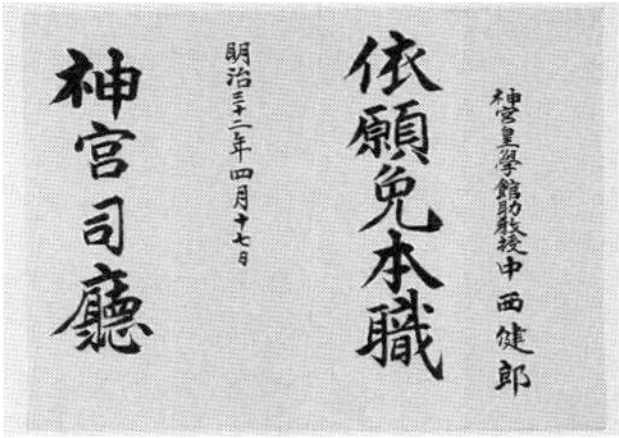
神宮皇學館助教授 中西健郎
依願免本職
明治三十二年四月十七日
神宮司廳

写真16

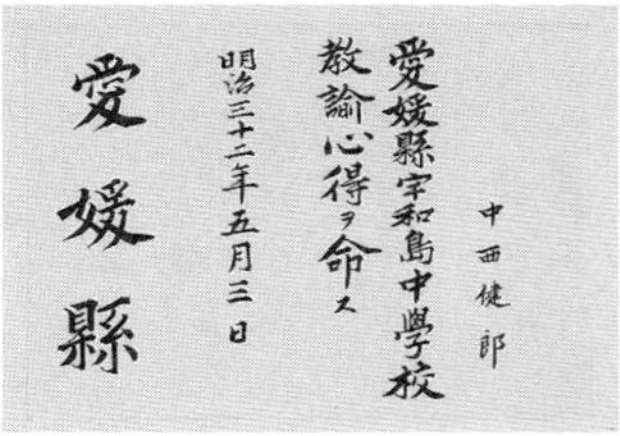
中西健郎
愛媛縣宇和島中學校教諭心得ヲ命ス
明治三十二年五月三日
愛媛縣

写真17

愛媛縣宇和島中學校教諭心得 中西健郎
依願退職ヲ命ス
明治三十三年六月五日
愛媛縣

写真18

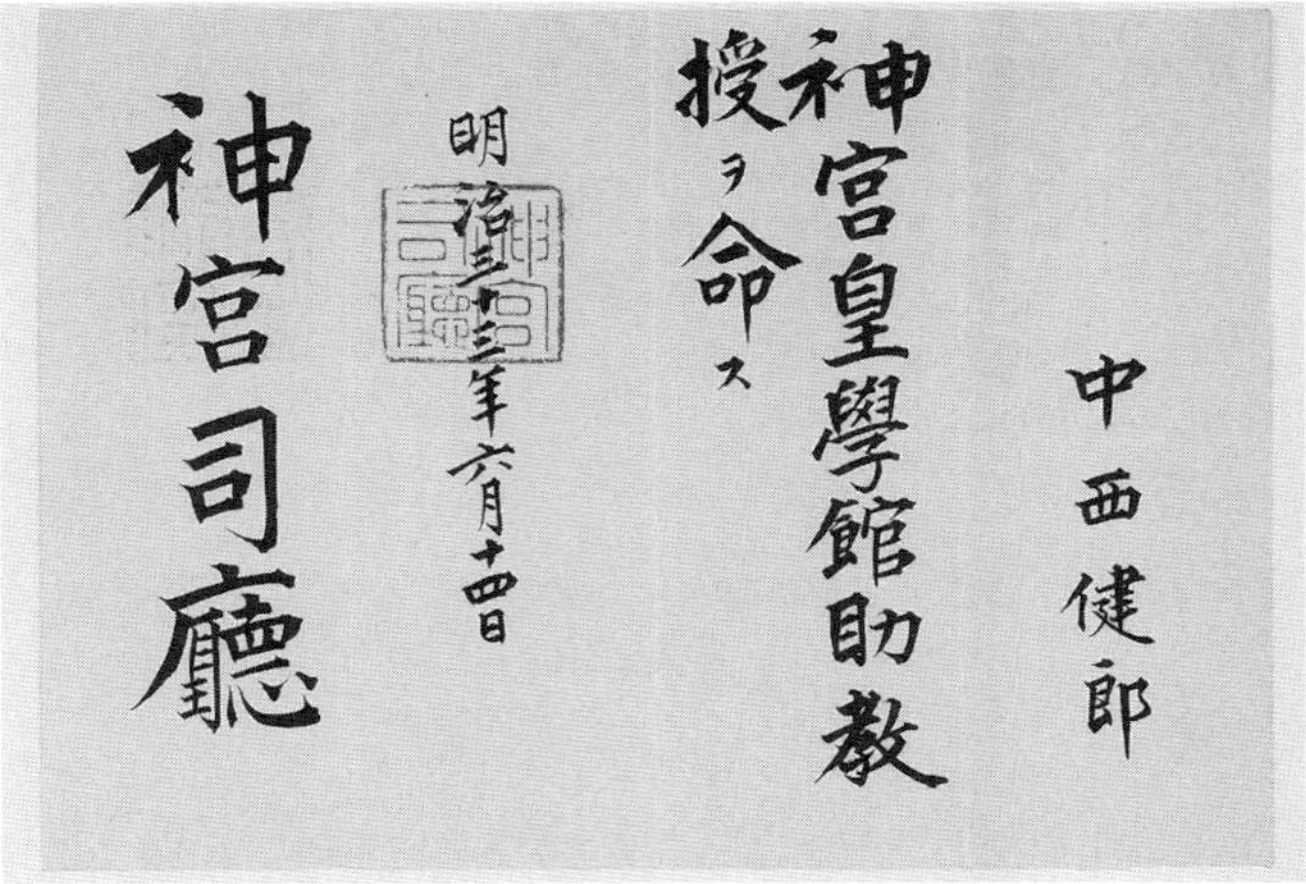
中西健郎
神宮皇學館助教授ヲ命ス
明治三十三年六月十四日
神宮司廳

写真19

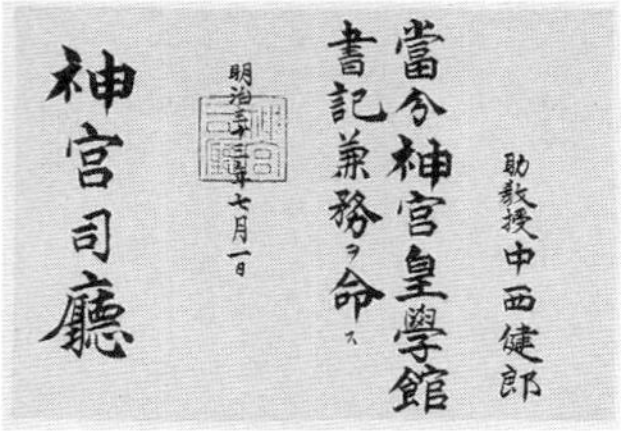
助教授中西健郎
當今神宮皇學館書記兼務ヲ命ス
明治三十二年七月一日
神宮司廳

写真20

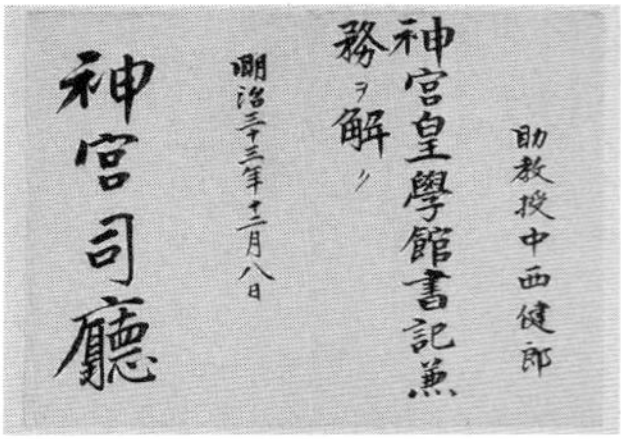
助教授中西健郎
神宮皇學館書記兼務ヲ解ク
明治三十三年十二月八日
神宮司廳

写真21

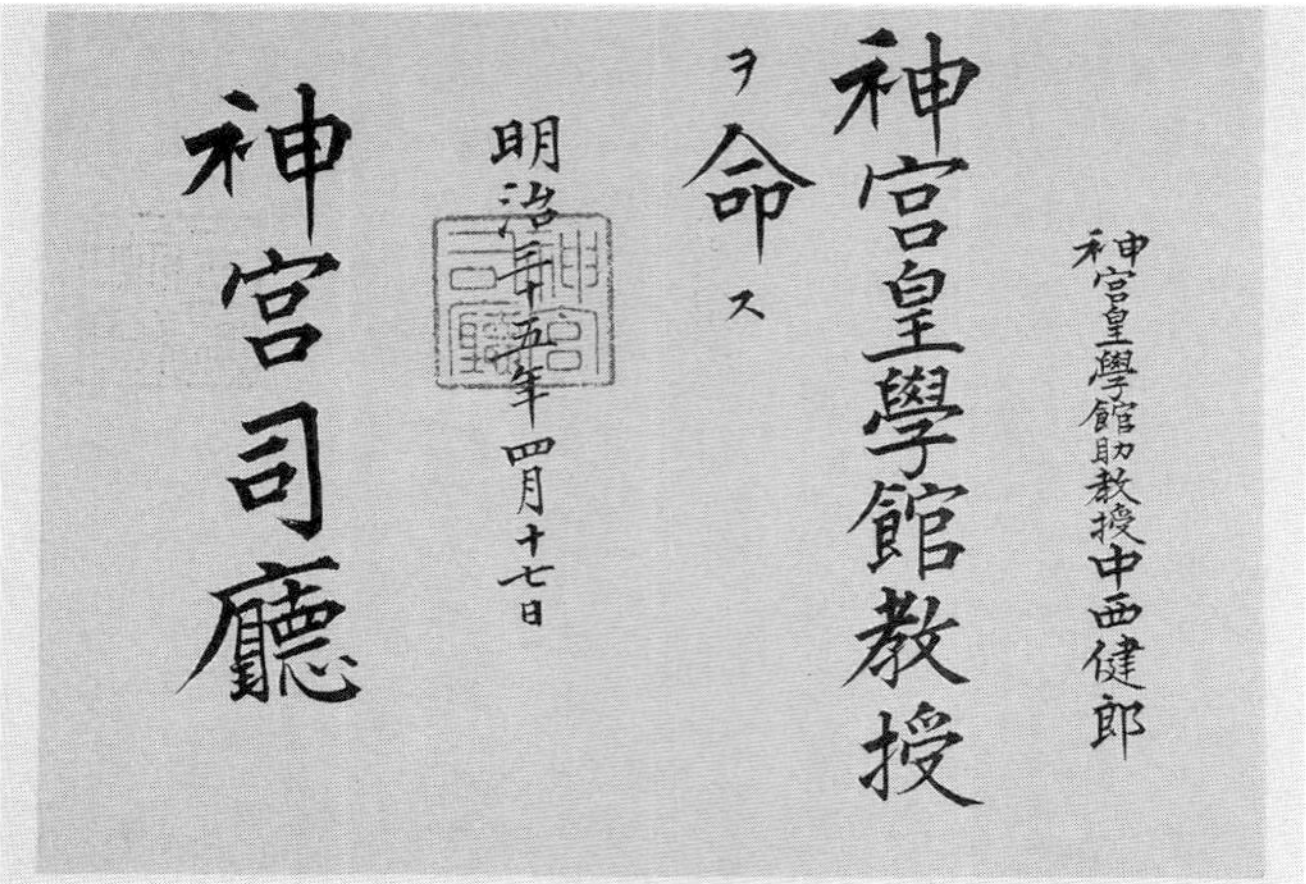
神宮皇學館助教授中西健郎
神宮皇學館教授ヲ命ス
明治三十五年四月十七日
神宮司廳

写真22

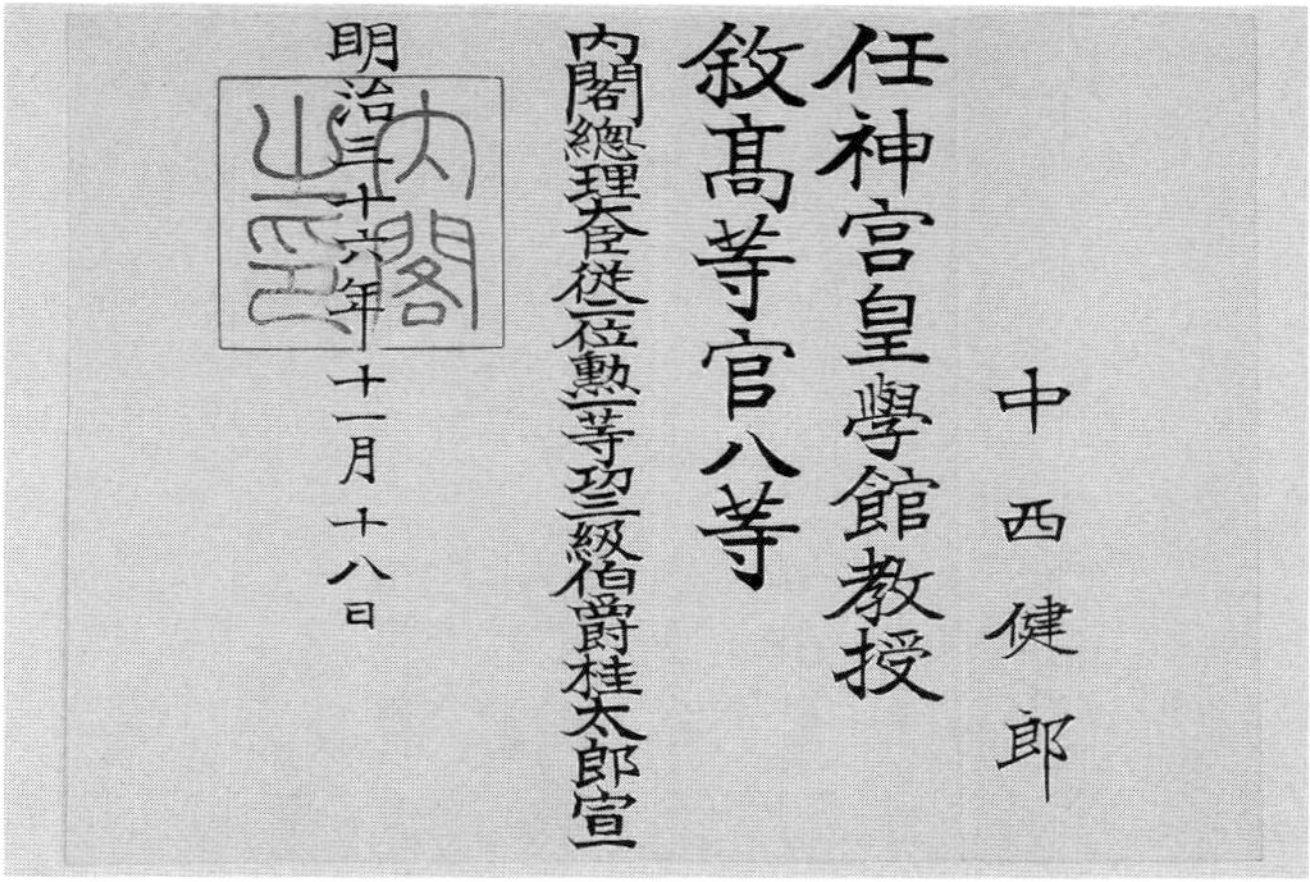
中西健郎
任神宮皇學館教授
敍高等官八等
内閣總理大臣從二位勲一等功三級伯爵桂太郎宣
明治三十六年十一月十八日

写真23

正八位中西健郎
敍從七位
明治四十年五月二十日
宮内大臣正二位勲一等子爵田中光顯宣

写真26

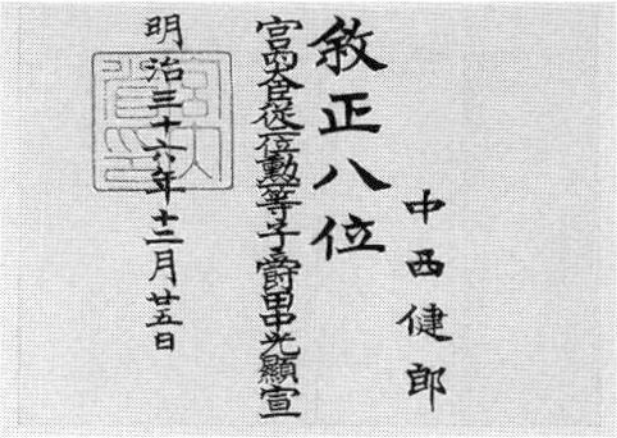
中西健郎
敍正八位
宮内大臣從二位勲一等子爵田中光顯宣
明治三十六年十二月廿五日

写真24

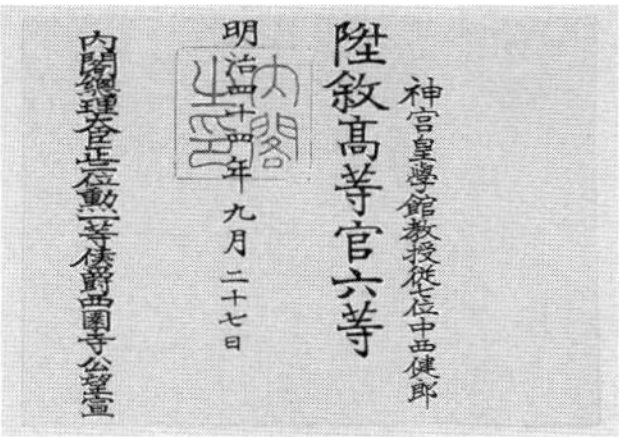
神宮皇學館教授從七位中西健郎
陞敍高等官六等
明治四十年九月二十七日
内閣總理大臣正二位勲一等侯爵西園寺公望宣

写真27

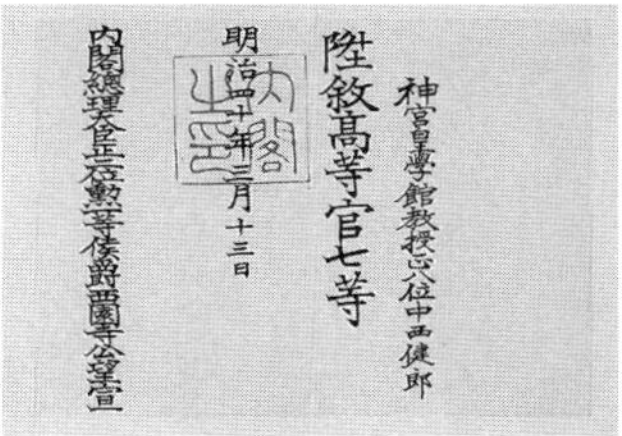
神宮皇學館教授正八位中西健郎
陞敍高等官七等
明治四十年三月十三日
内閣總理大臣正二位勲一等侯爵西園寺公望宣

写真25

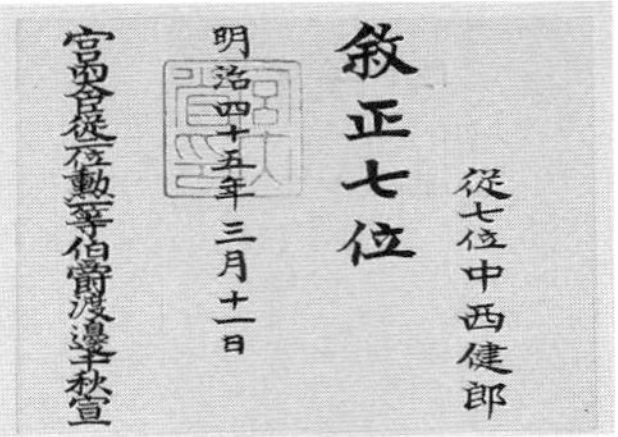

従七位中西健郎
叙正七位
明治四十五年三月十一日
宮内大臣従二位勲一等伯爵渡邊千秋宣

写真28

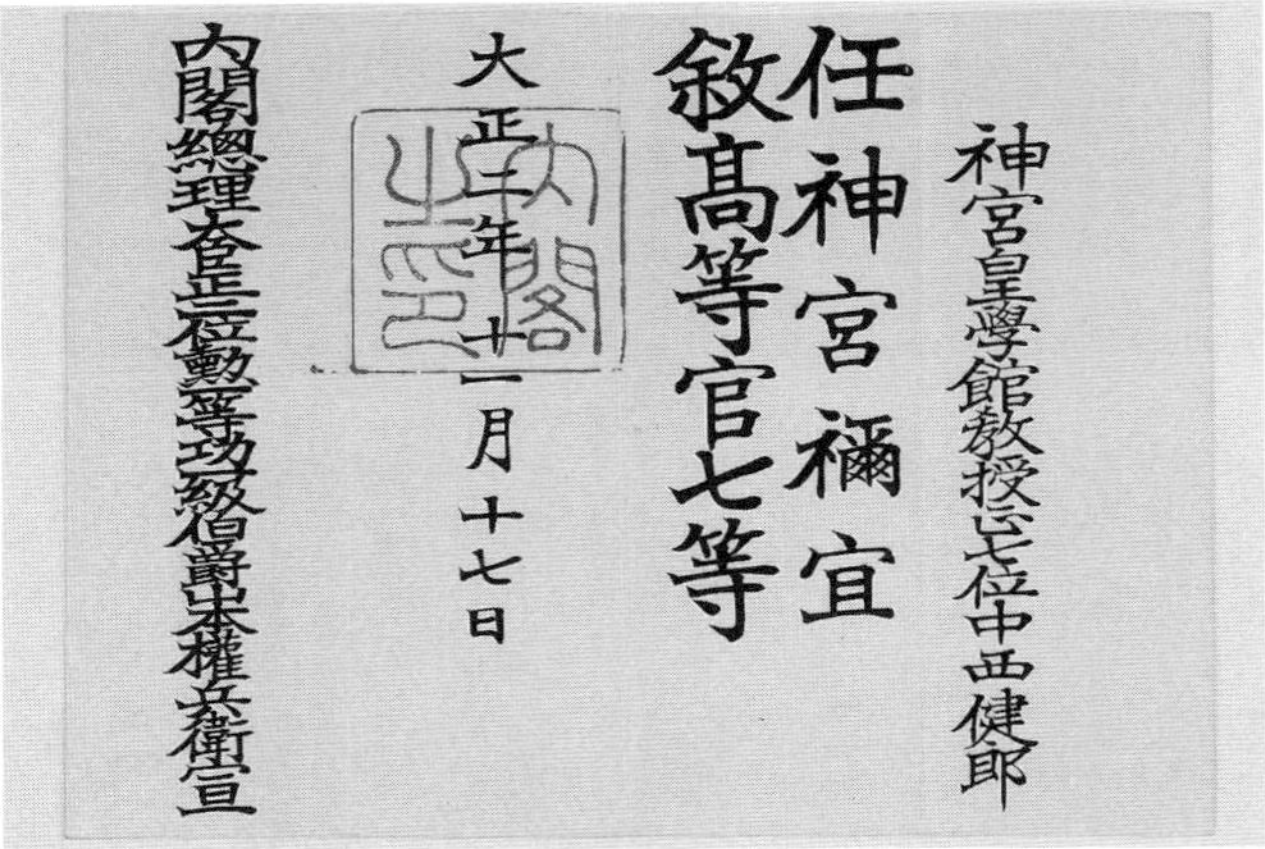

神宮皇學館教授正七位中西健郎
任神宮禰宜
叙高等官七等
大正二年十二月十七日
内閣總理大臣正二位勲一等功一級伯爵山本權兵衛宣

写真29

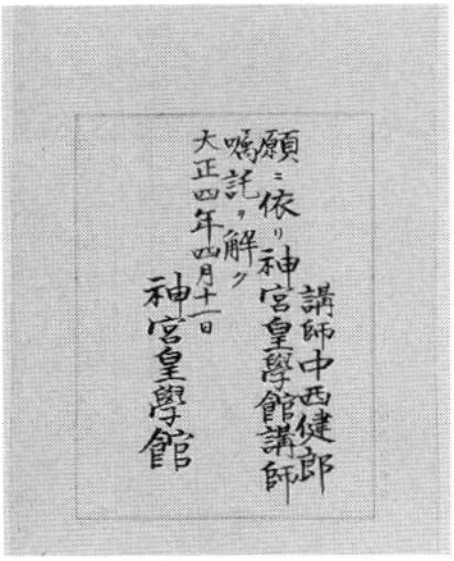

講師中西健郎
願ニ依リ神宮皇學館講師
囑託ヲ解ク
大正四年四月十一日
神宮皇學館

写真31

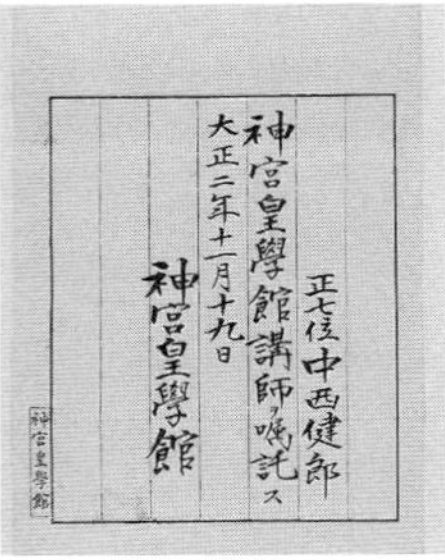

正七位中西健郎
神宮皇學館講師ヲ囑託ス
大正二年十一月十九日
神宮皇學館

写真30

正七位中西健郎
敍從六位
大正六年四月十日
宮內大臣從二位勳一等男爵波多野敬直宣

写真33

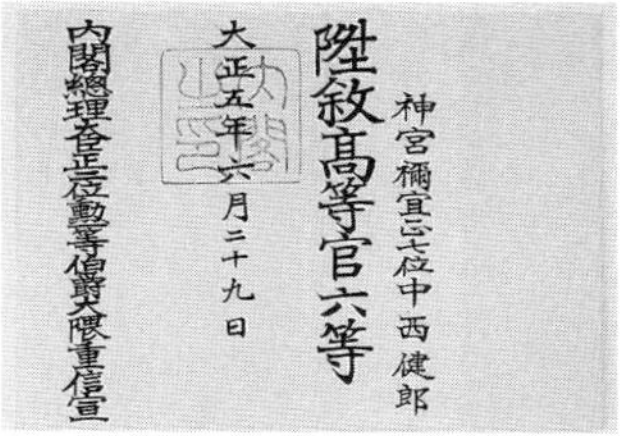
神宮禰宜正七位中西健郎
陞敍高等官六等
大正五年六月二十九日
內閣總理大臣正二位勳一等侯爵大隈重信宣

写真32

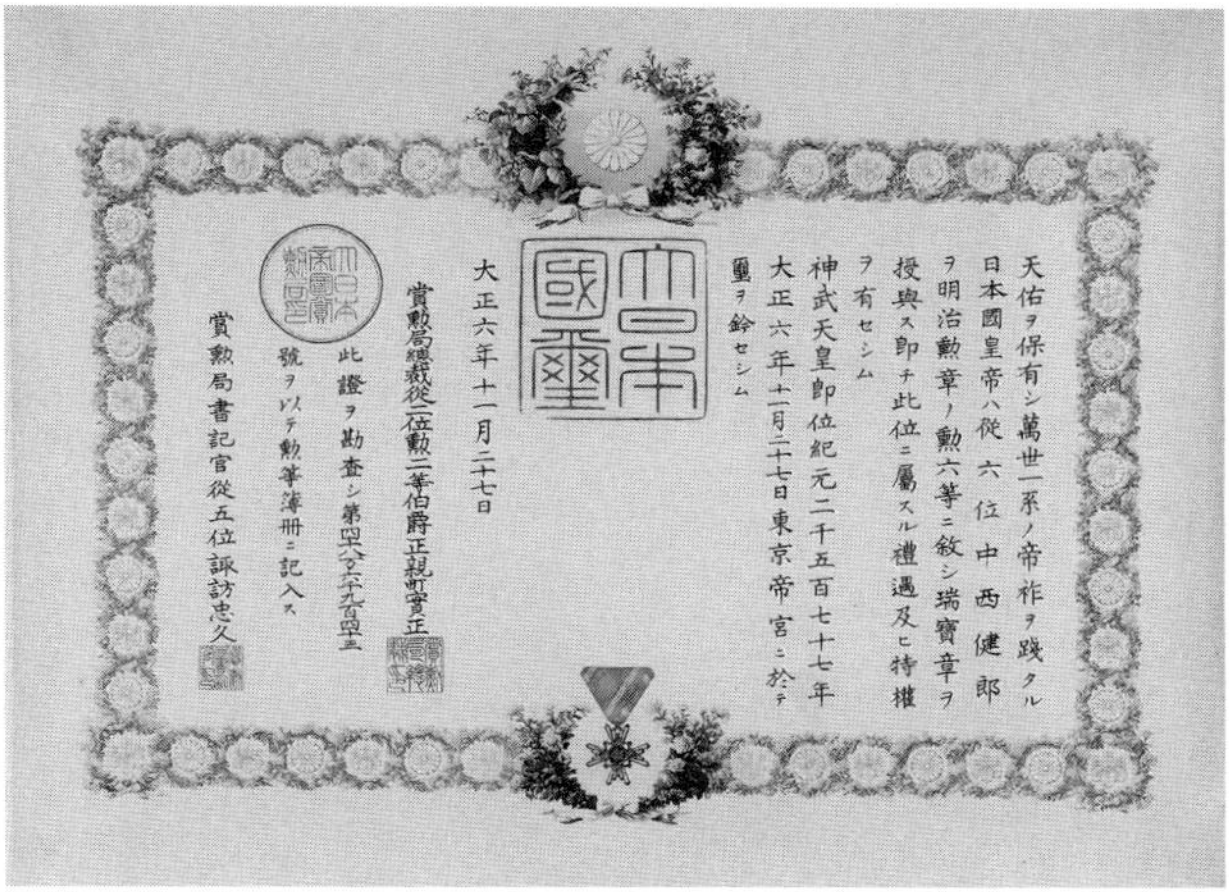
天佑ヲ保有シ萬世一系ノ帝祚ヲ践タル日本國皇帝ハ從六位中西健郎ヲ明治勳章ノ勳六等ニ敍シ瑞寶章ヲ授與ス即チ此位ニ屬スル禮遇及ヒ特權ヲ有セシム
神武天皇即位紀元二千五百七十七年大正六年十一月二十七日東京帝宮ニ於テ璽ヲ鈐セシム
大正六年十一月二十七日
賞勳局總裁從二位勳二等伯爵正親町實正
此證ヲ勘査シ第四八萬二千九百四十五號ヲ以テ勳等簿冊ニ記入ス
賞勳局書記官從五位諏訪忠久

写真34

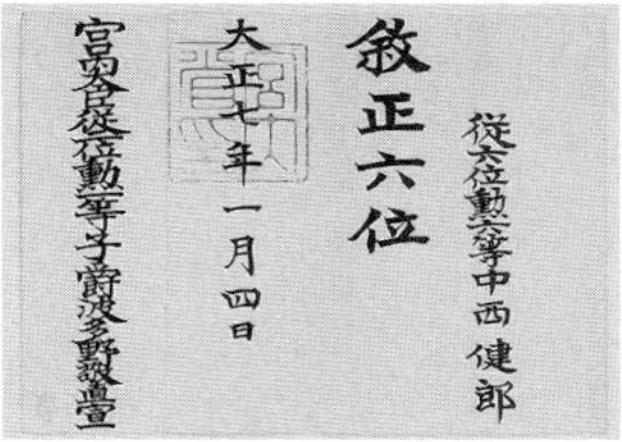
從六位勳六等中西健郎
敍正六位
大正七年一月四日
宮內大臣從二位勳一等子爵波多野敬直宣

写真36

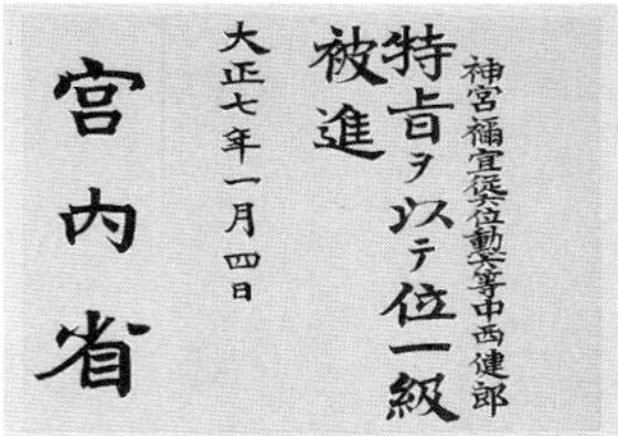
神宮禰宜從六位勳六等中西健郎
特旨ヲ以テ位一級被進
大正七年一月四日
宮內省

写真35

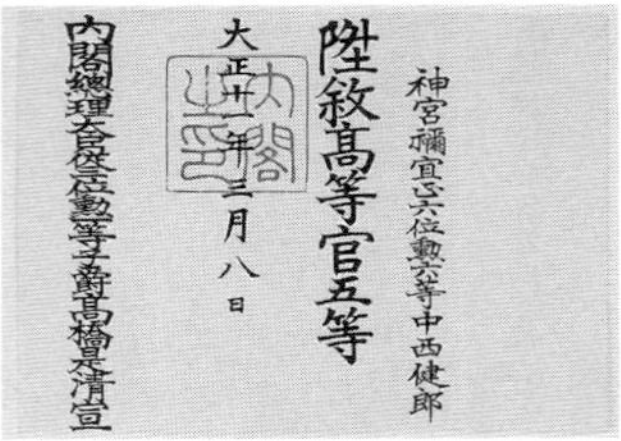
神宮禰宜正六位勲六等中西健郎
陞敍高等官五等
大正十一年三月八日
内閣總理大臣従二位勲一等子爵高橋是清宣

写真37

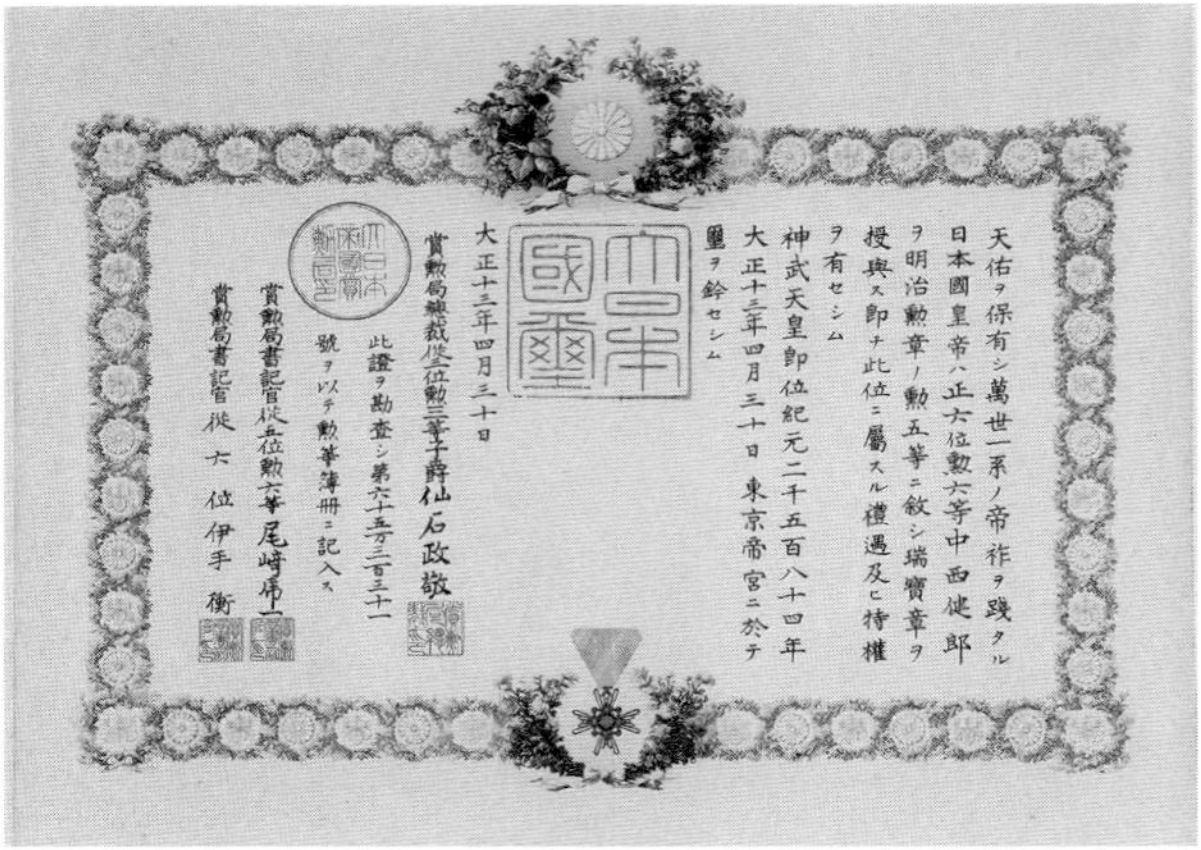
天佑ヲ保有シ萬世一系ノ帝祚ヲ踐タル
日本國皇帝ハ正六位勲六等中西健郎
ヲ明治勲章ノ勲五等ニ敍シ瑞寶章ヲ
授與ス即チ此位ニ屬スル禮遇及ヒ特權
ヲ有セシム
神武天皇即位紀元二千五百八十四年
大正十三年四月三十日　東京帝宮ニ於テ
璽ヲ鈐セシム
大正十三年四月三十日
賞勲局總裁従三位勲三等子爵仙石政敬
此證ヲ勘査シ第六十五万三百三十一
號ヲ以テ勲等簿冊ニ記入ス
賞勲局書記官従五位勲六等尾崎帰一
賞勲局書記官従六位伊手衛

写真38

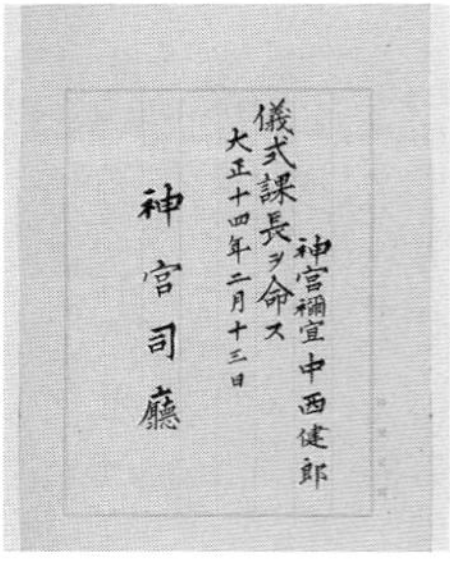
神宮禰宜中西健郎
儀式課長ヲ命ス
大正十四年二月十三日
神宮司廳

写真39

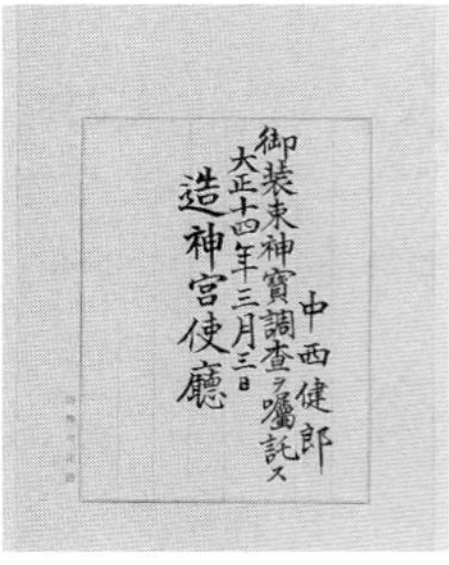
中西健郎
御装束神寳調査ヲ囑託ス
大正十四年三月三日
造神宮使廳

写真40

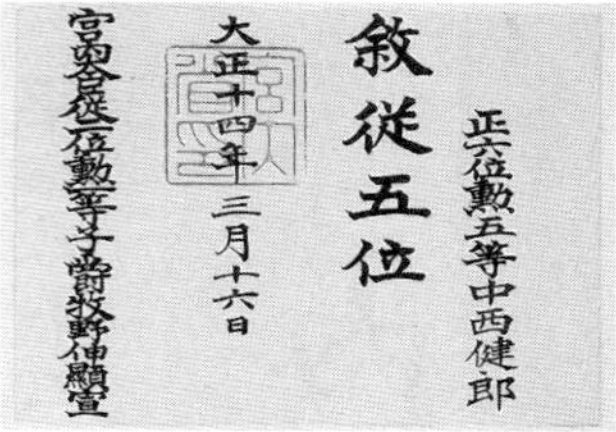
正六位勲五等中西健郎
敍従五位
大正十四年三月十六日
宮内大臣従一位勲一等子爵牧野伸顕宣

写真41

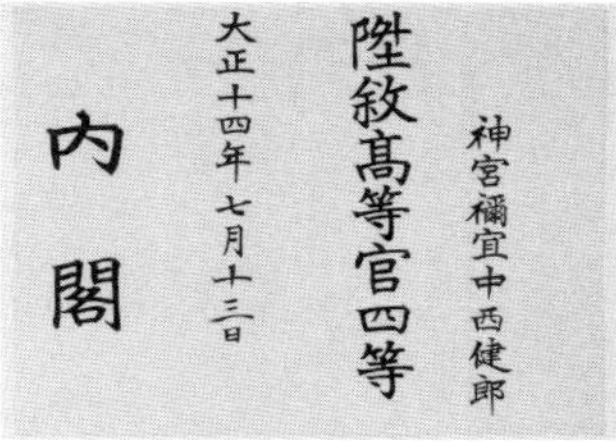
神宮禰宜中西健郎
陞敍高等官四等
大正十四年七月十三日
内閣

写真42

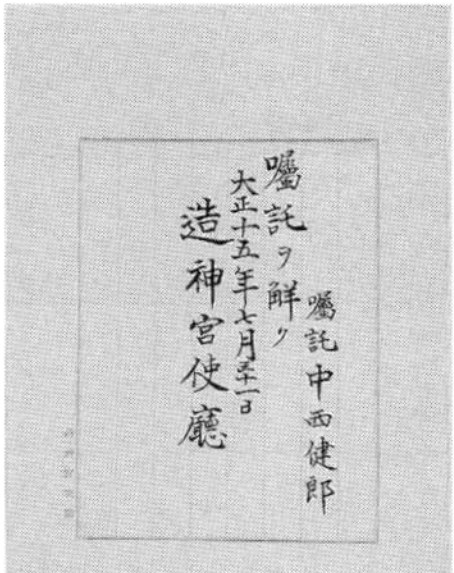
囑託中西健郎
囑託ヲ解ク
大正十五年七月三十一日
造神宮使廳

写真43

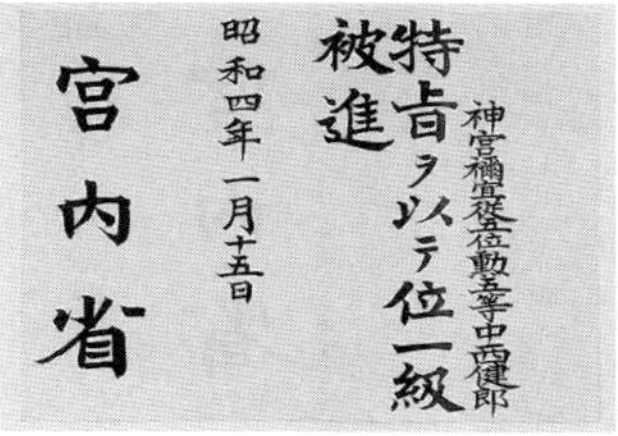
神宮禰宜従五位勲五等中西健郎
特旨ヲ以テ位一級
被進
昭和四年一月十五日
宮内省

写真44

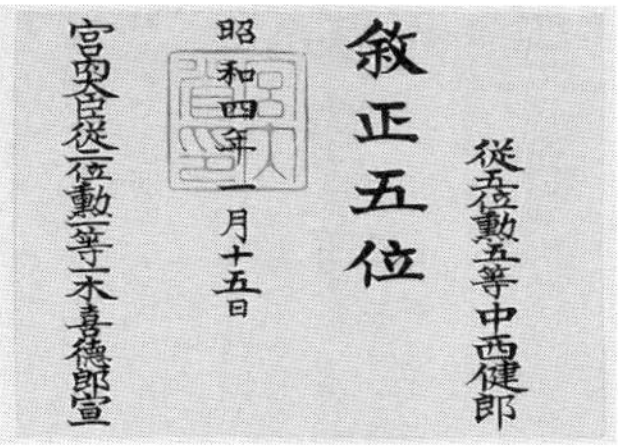
従五位勲五等中西健郎
敍正五位
昭和四年一月十五日
宮内大臣従一位勲一等一木喜徳郎宣

写真45

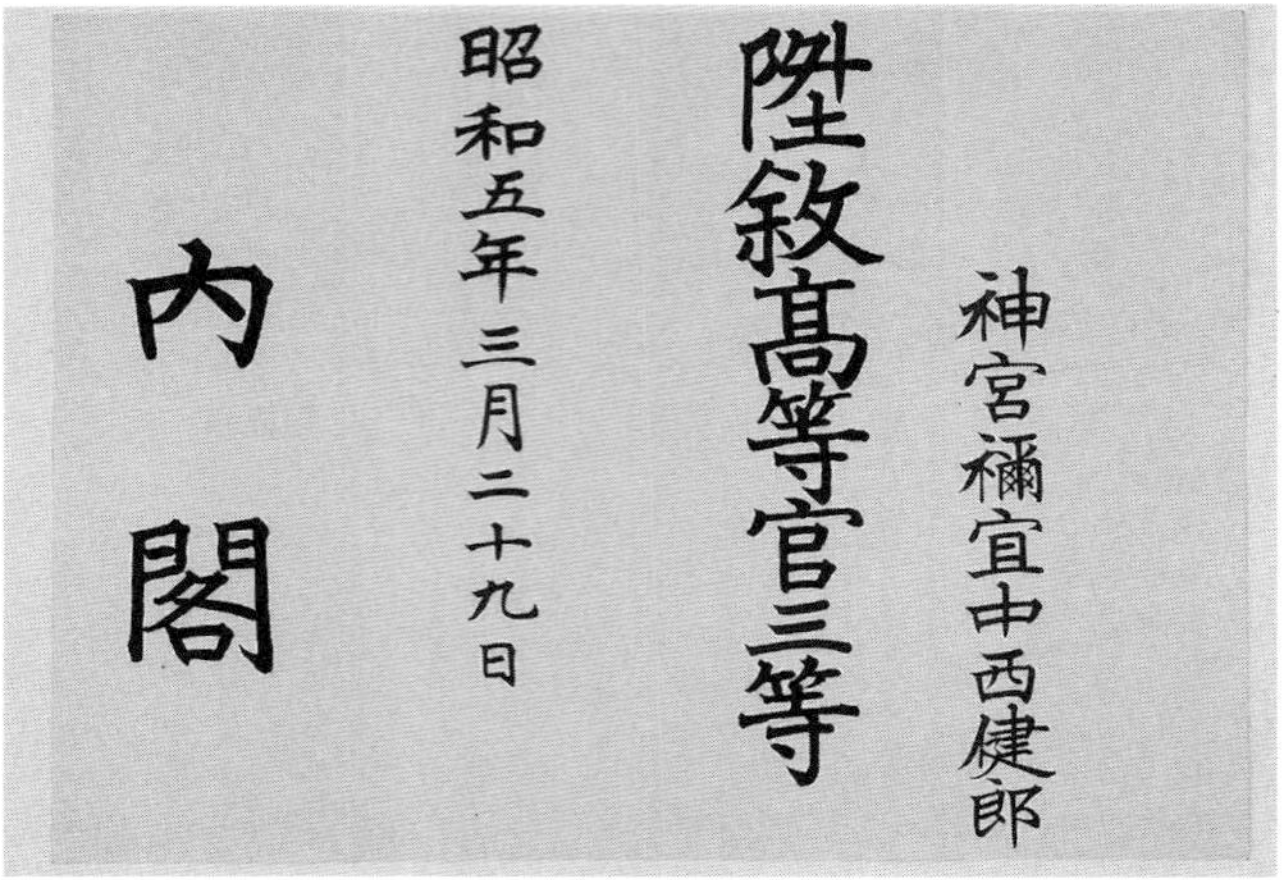
神宮禰宜中西健郎
陞敍高等官三等
昭和五年三月二十九日
内閣

写真46

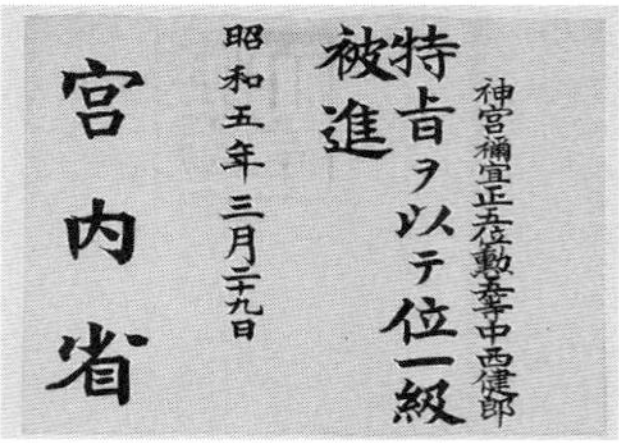
神宮禰宜正五位勲五等中西健郎
特旨ヲ以テ位一級
被進
昭和五年三月二十九日
宮内省

写真47

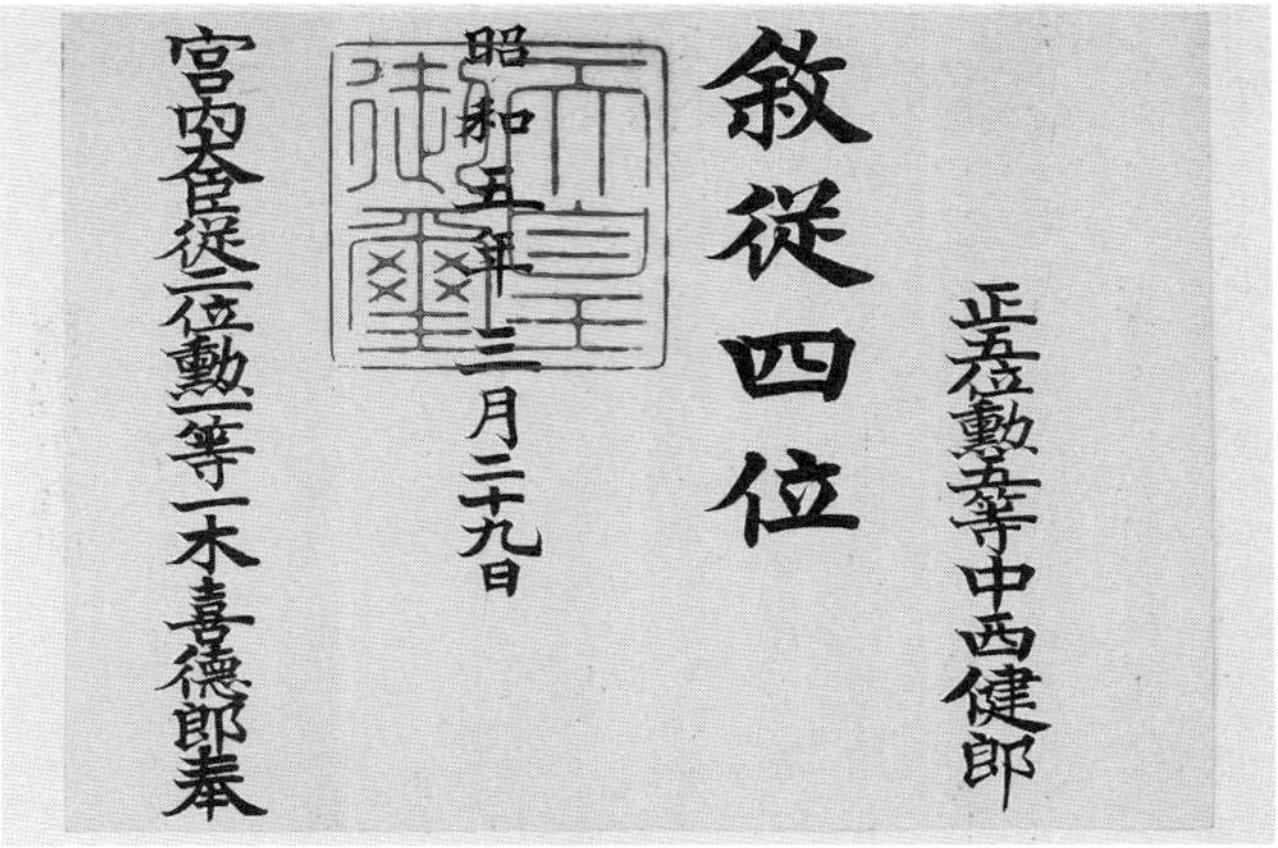

正五位勲五等中西健郎
敍従四位
昭和五年三月二十九日
宮内大臣従二位勲一等一木喜徳郎奉

写真48

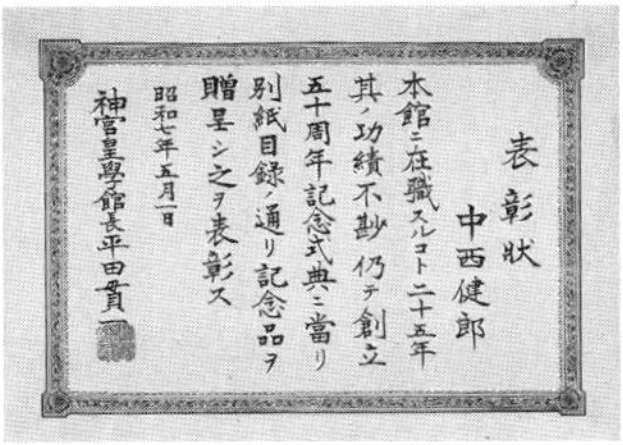

表彰状
中西健郎
本館ニ在職スルコト二十五年
其ノ功績不尠仍テ創立
五十周年記念式典ニ當リ
別紙目録ノ通リ記念品ヲ
贈呈シ之ヲ表彰ス
昭和七年五月一日
神宮皇學館長平田貫

写真51

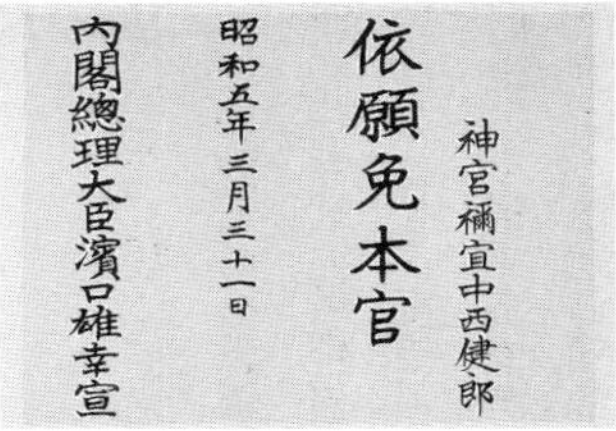

神宮禰宜中西健郎
依願免本官
昭和五年三月三十一日
内閣総理大臣濱口雄幸宣

写真49

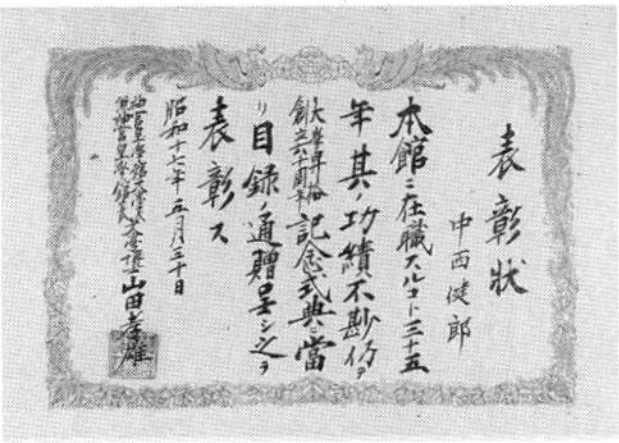

表彰状
中西健郎
本館ニ在職スルコト三十五
年其ノ功績不尠仍テ
記念式典ニ當
リ目録ノ通贈呈シ之ヲ
表彰ス
昭和十七年五月三十日
山田孝雄

写真52

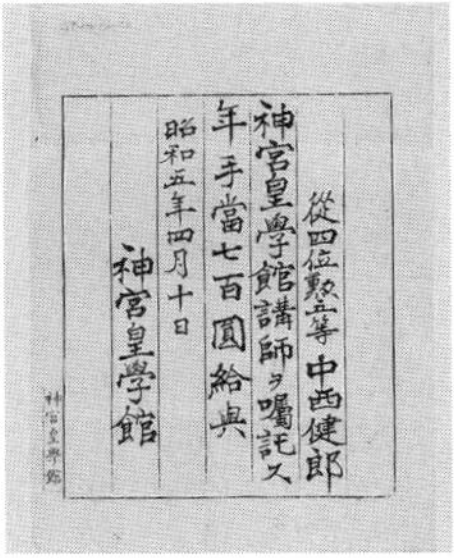

従四位勲五等中西健郎
神宮皇學館講師ヲ囑託ス
年手當七百圓給與
昭和五年四月十日
神宮皇學館

写真50

2　廣池千九郎

――橋本富太郎著『廣池千九郎　道徳科学とは何ぞや』紹介――

ミネルヴァ日本評伝選の一冊として刊行された橋本富太郎著『廣池千九郎』（ミネルヴァ書房、平成二十八年十一月）は、モラロジー（道徳科学）の提唱者である廣池千九郎（慶応二年～昭和十三年）についての評伝である。平成二十八年は廣池生誕百五十年にあたり、また教育基本法改正など道徳教育の重要性が再認識される昨今、廣池の理論は広く注目されて然るべきである。加えて、本書では廣池の神道研究についても詳述されており、斯界にも益するところは少なくないものと思われる。以下、本書の概要を紹介する。

第一章「中津と『中津歴史』」では、もと社家であった今永家の養子となった父と、「孝」を教えた母からの影響、初等・中等教育を経て母校の助教として教壇に立った後、師範学校の試験に落ち麗澤館（漢学塾）に入塾、そこで小川含章に出会い、廣池の思想の根幹となる国体論が形成されたこと、退塾後に教員資格を得て小学校教員となり、実業を尊重し教育環境の改善を試み、また歴史に関する著述にも取り組んで『中津歴史』を著すまでが描かれる。

第二章「歴史研究から東洋法制史の開拓へ」では、歴史家を志して京都に出て、その後『平安通志』や『古事類苑』の編纂に従事、また早稲田大学講師なども務めた時代が記される。この時期に著された『皇室野史』では皇室を尊ぶ大義名分論の基礎が形成され、『古事類苑』編纂では編纂員のうちで最も多い全体の約四分の一の下書きを担当。窮乏生活で身についてしまった原稿の乱発は編集長佐藤誠実の「おしかり」を受け、その際の「自己反省」が「初めての〝慈悲寛大自己反省〟」となる。また研究の幅を広げて法律学にも注目し、「東洋法制史」の分野を開拓。その著『東洋法制史序論』では、「法の根源」が中国では「中正・平均」であるのに対して、日本は「主権者のノリ（命令）」であると結論。両国を比較する中で、日本の最高の崇拝対象が「祖先」とりわけ天照大神であることや、根源的な「ノリ」が天照大神の神勅であることから、天照大神の「神徳」にも注目しており、本書が法制史家としての廣池の立場を確立すると同時に、その後の日本国体論や道徳科学研究の視点や手法を獲得するものであったこと、東洋法制史研究の過程で文法論にも画期的な著作を為したことなどが紹介される。廣池の「四人の師」のうち、小川含章に次ぐ井上頼圀・佐藤誠実・穂積陳重等との出会いについてもここに述べられている。

第三章「神道の研究と信仰」は、神宮皇學館教授、その後天理教団に入り天理教団教育顧問・天理中学校長を辞するまでを扱う。神宮皇學館着任の経緯や抱負、赴任後まもなくの清国調査旅行について触れた後、講習会での「神道講義」や、『伊勢神宮』発刊、学生対象の「神道史」講義を詳細に検討し、その経緯・意義・評価、あるいは廣池の神道学について詳述されている。次いで、教派神道研究の中で天理教に接し、入信の後に二見今一色での「誠の体験」や自身の「大正元年の大患」を経て、招聘に応じて神宮皇學館を辞し天理教団教育顧問・天理中学校長に就任、また法学博士の学位を取得した。その後、中山真之亮管長が急逝し、その追悼講演で「教典」を不完全と称したことが問題となり、辞職することとなるが（「大正四年の困厄」）、その際に、「黙して退く」、自己の不徳への反省と他者の許容、ここに廣池の国体論が確立し、皇室の万世一系の由来を「道徳」に見、その根源に天照大神の「天の岩戸籠り」、最高道徳の根本精神である「慈悲寛大自己反省」があるとする結論を得たことなどが述べられている。

第四章「「道徳科学」の確立と展開」では、天理教団を退職後、「道徳科学」の研究に取り組み、『道徳科学の論文』として結実（道徳科学研究所創立）。その詳細を解説の上、以後、社会教育活動を展開し、さらに「栃尾又の大患」を機に組織的な活動へと転じ、道徳科学専攻塾を開設、逝去に至るまでが記され、終章「廣池没後の動静」で本書は締めくくられる。

以上、著者が「廣池の人生を辿ることは、そのまま道徳科学（モラロジー）の形成過程を追うもの」（四〇四頁）であると記しているとおり、モラロジーとは何かを考える時に、廣池の生涯をたどることが極めて有効であることが知られる。モラロジーについては、一般にわかりやすく書かれた概説書も存するが[1]、廣池の学問と経験の上に提唱されたものであるだけに、やはり廣池の生涯、あるいは廣池をめぐるエピソードの数々が、モラロジーの実証には欠かせない。

廣池についての伝記的研究は、廣池学園あるいはモラロジー研究所において多くの蓄積がある。また、廣池に関する資料および、門人をはじめとする関係者の証言も膨大である。そして何より、廣池の研究分野は広範にまたがりそれぞれ重要な意義を有するため、その一つのみ採り上げられることも多いが、その場合、一面的理解となりがちである。

研究史については著者が別にまとめておられ有益であるのでそちらを併せて参照いただきたいが[2]、これまで廣池の生涯を知る上で至便であったのが、『資料が語る廣池千九郎先生の歩み　改訂版』[3]（以下、『資料が語る』と略称）や『伝記　廣池千九郎』[4]（以下、『伝記』と略称）であろう。また、廣池の著述や学問について検討した『生誕百年広池博士記念論集　増補版』[5]も学術的価値が高い。

そこでそれら、特に『伝記』と比して本書の特色を見てみるに、著者自身が「あとがき」に述べておられるところでは、「時代順に全体の流れが捉えやすくなることを心掛け」た、「引用史料は、なるべく原文を尊重し、当時の雰囲気を忠実に伝えるよう努めた」、「廣池のルーツとして、家庭環境と大分儒学の伝統を明らかにすることに重点を置いた」、「（妻の春子）の苦悩がいかに深かったかを、本書にやや詳しく記した」、といった点を掲げておられる。

とりわけ、本書全体に及ぶ方針である、引用史料に対する原文尊重の態度は、本書の学術的価値を高めている。というのも、『資料が語る』は書物としての性格上、どうしても断片的な記述となってしまっているので生涯を総合的に捉えるにはやや不向きであり、また、改訂二刷（平成三年一月発行）以降、「人権尊重の視点から、一部の用語を改め」（同書凡例）、それが解説のみでなく資料引用にも及んでいるのが惜しまれた。[6]『伝記』もまた、読者としてモラロジー学習者を想定している故であろう、引用文は意訳されており、読みやすさを考慮している点、それはそれで意義を有する。とはいえ、出典が未刊の「遺稿」であるというところが少なからず存し、学術的に批評しようとする場合には不便なところがあったことは否めない。

筆者の関心から一例をあげると、『伝記』において、廣池の神宮皇學館での苦労として、千九郎は皇学館の教育におおいに期待を持ち、実際に精力的に理想の実現に努めたが、期待していたような結果は得られなかった。『廣池千九郎日記』には、「伊勢行、不平」「伊勢神宮の信仰、伊勢にて反響なし」などと記されている。さらに、具体的には、「校長の不公平、同僚との争い。己の病、子の病」とある。同僚の教官との立場の相違、日本精神の復興という理想に対する教官や学生の理解不足、後述の千九郎の天理教入信に対する教官たちの疑惑や軽視、批判など、新たな問題が続々と生じたのである。[7]

と記されている部分など、千九郎の天理教入信への教官たちの批判というのはわかるが、並列して書かれている他のものは抽象的でわかりにくく、出典として『廣池千九郎日記』ともう一つ掲げている「具体的には」以下の引用は注で「遺稿」とあるので、「遺稿」のどの部分かもわからず、当時の記録なのか後の回想なのか、前後の文脈はどのようになっているのかなど、記述の正確性を確かめ難かった(8)。

それに対して本書では、例えば『伊勢神宮』出版に対して好評や学問的批判とともに、神宮を研究対象とすることへの反発も皇學館卒業生の中に見られたことや、天理教入信に対して皇學館教授や教え子から批判のあった背景なども具体的に記され、神宮皇學館教授退官の理由は「誠の体験」と「大正元年の大患」を経て天理教本部への招聘、ということで直接関わらないかもしれないが、廣池の講義が当時学生の回想にあるように好評であったとともに、「神道」を忌避する傾向、神宮や神道に対する理解の相違がみられた教官や学生のあったことも確かと思われ、具体的な叙述であるとともに、結論も廣池の主観に偏りすぎず穏当といえる。

神道学に関する記述を中心に、考証が深められた箇所も多い。とりわけ神宮皇學館時代の廣池について多く学ばせていただいたが、「神道講義」や「神道史」の講義ノートの紹介は詳細で、当時の廣池の神道論がよくわかる。

そして何より、廣池研究の中では比較的研究の立ち後れていた神道研究の観点も意識して通史的叙述がなされているため、従前の個別的研究ではわかりづらかったが、中津時代に形成された思想、『東洋法制史序論』など法制史研究において獲得された国体論や道徳科学研究の視点や手法、そして神宮皇學館時代の神道学・教派神道研究、さらには道徳科学へと至る経緯が、廣池の大病などの経験とも相関わり、一連の流れとして理解できることが、本書の大きな特色であろうか。これは神道に限らず、教育に関する部分や、他の部分にもいえることで、経歴と経験がまさに結実してモラロジーに至ったということも、廣池の生涯を通観してこそ理解できる。

ともあれ、著者自身が指摘しておられるごとく、「廣池が神道の中で大きな役割を果たしてきたにもかかわらず、それが十分に理解されているとは言い難」く、「神道のそれぞれの要素が関連づけられて広く深い相互の影響関係が認識されるような機会が得られなかった」[9]のであり、本書はその試みともいえるであろう。本書出版の意義は、廣池研究のみならず神道宗教研究にとっても少なくないと思われる。

註

(1) 例えば、モラロジー研究所編『総合人間学モラロジー概論』(モラロジー研究所、平成十九年十月)、同『改訂　テキスト　モラロジー概論』(モラロジー研究所、平成二十七年四月)。

(2) 橋本富太郎氏「廣池千九郎をめぐる神道学的研究緒論(一)~(四)」(『モラロジー研究』七三・七四・七五・七七、平成二十六年九月~平成二十八年五月)。

(3) モラロジー研究所編『資料が語る廣池千九郎先生の歩み　改訂版』(モラロジー研究所、昭和五十七年四月)。

（4）モラロジー研究所編『伝記　廣池千九郎』（モラロジー研究所、平成十三年十一月）。

（5）内田智雄氏編『生誕百年広池博士記念論集　増補版』（広池学園事業部、昭和四十八年十一月）。

（6）例えば、原文の「支那」を「中国」に改めるなどの例。

（7）『伝記』三三四頁。

（8）『廣池千九郎日記』全六冊（モラロジー研究所編・発行、昭和六十二年一月〜昭和六十三年六月）を一読しただけでは該当の箇所を見出すことができなかった（ただし、「伊勢行き、不平」はあるいは大正三年の日誌に「絵巻」として、「一、伊勢行き。不満あれば参拝す。」（『日記』一、二三六頁）とあるのを指すかとも思われ、そうであればニュアンスが異なる。）。「校長」云々に関しても、「遺稿」を確認していないので前後の文脈を見ないと何ともいえないが、『日記』には「教育の主旨徹底せず。ただ形式のみ。武田千代三郎」（『日記』一、一八三頁）という記述はみられる。武田は「神宮皇學館長特別任用令」による最初の専任館長で、その着任は廣池退職後の大正二年九月。廣池在任中の館長は桑原芳樹・木野戸勝隆の二代であり、この記述と遺稿の記述はまた別の事のようである。廣池関係資料を熟知していない筆者にとって、概して『伝記』の記述はこのように検証したくとも至難な場面に出会うことがあった。

（9）前掲註（2）「廣池千九郎をめぐる神道学的研究緒論（三）」。

3　平田貫一

平田貫一は、明治四十二年に東京帝国大学法科大学政治科を卒業。翌年、高等文官試験に合格し、農商務省に入省。その後、兵庫県産業部長、岐阜県・栃木県・福岡県の内務部長等を経て、昭和五年、第十代神宮皇學館館長に就任した。

神道教育の改革という使命を帯びて館長に着任し、昭和七年には神道科が設置される。さらに、念願の大学昇格に向けて尽力したその功績は極めて多大なものであった。昭和十四年、修養施設として惟神道場が建設されたことも特筆すべきものである。

そもそも、着任まで「神道については学問的に学ぶこともなく、ただ祖先の習俗として続けて」いたに過ぎず、神宮皇學館への赴任は「青天の霹靂」であったという（『志賀山夜話』平田貫一先生喜寿記念会、昭和三十四年十月）。館長就任によって神道との縁を結ばれ、木村春太郎教授に教えを受け、自らの神道観を大成。後に喜寿を記念して『神道の本義とその展開』（神道史学会、昭和三十四年十月）が出版されるに至る。

昭和十五年に神宮皇學館の大学昇格が実現するとこれを機に勇退、この年新たに創祀せられた近江神宮の初代宮司に就任。また戦後の困難な時期には第四代・第六代神社本庁事務総長をつとめて憲法問題等に取り組むなど、神社界に大きく貢献した。皇學館の再興にも尽くし、昭和三十七年、大学が再興されると初代学長に就任。四十一年、第一回卒業生を社会に送り出して、学長職、また近江神宮の宮司を退いた。

平田貫一の教育観に大きな影響を与えたのは、大正十二年から十三年にかけての英国視察であった。ケンブリッジ大学では、十七のカレッジがいずれも礼拝堂を有し、学生が週一度必ず礼拝に出席すべきことを定めるなどして宗教心を涵養し、精神的教育に資していた。またあるいは、学長や教授の幾人かは学内に居住して寮生活の学生と食事をともにし、学生に対する詳細な規程も定めるなど、訓育に重きが置かれていた。このような英国大学における学生の品性陶冶、厳格な指導に大きな感銘を受けたという。こうした平田貫一の理想が、神宮皇學館の諸改革や再興皇學館大學の学風確立に大きく活かされている。

4　学徒出陣における山田孝雄学長の講演

山田孝雄は、明治六年（一八七三）生まれ、昭和三十三（一九五八）年、八十五歳で逝去された。氏は、中学校教員、文部省国語調査委員会補助委員、日本大学講師などを経て、大正十四年（一九二五）東北帝国大学講師、昭和二年同教授、昭和十五年に神宮皇學館大學学長。昭和二十年八月に国史編修院長に転任。戦後、文化功労者、文化勲章受章。

昭和十八年十月、「在学徴集延期臨時特例」（勅令第七五五号）の公布により、兵役法第四十一条第四項の規定に認められていた文科系大学・専門学校の学生生徒に対する徴兵猶予が停止され、学徒出陣を迎える。神宮皇學館大學においては、一五一名（「昭和十八年十二月入営（入団）学生生徒名簿」[1]では一五〇名）がこの年十二月に入営・入団することとなり、十一月二十日には出陣学徒壮行式が催された[2]。壮行式に先立ち、同月十五日・十六日の両日には山田孝雄学長より出陣学徒に対して「令を講ずることの総説」と題する特別講義があり、学生達を見送った後には教員による「令」の共同研究も行われている[3]。

このうち、山田学長による特別講義は、十五日は午前十時から二時間、翌十六日は正午から、大学の講堂にて行われた。『伊勢新聞』昭和十八年十一月十五日付夕刊には、苛烈決戦下烈々たる尽忠の赤心に燃えあがる神宮皇學館大學出陣学徒の壮行式は二十日午前十時三十分から大講堂で挙行されるがこれに先だち十五日午前十時から大学部、同予科、専門部の全学生生徒を大講堂に集めて出陣学徒に対する最後の餞として学長山田孝雄博士から特別講義があり『令』の研究および内容について正午まで大講義を行つた

とあり、また聴講した鷲尾（正井）光張氏の日記[4]に、

十五日　山田に帰る　十時　学長先生の講義「令を講ずることの総説」約一時間　大勢三転考を紹介さる

十六日　学長　餞別の講義終了

同じく上杉千郷氏の日記[5]に、

十一月十五日（中略）学長最後のはなむけとして吾々に特別講義をして下さる事になった。誠にかたじけない限りである「令を講ずることの総説」という題にて吾々が戦場に向い行も学問とはどうして研究するものであるかを知って我々出陣に酒肴にでもしてくれとの事でした。

熱心に迫力あるあの音声で堂々と講じになる学長の態度、講義はむつかしいが、それでも真剣に聞き入る。二時間にわたる間の講義、意義深く感激深く聞く。

十一月十六日　昨日に引きつづいて学長の講義あり。今吾々征く者には直接関係なき如くに

見えるが、此の学長の講義の底に流る〻ものは真実なる学びを示されたものである。此れが皇学である。いたずらに時局便乗の講義でなく、学者の歩む道を説かれた学長の心境こそ実に尊いものがある。（後略）

と記されている。平成七年の戦歿学徒慰霊祭において西宮一民学長の奏上された祝詞(6)には、次のようにある。

（前略）山田孝雄学長の曰はく　汝達出で立ちなば　今ひとたび学問すること叶ふまじ　さればば最後の講義をせむとて　養老令神祇官条を講ぜられき。全学の教官・学生寂として　唯ペンを走らする音のみ聞ゆ。（後略）

さて、富山市立図書館山田孝雄文庫に、その山田孝雄学長の特別講義「令を講ずることの総説」の自筆原稿（整理番号091）が所蔵されている。その書誌情報については同館のホームページに次の通り記載されている。(7)

未刊稿本　自筆　1冊目は400字詰原稿用紙に毛筆書き　2冊目は東京文房堂製400字詰原稿用紙にペン書き　バインダー綴　「山田孝雄博士著作遺墨展」短冊に「原稿　二四令を講ずる総説」とあり　表題紙には赤字ペン書きで「令の総説」とあり　冒頭に「十八年十一月十五日午前六時(十)／十一月十六日十二時」とあり　目次：1．緒言　2．骨の代の有様とその骨の制の廃絶　3．官職の制の起りて定まるに至るまでの事情　4．令の由来

5．現存の令の事情　6．令の講究　7．令に就いての研究の要領　8．令の制のくづれ行くさま

内容は、表題の示すごとく「令」研究の総説である。伊達千広『大勢三転考』の紹介から始まるが、本論には、「令の講究」の項に、三浦周行・瀧川政次郎編『令集解釈義』、荷田春満『令義解剳記』、荷田在満『令三弁』、平沢元愷『令解会説』、稲葉通邦・河村秀根・石原正明・神村正鄰『講令備考』、新井祐登（白蛾）『令義解講録』、壺井義知『令義解愚注草稿』、薗田守良『新釈令義解』、近藤芳樹『標注令義解』、といった国学者の注釈的研究等が研究史として掲げられている他に、直接に引用されているものには次のような著がある（引用順）。

・伊達千広『大勢三転考』
・小中村義象『大政三遷史』
・伊藤長胤『制度通』
・尾崎雅嘉『群書一覧』
・荷田春満『創国学校啓』
・佐藤誠実「律令考」
・仁井田陞『唐令拾遺』
・小中村清矩『官職制度沿革史』

・伊藤長胤『盍簪録』

本特別講義は、学徒出陣を前にした神宮皇學館大學学生生徒に対して行われたもので、神宮皇學館大學史の一頁を飾る極めて貴重な資料である。加えて、山田孝雄博士の律令学を考えるに際しても有用と思われ、翻刻し紹介する次第である。

註

（1）「昭和十八年十二月入営（入団）学生生徒名簿」（皇學館大学所蔵。『皇學館大學百三十年史』資料篇二、学校法人皇學館、平成二十五年三月、に所収）。

（2）「出陣学徒壮行式」（『館友』四二五、昭和十八年十月。前掲『皇學館大學百三十年史』資料篇二に所収）に、式次第、大学長訓辞、在学生総代壮行辞、出陣学徒総代答辞が掲載される。

（3）渡辺寛氏「神宮皇學館大學における「令」の共同研究―『令共同研究會記録』（一）―」（『皇學館大學史料編纂所報　史料』一二四、平成五年四月）参照。また、これらの学問的意義についても、渡辺先生が別に詳述される予定とうかがうので、ここでは特に触れない。令共同研究会記録の全文の翻刻は、荊木美行氏「神宮皇學館大學『令共同研究会記録』（一）～（四）」（『令義解の受容と研究』汲古書院、平成二十二年二月。初出は平成十五年十二月～平成十九年三月）。

（4）正井光張氏『倉田山日記抄　神宮皇学館大学発足から廃学までの六年』（正井光張君遺稿集編集世話人、

昭和五十年七月）。同氏は当時学部二年、翌十九年六月召集、中部第五四部隊入隊。

（5）上杉千郷氏『学生日記—学徒出陣前の学生生活—』（私家版、平成十八年二月）。同氏は当時附属専門部二年、この時召集、大竹海兵団入団。

（6）『皇學館百二十周年記念誌』（学校法人皇學館、平成十四年四月）に掲載。西宮氏は、昭和十八年当時予科二年、十九年十月学部入学、同月豊橋第一陸軍予備士官学校入校。

（7）富山市立図書館ホームページ「電子図書館」（http://www.library.toyama.jp/denshi）。同館では、所蔵する山田孝雄文庫の自筆原稿を順次デジタル化してホームページ上での画像公開を進めておられ、『令共同研究会記録』（同館では資料名を「令の研究」として登録）については各冊の表紙等の画像が掲載されている。「令を講ずる総説」自筆原稿は平成二十七年十二月現在、画像等掲載されていないが、いずれその全部または一部の画像がインターネット上より閲覧できるようになることを期待する。

5　吉田茂

明治十一年（一八七八）九月二十二日、土佐自由党志士竹内綱の五男として東京に生まれ、同十四年、横浜の貿易商吉田健三の養子となる。二十二年、藤沢の耕余義塾に入学、二十七年に日本中学校入学、翌年高等商業学校、さらに正則尋常中学校に転入し、二十九年卒業。同年東京物理学校に入学、翌三十年には学習院中等学科へ編入。三十一年に同中等学科、三十四年に同高等科を卒業し、学習院大学科に進むが、三十七年には大学科廃止のため東京帝国大学法科大学政治学科へ編入。三十九年七月に卒業した。

同年、外交官・領事官試験に合格し、外務省に入省。以後、奉天・ロンドンの領事官補、イタリア大使館三等書記官、安東領事、大臣官房文書課長心得、済南領事、イギリス大使館一等書記官、天津・奉天の総領事を経て、昭和三年（一九二八）田中内閣の外務次官となり、駐イタリア・イギリス大使を務めた後、昭和十四年に退官。

終戦後、東久邇宮内閣・幣原内閣の外務大臣となり、翌二十一年五月には第一次吉田内閣が成立する（二十二年五月まで）。片山・芦田両内閣を経て、二十三年十月には第二次吉田内閣成立。二十九年十二月の第五次吉田内閣総辞職まで総理大臣の任を務めた。

吉田茂が皇室・神道への崇敬の念の篤かったことは、数々のエピソードによって知られ、また「私の皇室観」（『回想十年』第四巻、所収）によく現れている。

終戦後の占領下における神道・神社受難の時代にあって、神社への参拝を憚る傾向が強かった中、昭和二十一年四月には戦後の大臣として初めて伊勢神宮に公式参拝を行った。総理大臣就任後の同年十一月には明治神宮、翌二十二年十一月には自由党総裁として熱田神宮に正式参拝しており、対日講和条約締結後の二十六年十月の靖國神社秋季例大祭にも総理大臣として公式に昇殿参拝、靖國神社への参拝は首相在任中五度に及んでいる。

また、二十七年十一月の皇太子殿下（今上陛下）立太子礼においては、寿詞を奉読、「臣茂」と称し、マスコミより批判もあった。これについて吉田自身は、「私は飽くまで、親子、君臣に関するわが国古来の伝統は、今後も永くわが日本の道徳の中心、国家秩序の根源たるべきものと確信する。その意味で、私が「臣」と称したことも、それが何故不可であるのか、むしろ臣と称するを特に非難する精神こそ不可というべきである。」と述べている（前掲「私の皇室観」）。

なお、立太子礼に先立つ二十七年一月の衆議院予算委員会において、中曽根康弘議員より天皇御退位の問題が一部に説かれていることが質問されると、「軽々に論ずべき問題でない」と前置きしつつ、「日本民族の愛国心の象徴であり、日本国民が心から敬愛しておる陛下が御退位というようなことがあれば、これは国の安定を害することであります。これを希望するがごとき者は、私は非国民と思うのであります。」（国立国会図書館ホームページ「国会会議録検索システム」より引用）と答弁したこともよく知られる。

総理大臣退任後の昭和三十四年には、皇學館後援会の会長に就任する。昭和二十一年に神宮皇學館大學が廃学となった時、「自分が外務大臣として終戦処理に当ったときにつぶされたのだから、ぜひとも再興しなくてはならないと、もとの神宮皇学館大学の廃校に責任を感じ」ていたといい（久保田収氏「吉田総長を偲ぶ」、『館友』七八号）、これより先、昭和二十三年に皇學館関係者が清明高等学院を開校するにあたっても一万円を寄附している。三十二年一月、草葉隆円参議院議員（第五次吉田内閣の厚相）の案内で五十鈴会（皇學館の同窓会）会長長谷外余男・副会長満井成吉・常務理事林栄治・理事篠田康雄の四氏が大磯の私邸を訪ねて協力方を懇請。趣旨に賛同し、皇學館再興を期す後援会の発足、そして会長就任に至った。

その三十四年七月の皇學館後援会設立総会では、「いずれの国も政治の裏づけとしては、宗教があり、所謂民主政治にしてもその通りで、耶蘇教という裏づけがあって、こゝに政治が本格的になるのであります。日本は民主々義になりましたが、国民の民主々義に対する考え方は、まだ未だ充分でないと思うのであります。この為にも、神道を復活して、国民精神の中心にするということは、まことに望ましいことで、これなくして日本の民主政治は進歩致さないと思うのであります。」と挨拶している（『財団法人皇學館後援会時報』）。さらに、三十七年に皇學館大學が再興されると、請われて総長に就任した。

昭和三十五年四月には、大磯の邸内に五賢堂を遷座。これは、明治三十六年（一九〇三）伊藤博文が大磯の別邸滄浪閣に、三条実美・岩倉具視・木戸孝允・大久保利通を祀った四賢堂に始まり、伊藤没後、夫人が伊藤を加えて五賢堂となっていた。それを邸内に移転し、三十七年には西園寺公望を合祀して六賢堂、逝去後一周忌に際して吉田茂も合祀され、社号は七賢堂と改められた。

昭和三十八年十月に政界を引退、三十九年五月には大勲位菊花大授章を受章。四十二年十月二十日、心筋梗塞により逝去、享年八十九。十月三十一日には、日本武道館において国葬が営まれた。

参考文献

吉田茂氏『回想十年』（新潮社、昭和三十二年七月～昭和三十三年三月）
同氏「私の〝人造り〟—皇学館大学のこと」（『世界と日本』番町書房、昭和三十八年七月）
『館友』七八号（昭和四十二年十一月号。『皇學館大學百三十年史』資料篇三に再録）
照沼好文氏「大磯旧吉田茂邸内社七賢堂について」（『神道研究紀要』九、昭和六十一年九月）
財団法人吉田茂記念事業財団編『人間吉田茂』（中央公論社、平成三年八月）

6　岸信介

岸信介は、明治二十九年（一八九六）十一月十三日、山口県山口町（現山口市）に生まれた。父佐藤秀助、母茂世、三男七女の次男（五番目）で、兄に市郎（のち海軍中将）、弟に栄作（のち首相）がいる。

中学三年頃に父の生家である岸家（信政）の養子となり、大正六年（一九一七）第一高等学校、同九年に東京帝国大学法学部独法科を卒業して、農商務省に入省（十四年の同省改編後は商工省）。昭和十一年（一九三六）より渡満し満州国実業部総務司長（のち産業部次長）として勤務し経済開発に敏腕を振るい、同十四年に阿部信行内閣の商工次官、十六年の東条英機内閣で商工大臣に就任して戦時下の経済を担当、商工省の改組後は国務大臣兼軍需次官となり、十九年七月辞任。山口で終戦を迎え、東条内閣の閣僚であった故にA級戦犯容疑者として指名され巣鴨拘置所に収容されるも、起訴は免れ解除釈放される。

昭和二十八年、自由党から立候補し衆議院議員に当選して政界復帰、翌年に日本民主党を結成。三十年には保守合同により自由民主党が結成されるにあたって大きな役割を果たした。石橋湛山内閣で外務大臣、三十二年二月に第一次岸内閣発足。首相在任中、昭和三十五年六月に日米安保条約を改定、国内に賛否の渦が巻き起こり荒れる中、毅然たる態度で信念を貫いて退かず、批准書の交換・発効と同時に退陣を表明した。

首相退陣後の昭和四十二年十二月には、皇學館大学の総長に就任するが、皇學館大学との直接の関わりは、四十二年十月、倉陵祭（大学祭）において「青年学徒に告ぐ」と題する講演を行ったのが初めてである。これは、井野碩哉皇大理事長の斡旋によるもので、井野は岸の農商務省入省時の上司であり、東条内閣では農林大臣としてともに入閣、戦後も岸内閣に法務大臣として入閣している。この年八月に北海道で開催された「建国記念日制定日本精神昂揚国民大会」で岸と田中卓教授が講演し、田中教授が岸を大学の講演会に招くことを提案、井野理事長が斡旋して実現に至った（この講演録は、皇學館大学講演叢書第一輯として刊行）。この講演の一週間前、吉田茂皇大総長が逝去しており、十二月の理事会で岸を後任に推戴することを決定、吉田総長の後継であるということで岸も就任を快諾した。翌四十三年四月に総長推戴式を挙行。

折しも大学紛争があり、道義国家の再建、教育の再生に心を砕いていた。総長就任後はほぼ毎年卒業式に出席。その告辞の中でも吉田松陰の言を引用するのが常であったが、その思想において、中学時代より長州の偉人吉田松陰に多大の影響を受けている。なお、皇學館大学の理事長室には、現在も岸総長揮毫「一誠感兆人」（吉田松陰が僧黙霖に送った書簡にみえる言葉）の扁額が掲げられている。

また、年来の悲願である自主憲法制定にむけて力を尽くし、自主憲法制定国民会議・同期成議員同盟の会長など長く務めたことも特筆される。神社界との関わりにおいても、各社の奉賛会長などに就任しており、あるいは昭和四十三年の神道政治連盟結成に際しては会長候補に名があがることもあったといい（上杉千郷氏「神政連結成十五周年を迎へ」、『神社新報』昭和五十九年十二月十日号）、神社界からの信頼も厚いものがあった。

首相退陣、さらには昭和五十四年の政界引退の後も自由民主党最高顧問など務めて政局の動向や国際問題に存在感を示したが、昭和六十二年八月七日、心不全のため逝去、九十一歳。

参考文献

岸信介氏『青年学徒に告ぐ』（皇學館大学出版部、昭和四十三年一月）
同氏『国家有為の人材たれ』（皇學館高等学校後援会、昭和四十六年一月）
『皇學館百二十周年記念誌』（学校法人皇學館、平成十四年四月。岸信介氏「皇學館の使命」・田中卓氏「総長岸信介先生をお偲びして」・堀涉氏「皇學館大学への回顧と期待」を掲載）

7 佐藤通次

佐藤通次は、明治三十四年（一九〇一）五月二十六日、山形県に生まれた。大正十二年（一九二三）三月に山形高等学校文科甲類、同十五年三月に京都帝国大学文学部独逸文学科を卒業。大学では、ドイツ語・ドイツ文学を専攻し、片山正雄教授に師事する。大正十四年八月に片山が九州帝国大学法文学部教授に就任し、佐藤も十五年三月、卒業と同時に九州帝国大学法文学部講師として着任、翌昭和二年（一九二七）五月には助教授となり、専ら多数の独和辞典の編纂に従事した。その成果は、昭和十一年の『独和言林』（白水社刊）として結実している。

しかしながら、大学卒業後の十年間、幾種もの独和辞典編纂に地道に取り組む中、この『独和言林』刊行の年には心身の極度な疲労による神経性狭心症に陥った。そのような体験の中で、全身渾一の状態を得るということを心懸けることにより健康を回復し、同時にまた哲学的思考を深めることとなった。そうして昭和十年代には、『独和言林』の成果を踏まえ、ユニークな哲学的語意論たる言学（Logosophie）を提唱し、『孝道序論』や『身体論』が著された。さらには、国家も一つの生命体であるという考えに及び、哲学的国体論が確立され、昭和十六年、『皇道哲学』（朝倉書店刊）を著して世に問うこととなる。

昭和十八年四月には、国民精神文化研究所所員（のち教学錬成所に改組、錬成官）に転任。同十九年には、九州帝国大学より文学博士の学位も授与された。しかし敗戦を迎えると、同所に勤める高等官の任期二年以上の者は追放とされたため、佐藤も追放のやむなきに至り、二年間ほど農業に従事し、また辞書編纂やゲーテの翻訳などを行って過ごした。

学界・教育界への復帰は、亜細亜大学の開学に力を尽くし昭和三十年四月に亜細亜大学教授に就任してからである。さらに昭和三十七年には、再興された皇學館大學の教授に着任した。皇學館大學では、哲学・ドイツ語を担当。以後、哲学、ドイツ文学の翻訳、言語学、そして武道等にも及ぶ著書・論文・翻訳を多数発表・出版している（『人生についての談話』理想社・昭和三十五年刊、『哲学についての談話（第一部〜第三部）』理想社・同三十六年〜四十年刊、ゲーテ著『ファウスト』旺文社・同四十二年刊、『言の林（正・続・続々）』・日本教文社・同五十一年〜五十七年刊、『武道の神髄』共著・日本教文社・同五十二年刊、等）。

とりわけ、昭和三十九年からは宗教学概論の講義も受け持つようになり、その成果が『仏教哲理』（理想社・昭和四十三年刊）・『神道哲理』（理想社・同五十七年刊）の二著としてまとめられている。このうち『神道哲理』においては、神道の哲理を解説し、「神道の含みもつ論理性を明確に洞見」することによって、「神道が、その高さにおいて、また深さにおいて、世界のいかなる道にも立ち勝ることが証明される」（緒言）ことが企図されている。

皇學館大學着任後、図書館長・評議員等を併任し、ことに四十八年十二月よりは、皇學館大學学長（第三代）に就任。再興後の初代平田貫一・二代高原美忠の両学長はいずれも宮司の併任であったので、佐藤は再興後初めて宮司を併任しない学長となる。爾来六年四ヶ月間、学校管理行政に献身し、とりわけ在任中には教育学科・神道学科の増設があり、また昭和五十七年の皇學館大学創立百周年に向けた大学の基盤の拡大強固を図るなど、その発展に寄与した。

昭和五十五年三月、停年により学長を退職、同年四月に名誉教授の称号を授与され、五十九年六月からは学校法人皇學館大學の顧問に就任した。平成二年（一九九〇）七月三日、肺炎のため神奈川県小田原市の小林病院で逝去。享年八十九。

参考文献

「元学長佐藤通次名誉教授逝去される」（『全学一体』七八号、平成二年十月）

8 田中卓

皇學館大学元学長・学事顧問の田中卓先生は、平成三十年十一月二十四日、九十四歳を以て帰幽された。

先生は、大正十二年十二月十二日大阪府に御出生。昭和十七年十月に東京帝国大学に入学、平泉澄博士の薫陶を受けられるが、在学中の十九年九月に海軍予備学生として入隊し、翌年二月海軍経理学校に着任。海軍少尉に進まれて、終戦を迎えられた。既に卒業単位を取得されていたため、九月付で東京帝国大学文学部国史学科を卒業。昭和二十二年二月大阪府立図書館助手、二十三年四月大阪府立阿部野高等学校教諭を経て、二十五年十月に大阪社会事業短期大学講師となられ、二十六年十一月助教授、二十九年三月教授となり、この間、寮監や附属図書館長等をつとめられた。

昭和三十六年九月、皇學館大學設立準備委員となられて大学の設立構想の検討に参画され、三十七年四月に再興とともに教授就任、附属図書館長、出版部長、文学部長、史料編纂所長といった役職を歴任、五十五年四月からは学長を三期八年つとめられた。また、昭和三十七年六月から学校法人皇學館大學評議員、四十七年三月から同理事をそれぞれ六十三年三月まで務められ、昭和四十三年十二月から五十五年三月まで岸信介総長附を委嘱せられている。

学長任期満了後も引き続き平成四年三月まで教授、同年四月から六年三月まで大学院教授として教壇に立たれ、六年三月停年退職、六月名誉教授となられた。平成十三年五月、脳梗塞により半身に麻痺が遺られたが、その後も精力的に執筆活動にあたられ、また平成十五年四月からは皇學館大学学事顧問として大学の学事への助言もなされている。


先生の御業績の主要なものは、『田中卓著作集』（全十二冊）、『続・田中卓著作集』（全六冊）としてまとめられている。

先生は戦後間もなく、明治維新より大東亜戦争そして敗戦後の混迷に至る過程が、大化改新から日唐戦争を経て敗戦後に壬申の乱を招いた歴史と軌を一にすることに着眼され、壬申の乱の研究に戦後いち早く取りかかられた。そして、壬申の乱を研究するにあたっては、『日本書紀』をはじめ多くの古典籍や金石文の史料考証を行う必要を感じられ、古典の研究に取り組まれ始めたのである。先生の学問の特色の第一は、実証主義に基づく厳密な史料考証にある。

第二に、そうした史料考証を踏まえ、古典尊重の立場から、神話・神社・皇室・氏族等を考究された。先生は、日本神話の中核は史実の反映であるという立場をとられ、日本の建国史の解明に注力されている。戦後学界の大勢が記紀を否定し、古代を抹殺するような風潮の中、これに敢然と立ち向かわれ、古代史および古典の復権に大きく寄与された。

また、伊勢神宮や住吉大社、出雲大社、大神神社などの古代・上代に由緒をもつ神社史の研究も、そうした日本国家成立史という大きな流れの中で位置付けられ、壮大な構想かつ緻密な考証で以て論じられている。伊勢神宮の創祀をヤマト朝廷の武力と徳望による皇威の宣布として明らかにされ、住吉大神は神功皇后の半島出兵に際し、対馬の豆酘の地で顕現されたツツの男の神であると説かれ、出雲氏は皇室に先立ち北九州から畿内に東進し、大和から出雲に転進した勢力であると提唱されるなど、いずれも古伝を尊重しつつ眼光紙背に徹して説かれた創見である。

学界への貢献も顕著で、神道史学会の発足に関しても、はじめ先生が『神道史研究』と題する研究雑誌の発刊を構想されたことに端を発し、昭和二十七年六月平泉澄先生の御内諾を得られてより具体化していったという（「高松忠清宮司を偲ぶ（三）―神道史学会の発足―」『すみのえ』一三四、昭和五十年二月）。創立にあたっては発起人、また委員として長らく牽引され、平成十四年からは顧問として御指導いただいた。神道史学会のみならず、昭和二十五年四月藝林会、二十九年一月続日本紀研究会（井上薫・岸俊男・直木孝次郎三氏と共に発起人）、同年四月神道学会、同年十一月風土記研究会（吉永登・秋本吉郎・小島憲之三氏と共に発起人）などの諸学会・研究会の結成に発起人として関わられ、あるいは主宰されており、神道宗教学会や神道大系編纂会・古事記学会等の理事も歴任されている。殊に、三十二年一月には日本上古史研究会を結成して、独力で月刊誌『日本上古史研究』を創刊。あるいは昭和四十九年七月には瀧川政次郎博士と式内社研究会を組織、理事長ついで会長として、『式内社調査報告』全二十五冊を完結された。

御業績の第三に、戦後混迷の日本を「ヤルタ・ポツダム体制」として把握、それを超克するため尽力され、多大の貢献をなされた。その軌跡は『田中卓評論集』(全四冊)に総括されている。

昭和三十八年二月には、日本教師会を結成し前後十五年間会長をつとめ、教育の正常化に取り組まれた。また、紀元節復活に賛成し昭和三十三年三月『神武天皇紀元論』を編輯出版、さらに建国記念の日として二月十一日が最もふさわしいことを歴史学の立場から説かれ、昭和四十一年十一月には建国記念日審議会に参考人として招致され意見陳述、二月十一日制定に学問的根拠を与えられた。日本建国史の研究の目的も「「建国記念の日」の〝学問的基盤〟を固めておきたいため」で、「日本人が自己の祖先の歴史について自信を失い、祖国の発祥という根本問題が動揺しているところに、戦後の思想的混迷があるとみて……この命題に取りく」まれたという(評論集第四巻)。元号や国旗・国歌の法制化にも意を尽くされている。

先生は、我が国の国体護持、国体の中核というべき皇統の永続を念願され、祖国再建のため生涯をかけて尽瘁してこられた。教育においても、皇學館大学で先生に学んだ学生のみならず、先生の熱誠と高潔な人格に感化された者は数多い。先生の学恩に感謝し、謹んで哀悼の意を表します。

紹介

続・田中卓著作集　第一巻『伊勢・三輪・賀茂・出雲の神々』

田中卓先生の米寿を記念する『続・田中卓著作集』（全六巻）の刊行が平成二十三年十二月から開始された。著作集正篇は還暦を記念して企画され、平成十年に全十一巻十二冊をもって完結したが、『続・著作集』はその後執筆された論文を中心として構成され、正篇未収の新研究も含まれていて、田中史学が集大成されることになる。本書は、その第一回配本。本巻は、伊勢・三輪・賀茂・出雲など神社史に関する十七篇の論文よりなる。

一、実証せられてきた神代史 ―建国記念の日に因んで―
二、神代に起源をもつ〝神社史〟の場合
三、「アマテラス」考 ―神名の〝符牒化〟を排す―
四、神代史より見た天照大神の神格
五、蘇った神宮鎮座の古伝
六、画期的な雄略天皇の御代
七、丹波国比治の真奈井を尋ねて
八、外宮の御鎮座〝千五百年〟の証明

九、二所大神宮大神主、度会氏の隆替
十、大神神社の古代祭祀　—併せて伊勢神宮の創祀に及ぶ—
十一、三輪山をしかも隠すか
十二、葛木のカモと山代のカモ
十三、日本古代史における出雲の立場
十四、〝稲羽の素菟〟から〝郡評論争〟へ
十五、出雲荒神谷・加茂岩倉は国譲りの遺跡か　—〝古典伝承〟の信憑性を検証する—
十六、古代信濃の謎　—諏訪大社の鎮座をめぐって—
十七、出雲大社の神殿の創建は果して斉明天皇朝か

戦後に流行の、論者の単なる思いつきによる古典否定の学説に対して、田中先生はその欠陥を見逃さず、徹底的に再検討を加えて、紀記などの所伝の正しさを実証してこられた。本巻にも、タカミムスビの神が五世紀から七世紀のヤマト王権の国家神であったとする説、三輪氏による三輪山創祀を六世紀以後とする説、出雲大社神殿の創建を七世紀中期とする説などに対する批判論文が収められている。

また、『瑞垣』に連載された五篇は、伊勢神宮の古代史について先生のこれまでのご研究を一般にもわかりやすいよう配慮してまとめられたものであり、あるいは、神道史学会での記念講演

をもとにする出雲に関する論考も、古代出雲の専門家必読の通史といえるもの。諏訪大社に関する皇學館大學史學會での記念講演も改めて書き下ろされ、また神代史をどう位置づけるべきか一般向けに解説されたものなども掲載されており、田中史学の一端を若い人が理解するのに恰好の文献も多い。

なお、『続・著作集』の続刊は次のとおり。

第二巻『古代の住吉大社』
第三巻『考古学・上代史料の再検討』
第四巻『日本建国史と邪馬台国』
第五巻『平泉史学の神髄』
第六巻『出陣学徒の終戦史録』

この『続・著作集』の刊行にあわせ、著作集正篇のうち品切れであった巻についてもオンデマンド版で購入可能となった。

（A５判、三七六頁、平成二十三年十二月、国書刊行会、九二四〇円）

紹介

田中卓名誉教授著『愛子さまが将来の天皇陛下ではいけませんか』

本書は、満九十歳の卒寿を迎えられた田中卓先生の最新刊で、幻冬舎新書の一冊として刊行された。その書名（副題は「女性皇太子の誕生」）が示すように、〝女系天皇公認〟論の書である。第一部「女系天皇への理解」は『諸君！』『日本』『わしズム』に発表された〝男系男子固執派〟諸氏への批判論文五篇を収録し、第二部「女性皇太子の誕生」は青々企画のウェブサイト「繼闕《れんけつ》の友へ」を整理再編して掲載されている。

皇位の安定的永続のために対策が必要であることは共通の認識でありながら、小泉内閣時の「有識者会議」をめぐる議論や野田内閣時の「女性宮家」論議では、男系継承を堅守し旧宮家出身者の皇籍取得を認める意見、女性・女系天皇を認める意見、男系継承を優先しつつ養子や女性宮家も認める意見など対立して解決を見ず、第二次安倍内閣が成立した現在においても『皇室典範』改正に具体的に着手する目処は立っていない。

田中先生は、平泉澄博士も「兄弟にして御位をつがれた例が甚だ多い。それが結局紛糾のもととなるのであつて、之を解決するには父子相承の法を確立すべきである」と論じられたように、歴史上、皇位継承が〝兄弟相及《けいていそうきゅう》〟すなわち傍系に移ることによって皇統が分裂し種々の問題が生じてきたことから、〝父子相承《そうしょう》〟つまり直系で継承されるべきことを重んじる、というお立場である。そして、「君臣の別」を重視されるとともに、皇位の男系継承は〝男尊女卑〟のシナ思想の弊風にもとづく〝側室制度〟によって維持されてきたのであり、決して日本の誇るべき伝統ではなく風習・生活習慣に過ぎず、女性天皇・女系天皇で問題がない。むしろ現状では女性皇太子の誕生が道理であることを説かれている。

本書の全編にわたって田中先生の「戀闕」の情があふれており、文章も読みやすく魅き込まれる。また〝男系男子固執派〟への批判は〝激しい憂国の論争〟であって、その筆致と論法はさすが戦後歴史学界において四面楚歌の中で闘ってこられた田中先生、と思わされる。いずれの立場の方にも是非ご一読いただきたい。

（新書判、二七九頁、幻冬舎、平成二十五年十二月刊。本体八八〇円）

皇學館大学略年表

明治十五年（一八八二）四月三十日　神宮祭主久邇宮朝彦親王の令達により、林崎文庫内に皇學館を創設する。

〃　十六年（一八八三）四月、神宮教院総裁巖麿王（のちの邦憲王）御台臨のもと、敷田年治斎主となりて林崎文庫講堂において開館式を斎行する。

〃　十八年（一八八五）一月、神宮宮司鹿島則文、林崎文庫に開講式を挙行し広く生徒を募集、講義を始める。

〃　二十年（一八八七）十月、宇治浦田町（現在の神宮道場の所在地）に校舎を新築し移転する。

〃　二十九年（一八九六）九月、宇治館町（現在の神宮宇治工作所）に新校舎竣工。翌三十年六月、新校舎開館式。

〃　三十三年（一九〇〇）二月、総裁・神宮祭主賀陽宮邦憲王より令旨を賜わる。以後本館建学の精神として奉戴し現在に及ぶ。

〃　三十六年（一九〇三）八月二十九日、勅令により「神宮皇學館官制」が公布され、内務省所管の官立専門学校となる。

大正七年（一九一八）一月、倉田山に新校舎（教室）が竣工し、授業を開始する。翌八年十月、本館改築落成式。

昭和七年（一九三二）五月、創立五十周年記念式を挙行する。

〃　十五年（一九四〇）四月二十四日、勅令により「神宮皇學館大學官制」が公布され、大学令による文部省所管の官立神宮皇學館大學に昇格。大学予科開設。翌年四月大学附属専門部開設。

〃　十七年（一九四二）九月、神宮皇學館大學学部開設（祭祀・政教・国史・古典の四専攻）。

〃　二十年（一九四五）十二月、連合国軍総司令部（ＧＨＱ）のいわゆる「神道指令」発令、本学の存続危機に直面する。

〃　二十一年（一九四六）三月三十一日、勅令により「神宮皇學館大學官制」が廃止される。神宮皇學館大學廃学。

〃　二十七年（一九五二）八月、神宮皇學館大學再興期成会を設立し、大学再興運動を推進する。
〃　三十四年（一九五九）七月、財団法人神宮皇學館後援会（会長吉田茂、副会長池田勇人）を設立し、皇學館の再興運動を強化する。十月、「皇學館後援会」に名称変更。
〃　三十七年（一九六二）二月十七日、「学校法人皇学館大学」の設立が認可される。
〃　〃（〃）四月二十五日、私立の皇學館大學（文学部国文学科・国史学科）として再興、校舎竣工祭並びに開学式を挙行する。（総長吉田茂、理事長長谷外余男、学長平田貫一）
〃　三十八年（一九六三）四月、皇學館高等学校を開設する。
〃　〃（〃）九月、皇學館大學学生寮（男子、精華寮）が竣工。
〃　四十一年（一九六六）四月、大学院修士課程を開設する。（文学研究科国文学専攻・国史学専攻）
〃　〃（〃）四月、皇學館女子短期大学を開設する。（昭和四十五年四月、「皇學館短期大学」と改称）
〃　四十七年（一九七二）十月、創立九十年・再興十年記念式典を挙行する。
〃　四十八年（一九七三）四月、大学院博士課程を設置する。（文学研究科国文学専攻・国史学専攻）
〃　五十　年（一九七五）四月、文学部教育学科を設置する。（三月、短期大学の学生募集を停止し、翌年三月廃学。平成二十四年三月教育学部教育学科設置にともない廃止。）
〃　五十二年（一九七七）四月、文学部神道学科を設置する。
〃　五十三年（一九七八）四月、大学附置研究所として、神道研究所及び史料編纂所を設置する。
〃　五十四年（一九七九）四月、皇學館中学校を開設する。
〃　五十六年（一九八一）四月、神道学専攻科を設置する。ここに本学は大学院・学部・専攻科・高等学校・中学校をもって構成される。
〃　〃（〃）四月、皇學館大學学生寮（女子、貞明寮）が竣工。
〃　五十七年（一九八二）四月、高松宮宣仁親王同妃両殿下御台臨のもと、創立百周年記念式典を挙行する。

平成　元　年（一九八九）四月、大学附置施設として、神道博物館を設置する。（四年十月開館）
〃　四　年（一九九二）十月、創立百十周年・再興三十周年記念式典を挙行する。
〃　十　年（一九九八）四月、名張市に社会福祉学部社会福祉学科を設置する。（二十六年三月廃止）
〃　十二年（二〇〇〇）四月、文学部コミュニケーション学科を設置する。
〃　十三年（二〇〇一）四月、法人名を「学校法人皇学館大学」から「学校法人皇學館」に、大学名を「皇学館大学」から「皇學館大学」に名称変更する。
〃　二十　年（二〇〇八）四月、教育学部教育学科を設置する。
〃　〃　（　〃　）六月、教育開発センターを設置する。
〃　二十二年（二〇一〇）四月、現代日本社会学部現代日本社会学科を設置する。
〃　二十三年（二〇一一）三月、名張学舎を閉鎖し、伊勢学舎に統合する。
〃　二十四年（二〇一二）四月、彬子女王殿下御台臨のもと、創立百三十周年・再興五十周年記念式典を挙行する。
〃　二十五年（二〇一三）四月、神道研究所・史料編纂所・佐川記念神道博物館を統合し、研究開発推進センターを設置する。
〃　三十一年（二〇一九）四月、アドミッションオフィスを設置する。

参考文献

神宮皇學館『神宮皇學館五十年史』(神宮皇學館、昭和七年四月)
神宮皇學館大學昇格創立六十年記念会『神宮皇學館創立六十周年記念誌』(同会、昭和十七年五月)
『創立九十年再興十年皇學館大學史』編修委員会編『創立九十年再興十年皇學館大學史』(学校法人皇學館大學、昭和四十七年十月)
皇學館大學創立百周年記念祭実行委員会広報記録部会編『皇學館大學百年小史』(学校法人皇學館大學、昭和五十七年四月)
皇學館百二十周年記念誌編纂委員会編『皇學館百二十周年記念誌―群像と回顧・展望―』(学校法人皇學館、平成十四年四月)
〃『皇學館百二十年史年表』(学校法人皇學館、平成十四年四月)
皇學館史編纂委員会編『皇學館大學百三十年史』総説篇、資料篇一〜三、年表篇写真篇(学校法人皇學館、平成二十四年四月〜平成二十六年十二月)
渡辺　寛「皇學館の来歴」(『Kーらいふ』一四〇、平成十七年六月より連載中)
愛知大学五十年史編纂委員会編『愛知大学五十年史　通史編』(愛知大学、平成十二年九月)
秋田書店『歴史と旅』平成十二年九月号(特集「天皇家と宮家　激動の近代史」)
芥　昇「想い出」(『追悼賀陽恒憲様　思いで草』総集編、賀陽敏子発行、平成元年十一月)
朝日新聞社「時の動き　神宮皇學館の復活運動」(『朝日ジャーナル』昭和三十四年七月十九日号)

〃　　「伊勢路の春・神々の復活」（『週刊朝日』昭和三十七年三月三十日号）
浅見　雅男『闘う皇族―ある宮家の三代―』（角川選書、平成十七年十月）
〃　　『不思議な宮さま　東久邇宮稔彦王の昭和史』（文藝春秋、平成二十三年十月）
〃　　『学習院』（文藝春秋、平成二十七年二月）
葦津　珍彦『神社新報編集室記録』（神社新報社、昭和三十一年五月）
飛鳥井雅道「皇族の政治的登場―青蓮院宮活躍の背景―」（佐々木克編『それぞれの明治維新―変革期の生き方―』吉川弘文館、平成十二年八月）
家近　良樹『幕末政治と倒幕運動』（吉川弘文館、平成七年十一月）
〃　　『幕末の朝廷』（中央公論新社、平成十九年十月）
〃　　「慶応二・三年の政治状況と薩摩藩」（『西郷隆盛と幕末維新の政局　体調不良を視野に入れて』ミネルヴァ書房、平成二十三年五月）
池山　聡助「朝彦親王の旧御領地近江五個荘」（『神道古典の研究』国書刊行会、昭和五十九年八月。初出は昭和十七年十月）
伊勢高等学校五十周年記念事業実行委員会編『伊勢高等学校五十年史』（同会、平成十八年十一月）
伊　勢　市『伊勢市史』（伊勢市役所、昭和四十三年三月）
市来　四郎「市来四郎翁之伝」（『史談会速記録』一二四～一四一、明治三十六年三月～明治三十七年八月。「市来四郎君自叙伝」として『鹿児島県史料　忠義公史料』七、鹿児島県、昭和五十五年一月にも収録）
伊藤　丈吉「宮様の御あひて」（『勢陽学報』八、大正九年二月）
伊東多三郎「明治維新史料編纂事業の展望」（『近世史の研究』三、吉川弘文館、昭和五十八年六月。初出は昭和三十二年七月）
伊藤　之雄「東久邇宮稔彦王の迷走と宮中・陸軍」（『法学論叢』一五六―三・四、平成十七年一月）
〃　　「東久邇宮稔彦王の復活と宮中・陸軍（四）」（『法学論叢』一五九―五、平成十八年八月）
稲　　雄次「中川宮朝彦親王（上）（中の一）（中の二）」（『秋田法学』一九～二一、平成四年五月～五年六月）

荊木　美行「神宮皇學館大學『令共同研究会記録』」（『令義解の受容と研究』汲古書院、平成二十二年二月。初出は平成十五年十二月〜平成十九年三月）
上杉　千郷「神政連結成十五周年を迎へ」（『神社新報』昭和五十九年十二月十日付）
〃　『学生日記―学徒出陣前の学生生活―』（私家版、平成十八年二月）
上野　重疆「今昔の感」（『神宮皇學館五十年史』神宮皇學館、昭和七年四月）
上野　秀治『香川敬三履歴史料』（皇學館大学史料編纂所、平成四年三月）
〃　「『岩倉公実記』編纂に関する新史料―香川敬三宛多田好問書簡を中心に―」（『岩倉具視関係文書〈岩倉公旧蹟保存会対岳文庫所蔵［Ⅲ］〉』解説、北泉社、平成六年四月）
〃　「明治四十年の『岩倉公実記』市販計画について」（『皇學館大学史料編纂所報　史料』一三六、平成七年四月）
〃　『『岩倉公実記』編纂過程における歴史観の形成』（平成十三年度〜平成十五年度科学研究費補助金《基盤研究（C）（2）》研究成果報告書、平成十六年十二月）
〃　「『岩倉公実記』編纂過程の研究（上）」（『皇學館史學』二〇、平成十七年十一月）
〃　「晩年の久邇宮朝彦親王」（『日本歴史』八〇一、平成二十七年二月）
内田　誠一「久邇宮朝彦親王が広島御謫居中に揮毫された新出の和歌短冊について」（『安田女子大学大学院紀要』二四、平成三十一年三月）
内田智雄編『生誕百年広池博士記念論集　増補版』（広池学園事業部、昭和四十八年十一月）
梅田　義彦「皇学館大学国立移管論」（『館友』七四、昭和四十二年三月）
大岩　栄吾「朝彦親王敬神の御事蹟」（『八坂神社纂録』第六冊、昭和十七年二月。『増補朝彦親王景仰録』学校法人皇學館、平成二十三年十月、に再録）
大久保利謙「王政復古史観と旧藩史観・藩閥史観」（大久保利謙著作集７『日本近代史学の成立』吉川弘文館、昭和六十三年十月。初出は昭和三十四年十月）

〃　「岩倉公実記解題」（明治百年史叢書『岩倉公実記』下、原書房、昭和四十三年五月）
〃　「佐幕派論議」（『佐幕派論議』吉川弘文館、昭和六十一年五月。初出は昭和四十三年十一月）
〃　監修『旧皇族・華族秘蔵アルバム　日本の肖像』第十一巻（毎日新聞社、平成二年九月）
〃　監修『旧皇族・華族秘蔵アルバム　日本の肖像』第十二巻（毎日新聞社、平成三年二月）
大久保利謙・小西四郎『『維新史』と維新史料編纂会』（吉川弘文館、昭和五十八年七月）
大久保利謙ほか「座談会　維新史研究の歩み　第一回　維新史料編纂会の果した役割」（『日本歴史』二四六、昭和四十三年十一月）
大西　源一「維新回天の宏謨と久邇宮朝彦親王」（『朝彦親王景仰録』久邇宮朝彦親王五十年祭記念会、昭和十七年十月）
拙　編『久邇親王行実』（学校法人皇學館、平成二十五年十二月）
岡田　重精「神道学科の創設と展開をめぐって」（『神道学会会報』二七、皇學館大学神道学会、平成二十年三月）
岡田　登「神宮皇學館と考古学（上）―鈴木敏雄氏遺稿資料を中心として―」（『皇學館大学史料編纂所報　史料』九三、昭和六十三年二月）
岡田　芳幸「神道博物館への誘い　第四回」（『館友』二〇〇、平成六年三月）
岡田　米夫『久迩宮朝彦親王資料蒐集日記』（皇學館大学研究開発推進センター神道研究所所蔵、昭和十一年）
〃　「老女千代浦」（『朝彦親王景仰録』久邇宮朝彦親王五十年祭記念会、昭和十七年十月）
〃　「熱田神宮改造一件」（『神宮・明治百年史』上、神宮司庁、昭和四十三年十月）
小川　一「噫謝源泉君」（『館友』三二四、昭和十年五月）
小倉一夫編『朝香宮邸のアール・デコ』（東京都文化振興会、昭和六十一年三月）
刑部　芳則『京都に残った公家たち　華族の近代』（吉川弘文館、平成二十六年九月）
小田部雄次『梨本宮伊都子妃の日記』（小学館、平成三年十一月）
〃　「久邇宮朝彦親王の野心」（『天皇と宮家』新人物往来社、平成二十二年十二月）

霞会館華族家系大成編輯委員会編『平成新修旧華族家系大成』上・下（霞会館、平成八年九月）
鎌田　純一「神宮祭主としての久邇宮朝彦親王」（『神宮・明治百年史』上、神宮司庁、昭和四十三年十月）
〃　「聖喩記より拝す大御心」（『明治聖徳記念学会紀要』復刊四七、平成二十二年十一月）
川島　慶子「明治～昭和初期における島津家の編纂事業」（『東京大学史料編纂所研究紀要』一五、平成十七年三月）
菅　真城「建学の精神と大学史編纂・大学アーカイブズ」（『大学アーカイブズの世界』大阪大学出版会、平成二十五年八月。初出は平成二十年三月）
岸　信介『青年学徒に告ぐ』（皇學館大学出版部、昭和四十三年正月）
〃　『国家有為の人材たれ』（皇學館高等学校後援会、昭和四十六年一月）
木野戸勝逸「神宮皇學館（戦後）」（『神宮・明治百年史』上巻、神宮司庁、昭和四十三年十月）
木村春太郎「久邇宮朝彦親王の御冤遷に就きて」（『勢陽論叢』五、神宮皇學館研究室、昭和十七年六月。『増補朝彦親王景仰録』学校法人皇學館、平成二十三年十月、に再録）
木本　正次「そんなじゃなかった皇學館」（『文藝春秋』昭和三十七年七月特別号）
草葉　隆円「皇学館を設立するまで」（『学報』号外、昭和三十七年四月）
楠　皐「皇大学生に願う」（『皇學館大學新聞』六号、昭和四十年四月）
久保田　収「吉田総長を偲ぶ」（『館友』七八、昭和四十二年十一月）
皇學館大學広報委員会「元学長佐藤通次名誉教授逝去される」（『全学一体』七八号、平成二年十月）
高知工業高等専門学校二十年史編集委員会編『高知高専二十年史』（高知工業高等専門学校、昭和五十八年十一月）
國學院大學校史資料課編『國學院大學百年史』下（國學院大學、平成六年三月）
後藤　裕文「母校廃絶の経緯について」（『館友』三、昭和二十五年七月）
財団法人吉田茂記念事業財団編『人間吉田茂』（中央公論社、平成三年八月）
齋藤　平「皇學館人物列伝３　武田千代三郎」（『皇學館学園報』二二一、平成二十一年九月）

坂本辰之助『皇室及皇族』（昭文堂、明治四十二年十二月）
坂本　悠一「皇族軍人の誕生」（岩井忠熊編『近代日本社会と天皇制』柏書房、昭和六十三年六月）
櫻井勝之進「皇学館大学私見聞」（『神社新報』昭和三十七年一月二十日付）
佐々木　克「文久三年八月政変と薩摩藩」（『幕末政治と薩摩藩』吉川弘文館、平成十六年十月。初出は平成十四年）
佐藤　虎雄「朝彦親王の御遺蹟」（『朝彦親王景仰録』久邇宮朝彦親王五十年祭記念会、昭和十七年十月）
〃　「皇大残務整理」（『館友』一〇〇、昭和四十六年七月）
里見　弴ほか「座談会　殿下といわれて幾星霜」（『文藝春秋』昭和三十二年三月号）
志田　一夫「館友の随想（四）」（『館友』八三、昭和四十三年九月）
史　談　会『近世史料編纂事業録　附史談会設立顛末』（史談会、明治二十六年六月）
〃　「史談会速記録　第六十二回　中島錫胤先生談話」（国立公文書館内閣文庫所蔵『明治元年八月／中川宮御遠座一件』、請求番号一四一―〇一五〇。明治二十六年六月二日、於・旧藩事蹟取調所、吉木竹次郎速記。史談会）
〃　「賀陽宮親王勤王御美蹟附四節」（『史談速記録』九〇、明治三十三年四月）
〃　「島津家事蹟訪問録（続）」（『史談速記録』一八一、明治四十一年三月）
篠田　康雄「本庁から希望意見皇學館問題六ヶ条を神宮へ」（『館友』二六、昭和三十年四月。のちに『緑陰隻語』熱田神宮庁、昭和六十年六月、に再録）
柴田　紳一「「皇族内閣」の成立」（『昭和期の皇室と政治外交』原書房、平成七年八月）
渋川　謙一「維新・権力闘争期における朝彦親王」（『小論集　一神道人の足跡』神社新報社、平成二十年三月。初出は昭和三十八年十一月）
渋沢栄一著、藤井貞文解説『徳川慶喜公伝』一～四（平凡社、昭和四十二年四月～昭和四十三年一月）
白石　烈「「久邇親王行実」の編纂と宮内庁」（国立公文書館平成三十年度アーカイブズ研修Ⅲ修了研究論文、平成三十一年三月）

神宮皇學館館友会「武田館長を送る」（『館友』一二〇、大正七年五月）
神社新報社編『神道指令と戦後の神道』（神社新報社、昭和四十六年七月）
杉谷　房雄「大東亜戦争戦中戦後の神宮」（『神宮・明治百年史』中巻、神宮司庁、昭和四十四年三月）
仙波ひとみ「「国事御用掛」考」（『日本史研究』五二〇、平成十七年十二月）
高久嶺之介「近代皇族の権威集団化過程（一）―近代宮家の編成過程―」（『社会科学』二七、昭和五十六年二月）
高橋　秀直「「公儀政体派」と薩摩倒幕派」（『幕末維新の政治と天皇』吉川弘文館、平成十九年一月。初出は平成十四年三月）
高松　四郎「母館の思出」（『勢陽学報』八、大正九年二月）
高松　忠清「報告と随想」（『館友』七〇、昭和四十一年四月）
竹内　洋『立志・苦学・出世　受験生の社会史』（講談社現代新書、平成三年二月）
武田千代三郎『理論実験競技運動』（博文館、明治三十七年六月）
〃　「雑話」（『勢陽学報』八、大正九年二月）
竹田　恒徳『菊と星と五輪　皇族からスポーツ大使へ』（ベースボール・マガジン社、昭和五十二年四月）
多田好問編『岩倉公実記』（元版）（皇后宮蔵板、明治三十九年九月）
〃　『岩倉公実記』（新版）（岩倉公旧蹟保存会、昭和二年七月）
田中　彰『明治維新観の研究』（北海道大学図書刊行会、昭和六十二年三月）
田中　卓「皇学館大学と神道学科―小林健三氏にお答へする私見―」（『神社新報』昭和三十七年三月十日付。のちに『歴史と伝統―この大学を見よ―』皇學館大學出版部、昭和六十三年八月、に再録）
〃　「日本人の育成―歴史教育についての私見―」（『文化時報』昭和三十七年四月八日付）
〃　「高松忠清宮司を偲ぶ（三）―神道史学会の発足―」（『すみのえ』一三四、昭和五十年二月）
〃　「日本国家の成立と伊勢の神宮」（皇學館大學編『伊勢国の歴史』皇學館大學出版部、昭和六十年十一月）
〃　「神道学科の増設について」（『歴史と伝統―この大学を見よ―』皇學館大學出版部、昭和六十三年八月。初出は昭和

五十一年九月）
〃「本学はなぜ〝私学〟の道を選んだか―それは、建学の精神を堅持したいためである―」（同右。初出は『大学要覧　昭和六十一年度』）
〃「総長岸信介先生をお偲びして」（同右。初出は昭和六十二年一月）
〃田中卓評論集４『祖国再建　下』（青々企画、平成十八年十二月）
〃続・田中卓著作集第一巻『伊勢・三輪・賀茂・出雲の神々』（国書刊行会、平成二十三年十二月）
〃『愛子さまが将来の天皇陛下ではいけませんか　女性皇太子の誕生』（幻冬舎、平成二十五年十二月）
田中　正「井脇、粟野両兄を悼む」（『館友』一五八号、昭和五十九年七月）
田中正弘「朝彦親王家臣並河靖之の生涯」（『栃木史学』一五、平成十三年三月）
谷　省吾「皇學館の出発点―朝彦親王を偲び奉る―」（『神を祭る』皇學館大学出版部、平成元年三月。初出は昭和五十七年四月）
〃解説『林崎のふみぐらの詞』（皇學館大学出版部、平成五年四月）
長　文連『皇位への野望―維新の〈魔王〉中川宮―』（柏書房、昭和四十二年五月）
岩切（寺尾）美保「島津家文書と島津家の編輯事業」（『国語国文薩摩路』三八、平成六年三月）
寺尾美保「島津家の編集方について―島津家の家政との関わりを中心に―」（『鹿児島歴史研究』四、平成十一年七月）
〃『島津家文書の伝来と島津家の編輯事業（尚古集成館講座・講演集）』（尚古集成館、平成十二年三月）
〃「公爵島津家の編纂事業と家政事情―国事鞅掌史料編纂をめぐって―」（明治維新史学会編『明治維新の新視角―薩摩からの発信―』高城書房、平成十三年十二月）
〃「公爵島津家の編纂事情―国事鞅掌史料編纂の再検討―」（中山右尚研究代表者『近世薩摩における大名文化の総合的研究』、平成十二～十四年度日本学術振興会科学研究費補助金（基盤研究（A）（２））研究成果報告書、鹿児島大学教育学部国語研究室、平成十五年三月）

〃　「島津家文書東京移転の時期について」（『国語国文薩摩路』四八、平成十六年三月）
〃　「明治期島津家における家史編纂事業―大名華族による「国事鞅掌」始末取調―」（松沢裕作編『近代日本のヒストリオグラフィー』山川出版社、平成二十七年十一月）
〃　「島津家の歴史編纂と幕末薩摩藩の対外意識」（井上泰至編『近世日本の歴史叙述と対外意識』勉誠出版、平成二十八年七月）
照沼　好文「大磯旧吉田茂邸内社七賢堂について」（『神道研究紀要』九、昭和六十一年九月）
徳田　武『朝彦親王伝　維新史を動かした皇魁』（勉誠出版、平成二十三年十二月）
徳富猪一郎（蘇峰）『維新回天史の一面―久邇宮朝彦親王を中心としての考察―』（民友社、昭和四年五月）
〃　校訂『邦彦王行実』（久邇宮蔵版、昭和十四年八月）
〃　『近世日本国民史　七八　新政扶植篇』（時事通信社、昭和三十五年十月）
所功・橋本富太郎「宮内省編『桂宮実録　淑子内親王実録』綱文」（『藝林』六一―二、平成二十四年十月）
友田　昌宏「近代天皇制国家の形成と朝彦親王」（松尾正人編『近代日本成立期の研究　政治・外交編』岩田書院、平成三十年三月）
永井　和『青年君主昭和天皇と元老西園寺』（京都大学学術出版会、平成十五年七月）
永井　麻衣「明治期における旧幕臣と佐幕派史観」（『日本史の方法』六、平成十九年九月）
中西　健郎「我が入学当時の皇學館」（『勢陽学報』八、大正九年二月）
梨本伊都子『三代の天皇と私』（講談社、昭和五十年十一月）
新美　忠之「清明寮最後の日の思い出」（『神宮皇学館大学専門部第一回生同窓会消息集』、昭和三十一年ヵ）
西岡　末雄「国立移転への問題点」（『館友』七二、昭和四十一年十月）
西川　順土「原田敏明」（『悠久』三〇、昭和六十二年七月）
野村　辰美「明治神道人の足跡　角田忠行」（『神社新報』平成三十年五月二十一日付）

羽倉　敬尚「勅撰「朝彦親王行実」編纂ノ経過」（神宮文庫所蔵『故神宮祭主大勲位久邇宮行実』所収、六門二二五五、昭和十五年一月）
〃　「栗田の落穂」（『朝彦親王景仰録』久邇宮朝彦親王五十年祭記念会、昭和十七年十月）
〃　「神宮護持の隠れた功労者　目加田護法の人と生涯」（『神社新報』昭和三十八年十月五日付）
〃　「朝彦親王行実編纂経過要旨」（京都大学附属図書館所蔵『久邇親王行実』所収、〇五―六二／ク／〇一、昭和三十九年一月）
〃　『久邇宮朝彦親王行実解題』（前掲京都大学附属図書館所蔵『久邇親王行実』附）
箱石　大「維新史料編纂会の設立過程」（『栃木史学』一五、平成十三年三月）
橋本富太郎「廣池千九郎をめぐる神道学的研究緒論（一）～（四）」（『モラロジー研究』七三・七四・七五・七七、平成二十六年九月～平成二十八年五月）
〃　『廣池千九郎　道徳科学とは何ぞや』（ミネルヴァ書房、平成二十八年十一月）
長谷外余男「神宮皇學館の再興」（『神社新報』昭和二十九年一月四日付）
〃　「皇学館大学　建学の精神」（『文化時報』昭和三十七年四月八日付）
秦　昌弘「旧官国幣社における職員の形成について①～④」（『館友』二七八～二八一号、平成二十四年十月～平成二十五年七月）
浜田　正昭「続倉陵の記（八）」（『館友』二二四、平成十一年三月）
林　栄治「故吉田総長閣下を慕いて」（『館友』七八、昭和四十二年十一月）
林　尚右「皇學館大学の再興」（『やそじ』私家版、平成六年七月）
原口　清「文久三年八月一八日政変に関する一考察」（原口清著作集1『幕末中央政局の動向』岩田書院、平成十九年五月。初出は平成四年四月）
原口　虎雄「島津家国事鞅掌史料」（『国史大辞典』七、吉川弘文館、昭和六十一年十一月）

原田　敏丸「駅伝回想」（『館友』一九七、平成五年八月）
〃　「矢野徹郎さんとの想い出」（『館友』二八四、平成二十六年十二月）
伴五十嗣郎「神宮皇学館文庫のマイクロ化収蔵に万感の想い」（『皇學館学園報』二、平成十六年十二月）
東久世通禧『竹亭回顧録　維新前後』（続日本史籍協会叢書、東京大学出版会、昭和五十七年九月）
東久邇宮稔彦『私の記録』（東方書房、昭和二十二年四月）
東久邇稔彦『やんちゃ孤独　菊のカーテンの中の一人の人間記録』（読売新聞社、昭和三十年六月）
〃　『一皇族の戦争日記』（日本週報社、昭和三十二年十二月）
〃　『東久邇日記　日本激動期の秘録』（徳間書店、昭和四十三年三月）
日野西資博『明治天皇の御日常』（祖国社、昭和二十七年十一月）
平田　貫一「遷宮委員会に於て神宮皇學館大學再興に就いて所懐を述ぶ」（速記）（『館友』一六、昭和二十八年三月）
〃　『志賀山夜話』（平田貫一先生喜寿記念会、昭和三十四年十月）
藤井甚太郎「幕末の皇族及び久邇宮朝彦親王―維新時代皇族御方々の御活躍（其一）―」（『歴史地理』六一―二、昭和八年二月）
藤井　徳行「明治元年・所謂「東北朝廷」成立に関する一考察」（手塚豊編『近代日本史の新研究』Ⅰ、北樹出版、昭和五十六年十月）
藤原佐之吉「吉田総長を偲んで」（『館友』七八、昭和四十二年十一月）
藤原三代治「神宮皇學館復活問題後書」（『館友』二五、昭和三十年一月）
古川　左京「森田実先生と独逸留学（一）～（三）」（『館友』七三・七四・七六号、昭和四十二年一月～七月）
保坂　正康「新宮家創設　八人の「皇子候補」」（『文藝春秋』平成十七年三月号
保谷　徹「『維新史』―『維新史』編纂と維新史料編纂会―」（『歴史と地理』四九九、平成九年三月）
堀　渉「皇學館大学への回顧と期待」（『皇學館百二十周年記念誌―群像と回顧・展望―』、学校法人皇学館、平成十四年四

月）
堀口　修「『臨時帝室編修局』と『維新史料編纂会』」（『古文書研究』五四、平成十三年十一月）
〃「維新史料編纂会と臨時編修局の合併問題と協定書の成立過程について—特に井上馨と金子堅太郎の動向を中心として—」（『日本大学精神文化研究所紀要』三六、平成十七年三月）
〃『明治立憲君主制とシュタイン講義　天皇、政府、議会をめぐる論議』（学慈社出版、平成十九年十月）
孫福　弘坦「本館沿革一班」（『勢陽学報』八、大正九年二月）
正井　光張『倉田山日記抄　神宮皇学館大学発足から廃学までの六年』（正井光張君遺稿集編集世話人、昭和五十年七月）
町田　明広「八月十八日の政変—中川宮と久光の連携—」（『幕末文久期の国家政略と薩摩藩—島津久光と皇政回復—』岩田書院、平成二十二年十月）
松下　芳男「賀陽宮追放　日本軍事史雑話（三）」（『軍事史学』七—四、昭和四十七年三月）
松田　文夫『体験の昭和史』（私家版、平成四年二月）
松本　勝三「神宮祭主宮時代の御事蹟を拝して」（『朝彦親王景仰録』久邇宮朝彦親王五十年祭記念会、昭和十七年十月）
丸山　二郎「故中川宮の流罪問題」（『古典雑攷』私家版、昭和三十四年十二月）
目加田　栄『陳情書』（明治二十六年十一月）
モラロジー研究所編『資料が語る廣池千九郎先生の歩み　改訂版』（モラロジー研究所、昭和五十七年四月）
〃『伝記　廣池千九郎』（モラロジー研究所、平成十三年十一月）
〃『総合人間学モラロジー概論』（モラロジー研究所、平成十九年十月）
〃『改訂　テキスト　モラロジー概論』（モラロジー研究所、平成二十七年四月）
森下　環「中川宮の八月十八日政変参画の素因について」（『皇學館史學』九、平成六年三月）
森下　千瑞「元神宮皇學館館長　武田千代三郎」（『皇學館百二十周年記念誌』学校法人皇學館、平成十四年四月）
文部省維新史料編纂事務局編『維新史料編纂会の過去と現在』（同局、昭和十年四月）

山内　昌之「中川宮　黒幕政治家の悲哀」（『幕末維新に学ぶ現在』中央公論新社、平成二十一年四月。初出は平成二十一年七月）
山　階　会『山階宮三代』上（山階会、昭和五十七年二月）
山田　孝雄「謹んで故祭主宮朝彦親王を鑽仰し奉る」（『朝彦親王景仰録』久邇宮朝彦親王五十年祭記念会、昭和十七年十月）
山本　博文「島津家本解題」（『東京大学史料編纂所所蔵島津家文書解題』丸善、平成十三年）
吉田　茂『回想十年』（新潮社、昭和三十二年七月～昭和三十三年三月）
〃　「私の〝人造り〟皇学館大学のこと」（『世界と日本』番町書房、昭和三十八年七月）
吉田　常吉「解題」（日本史籍協会『朝彦親王日記』下、東京大学出版会、昭和四十四年六月）
読売新聞社「六十人のための五億円」（『週刊読売』昭和三十四年七月二十六日号）
渡辺　寛「久邇宮朝彦親王の御事」（皇學館学園報『全学一体』八四、平成三年十二月。『増補　朝彦親王景仰録』学校法人皇學館、平成二十三年十月、に再録）
〃　「神宮皇學館大學における「令」の共同研究―『令共同研究會記録』（一）―」（『皇學館大學史料編纂所報史料』一二四、平成五年四月）
〃　「皇學館の来歴」（皇學館学園報『Kーらいふ』一四〇、平成十七年六月、より連載中）
〃　「皇学の府の成立と展開―皇學館・神宮皇學館・神宮皇學館大學・皇學館大學の来歴―」（第一回皇學館大學人文學會大会における記念講演、平成二十年十二月二十一日、於皇學館大学）
〃　「皇學館の創立」（研究叢書一三『災害とアーカイヴズ』全国大学史資料協議会、平成二十四年十月）

成稿一覧

第一部　朝彦親王と邦憲王

一、明治神道人の足跡　久邇宮朝彦親王（『神社新報』平成三十年九月三日付）

國學院大學の藤本頼生氏からご推薦いただき『神社新報』紙に寄稿したものであるが、これまで書いたものをもとに朝彦親王の御略歴を規定の字数にまとめたものであるのでこちらを巻頭に配し、「二」以下ではこれと重複する部分をおおむね削除した。

二、朝彦親王の広島謫遷（原題「朝彦親王の広島謫遷に関する新史料とその考察」。『皇學館大学史料編纂所報　史料』二〇三、平成十八年六月）

三、『久邇親王行実』と『岩倉公実記』―朝彦親王広島謫遷の叙述をめぐって―（『皇學館論叢』三九―四、平成十八年八月）

「二」は館史編纂室で購入した史料の紹介を書くよう渡辺先生からお薦めいただき執筆した。着任してから最初に朝彦親王関係で執筆した小論。「三」は、「二」の延長線上のもので、紙数の都合上書き切れなかったところを別稿としたもの。

四、朝彦親王と維新史編纂事業（原題「久邇宮朝彦親王と維新史編纂事業」。『皇學館大学文学部紀要』四六、平成二十年三月）

これも館史編纂室で購入した史料の調査をもとに成稿。皇學館大學人文學會研究例会（平成十九年七月）にて口頭発表もさせていただいた。

五、朝彦親王と京都（原題「久邇宮朝彦親王と京都」。『祇園さん』一八、平成二十九年七月）

講演要旨。岡田芳幸先生のご推薦で八坂神社文化セミナー（平成二十八年九月）にて話をさせていただくこととなり、「京都」と関わらせるように、という依頼であったため、このような内容で責めを塞いだ。

六、『久邇親王行実』解題（拙編『久邇親王行実』学校法人皇學館、平成二十五年十二月）

皇學館大学創立百三十周年・再興五十周年記念の出版事業として、京都大学附属図書館所蔵『久邇親王行実』を翻刻することを渡辺先生が企画され、筆者が編集・翻刻を担当した。その解題部分である。学内で開催された神宮の総合的研究会における口頭発表「久邇宮朝彦親王に関する研究と史料」（平成二十三年三月）の内容を中心としている。本書に収めるにあたり、「二」〜「四」の初出論文で言及していた先行研究に関する記述は本章に包含した。

七、『邦憲王殿下御実録』・『邦憲王妃殿下御実録』・『恒憲王殿下御実録』・『由紀子女王殿下御実録』・『佐紀子女王殿下御実録』について（『皇學館大学紀要』四九、平成二十三年三月）

当時神社本庁におられた藤本頼生氏より、古美術商に賀陽宮家の『実録』が出ていることを教示いただき、大学で購入することになった。それで、大学所蔵の『邦憲王殿下御実録』とあわせて紹介したもの。

八、賀陽宮家編『邦憲王殿下御実録』綱文（『皇學館論叢』四六―二、平成二十五年四月）

「七」と一連のもので、所功先生と橋本富太郎氏の編による「宮内省編『桂宮実録　淑子内親王実録』綱文」（『藝林』六一―二、平成二十四年十月）が非常に有益と感じたので、本学所蔵の『邦憲王殿下御実録』についても同じような形式で発表させていただいた。邦憲王の年譜として利用できるかと思う。なお『恒憲王殿下御実録』についても同様の形式で綱文を翻刻した（『藝林』六八―一、平成三十一年四月）。

九、賀陽宮邦憲王と皇學館（原題「皇學館の来歴（七）―賀陽宮邦憲王と皇學館―」。『K―らいふ』一四九、平成十九年九月）

十、近代の宮家（原題「近世から近代の宮家」。『歴史読本』平成十八年十一月号、特集「天皇家と宮家」）

所功先生からのご指示で十一宮家の概要をまとめたもの。これと関連して、田中先生のご指示で作成し、所先生のご配慮で活字化していただいた「四親王家歴代当主の生母一覧（稿）」（『藝林』六一―二、平成二十四年十月）もあるが、当時宮内庁書陵部所蔵資料など調査する余裕がなく手元の史料のみ用いており、文字通り「稿」であるので、本書には掲載しなかった。

第二部　皇學館史の一断片

一、倉田山への移転（原題「倉田山移転百年」。『皇學館学園報』七七、平成三十年十二月）

二、神宮皇學館の入学試験（原題「皇學館の来歴（番外編）―神宮皇學館の入学試験―」。『皇學館学園報　全学一体合併号』一六一、平成二十七年三月）

三、神宮皇學館の海外交流（原題「皇學館の来歴（番外編）―神宮皇學館時代の国際交流―」。『皇學館学園報　全学一体合併号』一六〇、平成二十六年三月）

四、東海学生連盟駅伝競走（『館友』三〇一、平成三十年七月）

五、皇學館大學の再興とその資料（研究叢書九『創立期大学史資料の特色』全国大学史資料協議会、平成二十年十月）

全国大学史資料協議会の依頼により報告したものである（平成十九年十月、研究会テーマ「創立期大学史資料の特色」、於成蹊学園）。その後平成二十三年度には本学を会場に同協議会の全国研究会が開催されており、その折には渡辺先生が講演された。年史編纂において同協議会の皆さまから学んだことは多く、感謝している。

六、皇學館大學の国立移管論について（『大学史研究』二四、平成二十二年十月）

筆者の関心から調べ始めたもの。『大学史研究』に投稿していたが、皇學館大學人文學會大会（平成二十一年七月）での発表者を募っていたためこの内容を口頭発表もさせていただいた。

七、皇學館史人物寸描

1　神宮皇學館第一回卒業生　中西健郎履歴史料（『皇學館大学研究開発推進センター紀要』五、平成三十一年三月）

皇學館大学研究開発推進センター館史編纂の名義で発表したものであるが、本史料の皇學館史における重要性を鑑みて、『学園報』の埋め草として準備しそのままとなっていた文章を挿入した上で本書にも収録させていただくこととした。上野秀治先生編になる『香川敬三履歴史料』（皇學館大学史料編纂所、平成四年三月）の体裁を参考にさせていただいている。神道博物館の収蔵庫で本資料を見出した時は驚愕した。

2　廣池千九郎―橋本富太郎著『廣池千九郎―道徳科学とは何ぞや』紹介―（原題「書評と紹介　橋本富太郎著〔ミネルヴァ日本評伝選〕『廣池千九郎　道徳科学とは何ぞや』」。『神道宗教』二四六、平成二十九年四月）

3　平田貫一（原題「皇學館人物列伝10平田貫一」。『皇學館学園報』二九、平成二十二年十二月）

4　学徒出陣における山田孝雄学長の講演（原題　山田孝雄「令を講ずる総説（富山市立図書館山田孝雄文庫蔵）」の「補記」。『皇學館大学研究開発推進センター紀要』三、平成二十九年三月）

山田孝雄学長自筆原稿「令を講ずる総説」を翻刻した際に「補記」として掲載したもの。学徒出陣を前に行われた山田学長の講演については、渡辺先生によれば新美忠之先生が講演筆記を所持しておられたということで、『百三十年史』編纂に際しても岡田重精先生にご便宜をお図りいただき新美先生のご遺族のお宅など調査にお伺いしたが、見つけることができずにいた。その後、富山市立図書館山田孝雄文庫に自筆原稿が所蔵され公開されていることを知り、早速渡辺先生にお伝えしてご一緒して調査に赴き閲覧、翻刻することができた。なお翻刻は本書では割愛した。

5　吉田茂（神社新報社編『戦後神道界の群像』同社、平成二十八年七月）

6　岸信介（神社新報社編『戦後神道界の群像』同社、平成二十八年七月）

7　**佐藤通次**（神社新報社編『戦後神道界の群像』同社、平成二十八年七月）

8　**田中卓**（原題「追悼　田中卓先生」。『神道史研究』六七―一、令和元年五月）

紹介　続・田中卓著作集第一巻『伊勢・三輪・賀茂・出雲の神々』（『館友』二七五、平成二十四年一月）

紹介　田中卓著『愛子さまが将来の天皇陛下ではいけませんか』（『館友』二八四、平成二十六年三月）

田中先生の御業績については是非本書で言及したく、新刊紹介二点を収録したが、田中先生が帰幽され、神道史学会委員として追悼文の下書きを執筆することになったので、急遽本書にも収めさせていただいた。

あとがき

　皇學館は、大正七年（一九一八）に宇治館町から現在地である倉田山に移転された。一月十四日に本館改築工事の一部（教室棟）が竣工し移転式を挙行、授業を開始。翌八年（一九一九）十月十八日に神宮祭主久邇宮多嘉王殿下ご台臨のもと本館改築落成式を挙行している。従って、倉田山移転・授業開始から百年にあたるのが平成三十年（二〇一八）、落成式から百年にあたるのが平成三十一年（新元号元年・二〇一九）ということになる。

　平成三十年には、本学博物館学芸員課程四年生による卒業展示が「移りゆく皇學館―倉田山移転百年記念―」と題して十月二十七日から十一月二十四日まで開催され、筆者も触発されるところがあった。本書刊行を思い立ったのはその影響ともいえる。微力ながらもおよそ十年間、専任として皇學館史編纂に従事してきた筆者としても、これを機として、本館改築落成式より百年にあたる日の刊行を期して本書をまとめることにした次第である。

　さて、筆者は、平成十五年十一月に学校法人皇學館　法人本部館史編纂室のパートタイム職員、翌十六年四月に同室員として採用されてよりおよそ十年、皇學館史編纂事業に専心してきた。そして編纂事業の成果は『皇學館大學百三十年史』全五冊（学校法人皇學館、平成二十四年四月～平成二十六年十二月）として完成した。またこれと別に、京都大学附属図書館所蔵『久邇親王行実』の翻刻（学校法人皇學館、平成二十五年十二月刊）なども刊行することができた。

『百三十年史』の次の本格的な年史編纂は百五十周年を待つことになるであろうが、『百三十年史』が完成し、写真集も『百年小史』が刊行されているので、今望まれるのは、学生や一般の方なども読みやすいコンパクトな通史であろう。そのような要望に応えるものとして、『百三十年史』編纂の委員長を務められた渡辺寛先生が「皇學館の来歴」を『皇學館学園報　全学一体合併号』に寄稿され現在も連載中であり、完結が待ち望まれる。そこで本書は、通史的な叙述ではなく、筆者が『百三十年史』編纂に従事した中で副産物として産まれた、資料紹介や依頼原稿、埋め草原稿の類を中心に集めてまとめさせていただいた。

先に学位論文を基に『日本後紀の研究』（国書刊行会、平成三十年一月刊）を出版させていただき大変ありがたいことであったが、筆者は皇學館史で採用され、そのことを職務としてきたので、専門は何かと問われれば古代史ではなく皇學館史であると答えている。皇學館史はあくまで職務とし、古代史を専門とすべきとおっしゃってくださった田中卓先生からはお叱りを受けるであろうが、『日本後紀の研究』の諸論考は、学生時代から奉職するまでのほぼ五年間に取り組んだものが中心をなしており、それはそれで思い入れがあるし、その後も古代史に関心を持ち続けるよう留意してきたが、やはり皇學館史について一書にまとめることによって自らの仕事を見つめなおすことには格別の想いがある。

採用時は皇學館史について何ら知識を持たなかったが、皇學館史に関わる機会をいただき、そしてようやく基本的な事柄を理解できるようになったのは、ひとえに渡辺寛先生のご指導があってこそのことであり、深く感謝申し上げます。

本書所収の諸篇はいずれも文字通り小品ではあるが、それぞれ思い入れをもって執筆したものである。皇學館史について渡辺寛先生より一からご指導を賜わるとともに、田中卓先生からは皇學館の来し方と今後あるべき方向性をお示しいただき、私の中での皇學館像が形づくられた。また牟禮仁先生、岡田登先生からも皇學館史に関して、上野秀治先生からは朝彦親王・邦憲王の御事蹟等に関して、ご指導を賜わること少なくなかった。さらには清水潔先生はじめ、多くの学恩を蒙っており、心から感謝申し上げるとともに、皇學館の歴史を刻んでこられた諸先生、諸先輩の熱誠に比して自らの及ばざるを痛感するところでもある。菲才の身であり、また自らのなすべきことについても惑う日々ではあるが、わずかでも皇學館の恩に報いることができたところがあるなら幸いである。

平成三十年八月十五日

大平　和典

［追記］

平成三十年十一月二十四日、田中卓先生が帰幽された。学恩に深謝し、先生の御霊の安らかなることをお祈りするとともに、瑣末な成果ではありますが、本書を先生のご霊前に奉呈いたします。

出版に際しては、皇學館大学出版部にご便宜をお図りいただきました。また、書名は出版企画部会・出版部運営委員会のご助言があり、清水潔先生より「皇學館史話」の書名をつけていただきました。記して感謝申し上げます。

今に至って想起するのは、伊勢神宮の建築について「決して建築法が進歩したからと言つて、煉瓦《れんが》とか混凝土《コンクリート》で造るべきものではない」とおっしゃったという明治天皇の御言葉（日野西資博述『明治天皇の御日常』祖国社、昭和二十七年十一月）であり、あるいは下田義天類の詠んだ歌「世を宇治の橋ならなくに徒にふまれてのみや世を渡るべき」（高松四郎氏「母館の思出」、『勢陽学報』八、大正九年二月）である。

（平成三十一年四月一日記）

著者略歴

大平　和典（おおひら・かずのり）

昭和五十三年一月　栃木県栃木市生まれ
平成　十二年三月　皇學館大学文学部国史学科　卒業
平成　十四年三月　皇學館大学大学院文学研究科博士前期課程　修了
平成　十六年四月　皇學館大学助手・学校法人皇學館館史編纂室室員
平成　二十年四月　皇學館大学助教・学校法人皇學館館史編纂室室員
平成二十六年四月　皇學館大学研究開発推進センター准教授
平成二十九年三月　博士（文学）

主な著書
『皇學館大學百三十年史』全五冊・人名索引一冊（学校法人皇學館、平成二十四年〜二十七年、共編著）
『久邇親王行実』（学校法人皇學館、平成二十五年、編著）
『日本後紀の研究』（国書刊行会、平成三十年）

皇學館史話

令和元年十月十八日　発行

著　者　大　平　和　典

発行者　皇　學　館　大　学　出　版　部
　　　　代表者　髙　向　正　秀
516-8555　伊勢市神田久志本町一七〇四
電　話　〇五九六-二二-六三二〇

印刷所　千巻印刷産業株式会社
516-0072　伊勢市宮後二丁目九-四一

ISBN978-4-87644-212-6　C1021
定価：本体3,234円＋税